Gabriele Rosenthal
Interpretative Sozialforschung

Grundlagentexte Soziologie

Herausgegeben von
Martin Diewald | Klaus Hurrelmann

Der Juventa Verlag hat eine lange Tradition in der Publikation sozialwissenschaftlicher Texte. Bereits in den 1960er Jahren wurden mit der Reihe „Grundfragen der Soziologie“ (hrsg. von Dieter Claessens) programmatische Akzente gesetzt. Die Reihe hatte einen prägenden Einfluss auf die damals noch in den Anfängen stehende Disziplin Soziologie.
Die Reihe „Grundlagentexte Soziologie“ knüpft an diese Tradition an. Die Soziologie hat sich seitdem in Deutschland als theoretisch und empirisch reichhaltiges wissenschaftliches Fach etabliert. Es fehlt ihr aber an Einführungstexten und Übersichtsbänden für den Lehrbetrieb in Universitäten, Fachhochschulen, Fachschulen und anderen Bildungseinrichtungen.
Dieser Herausforderung stellt sich die Reihe „Grundlagentexte Soziologie“. Von fachlich gut ausgewiesenen Wissenschaftlerinnen und Wissenschaftlern werden Texte vorgelegt, die die wichtigsten theoretischen Ansätze des Faches, methodische Zugänge und gesellschaftswissenschaftliche Analysen präsentieren. Die Bände sind so zugeschnitten, dass sie sich als Basislektüre für Vorlesungen, Seminare und andere Lehrveranstaltungen mit einführendem Charakter eignen, dabei aber gleichzeitig auf der Höhe der aktuellen Entwicklung des Faches sind.
Die Reihe „Grundlagentexte Soziologie“ wird gemeinsam herausgegeben von Martin Diewald (Universität Bielefeld, Fakultät für Soziologie) und Klaus Hurrelmann (Hertie School of Governance, Berlin).

Gabriele Rosenthal

Interpretative Sozialforschung

Eine Einführung

5., aktualisierte und ergänzte Auflage

BELTZ JUVENTA

Die Autorin

Gabriele Rosenthal, Jg. 1954, Dr. rer. soc., ist Professorin für qualitative Methoden am Methodenzentrum Sozialwissenschaften der Sozialwissenschaftlichen Fakultät der Georg-August-Universität Göttingen.

Ihre Arbeitsschwerpunkte sind Interpretative Soziologie, Biographie- und Familienforschung sowie Mehrgenerationenstudien und Holocaustforschung.

MIX
Papier aus verantwortungsvollen Quellen
FSC
www.fsc.org
FSC® C089473

Bibliografische Information der Deutschen Nationalbibliothek

Die Deutsche Nationalbibliothek verzeichnet diese Publikation in der Deutschen Nationalbibliografie; detaillierte bibliografische Daten sind im Internet über http://dnb.d-nb.de abrufbar.

1. Auflage 2005
2., korrigierte Auflage 2008
3., aktualisierte und ergänzte Auflage 2011
4. Auflage 2014
5., aktualisierte und ergänzte Auflage 2015

Werderstraße 10, 69469 Weinheim
www.beltz.de · www.juventa.de
Druck und Bindung: Beltz Bad Langensalza GmbH, Bad Langensalza
Printed in Germany

ISBN 978-3-7799-2614-6

Vorwort

Dieser Text ist in einem Zeitraum von mehreren Jahren und in enger Verbindung mit meiner Vorlesung „Einführung in die qualitative Sozialforschung" am Methodenzentrum Sozialwissenschaften der Georg-August-Universität Göttingen entstanden. Diese Vorlesung ist verbunden mit der Vorlesung „Einführung in die quantitative Sozialforschung", die von meinem Kollegen Steffen Kühnel gehalten wird. Dem Dialog mit ihm verdanke ich die Einsicht, dass die Differenz zwischen beiden Paradigmen sowohl in der methodologischen Reflexion als auch in der Praxis empirischer Forschung leichter überbrückbar ist, als ich annahm.

Es ist den TeilnehmerInnen meiner Vorlesung, ihren kritischen Fragen und auch ihren Ausführungen in den Klausuren zu verdanken, dass ich mein Skript immer wieder nach dem Grundsatz „einfacher formulieren und dennoch anspruchsvoll bleiben" überarbeitet habe. Dieser Prozess der Überarbeitung ist keineswegs abgeschlossen. Immer noch bin ich über so manche sich in den Klausuren wiederholende Auffassungen irritiert, sind sie doch so anders als das, was ich eigentlich vermitteln wollte. Dennoch war es notwendig, das Manuskript nun aus der Hand zu geben.

Klaus Hurrelmann bin ich zu Dank verpflichtet. Er hat mich zum Schreiben dieses Bandes aufgefordert und mir zu dessen Fertigstellung viel Zeit großzügig gewährt.

Viele Kolleginnen und Kollegen haben zu einzelnen Kapiteln kritische Anregungen gegeben und mich in der letzten Phase des Manuskripts auch mit Korrekturlesen unterstützt. Dafür bin ich Anne Blezinger, Dorothea Boldt-Jaremko, Anke Fesenfeld, Markus Gerdiken, Tobias Moosbach, Christine Müller, Viola Stephan, Carla Wesselmann, Nicole Witte und Rixta Wundrak herzlich verbunden. Anerkennung gebührt auch Susanne Litzka, die die letzten Korrekturen am Band vornahm.

Außerdem danke ich all den hier nicht genannten TeilnehmerInnen an den Forschungswerkstätten der letzten Jahre, die mich bei der Betreuung ihrer empirischen Arbeiten immer wieder mit dem Dilemma konfrontiert haben, das mit den beiden Fragen umschrieben ist: Wie viel an „Rezeptvorgaben" ist hilfreich und wann werden diese Rezepte zu einem Hindernis für wissenschaftliche Kreativität und den sensiblen Umgang mit den Besonderheiten des jeweiligen Gegenstands? Aufgrund meiner Anteilnahme an ihren Studien, insbesondere an der gemeinsamen Interpretation ihres empirischen

Materials habe ich nicht nur Einsicht in sehr unterschiedliche Lebenswelten erhalten, sondern auch in methodischer Hinsicht mehr gelernt, als mir bewusst ist.

An Bettina Völter geht mein besonderer Dank für einen seit vielen Jahren andauernden Austausch über methodische und theoretische Fragen sowie für ihre konstruktive Kritik an meinen Überlegungen zur Diskursanalyse. Michaela Köttig habe ich mehr zu verdanken als die Anregungen aus gemeinsamer Lehrtätigkeit sowie Diskussionen über ihre fundierte empirische Arbeit und engagierte Didaktik. Als meine Assistentin in dem neu aufzubauenden Bereich am Methodenzentrum trug sie ganz wesentlich dazu bei, dass ich den zeitlichen, aber auch emotionalen Freiraum zum Schreiben dieses Buches erhielt. Artur Bogner hat mich mit seiner theoretisch anspruchsvollen soziologischen Perspektive immer wieder auf Inkonsistenzen und vor allem Ungenauigkeiten hingewiesen und zu Überarbeitungen motiviert. Herzlichen Dank dafür wie auch für vieles andere.

Berlin, März 2005
Gabriele Rosenthal

Inhalt

Einleitung

Die Leserin und der Leser mögen sich fragen: Wozu denn nun schon wieder ein Buch zu qualitativen Methoden? Die Anzahl der Publikationen in diesem Bereich ist in den letzten 20 Jahren enorm gestiegen und es liegen mittlerweile auch in deutscher Sprache etliche Sammelbände und auch Monographien vor, die einen guten Überblick über die verschiedenen qualitativen Verfahren und die in der Bundesrepublik etablierten Ansätze und deren wissenschaftstheoretische Begründungen geben.[1] Daher war mein Anliegen auch weniger, einen weiteren Überblick über die unterschiedlichen Verfahren und Traditionen zu schreiben, als vielmehr dezidiert auf Erhebungs- und Auswertungsmethoden einzugehen, die den Prinzipien des interpretativen Paradigmas verpflichtet sind (vgl. Kap. 2) und einer Logik der Entdeckung von Hypothesen und gegenstandsbezogenen Theorien[2] folgen. Vor allem möchte ich auf der Basis meiner eigenen Erfahrungen in der interpretativen Sozialforschung wie auch bei der Vermittlung dieser Methoden in der Lehre und der Betreuung von Forschungsarbeiten auf deren praktische Anwendung und auf die konkreten Probleme des Praxisalltags empirischer Studien eingehen. Dabei will ich besonders auf die sich je nach Gegenstand und den daran teilnehmenden Personen (sowohl der ForscherInnen als auch der zu „erforschenden“ Individuen) immer wieder neu ergebenden Anforderungen und Krisen zu sprechen kommen. Es ist mein Anliegen, neben einer Diskussion von unterschiedlichen Erhebungs- und Auswertungsmethoden eine Art „offenen Leitfaden“ für eigene empirische Forschungsarbeiten zu geben. Damit begebe ich mich in das Dilemma, dass wir einerseits gewisse Regeln und Werkzeuge für die Forschung benötigen, andererseits genau dies ein Hindernis beim flexiblen Sich-Einlassen auf den konkreten Forschungsgegenstand und bei der gegebenenfalls nötigen Modifikation unserer Werkzeuge und

1 Neuere Methodenbücher, die dieser Intention folgen, sind: Bohnsack (2003); Flick u. a. (2000); Hitzler/Honer (1997); Schröer (1994). Die beiden Bände von Lamnek (1988; 1989) repräsentieren dagegen eine Sozialforschung, die sich teilweise noch an den Kriterien quantitativer Verfahren orientiert.

2 Glaser und Strauss (1979) unterscheiden zwischen gegenstandsbezogenen Theorien, die sich auf einen bestimmten Gegenstandsbereich wie z. B. die Patientenbetreuung beziehen und den auf diesen aufbauenden formalen Theorien, die sich durch einen hohen Allgemeinheitsgrad auszeichnen.

Vorgehensweisen sein kann. Erweist sich in der einen Studie ein „Rezept" z. B. für den Zugang zum Feld – vielleicht über ein Inserat in einer Tageszeitung – oder für eine bestimmte Form der Gesprächsführung – wie die narrative – als ausgesprochen erfolgreich, so kann es durchaus in einem anderen Kontext kontraproduktiv sein. Ich hoffe, es wird mir in meiner Darstellung gelingen, die Notwendigkeit einer flexiblen und kreativen Anwendung bestimmter Instrumente zu vermitteln und damit auch Mut für eine Forschung zu machen, in der wir uns nicht einem festen Regelwerk unterwerfen, sondern sensibel sind für die Besonderheiten der Lebenswelten, die wir erforschen wollen.

Als Soziologin werde ich mich mit meinen Ausführungen zu den theoretischen Grundannahmen, zur Methodologie und zur Geschichte der interpretativen Sozialforschung hauptsächlich in dieser Disziplin bewegen. Die von mir vorgestellten Methoden sowohl für die Datenerhebung als auch -auswertung sind – vorausgesetzt es geht um die Erforschung von sozialen Phänomenen – jedoch keineswegs an bestimmte Disziplinen gebunden. Die Regeln für eine am Prinzip der Offenheit orientierte Erhebung (vgl. Kap. 2.4), d. h. für ein gut geführtes offenes Interview oder für eine teilnehmende Beobachtung, sind für eine Soziologin die gleichen wie für eine Ethnologin, Psychologin, Erziehungswissenschaftlerin oder Sozialhistorikerin. Ebenso sind die Prinzipien einer sequenziell und rekonstruktiv vorgehenden Auswertung von Texten – ob nun von Interviewtranskripten, Videoaufnahmen oder Beobachtungsprotokollen – nicht an eine bestimmte Disziplin gebunden. Die Wege der verschiedenen Disziplinen trennen sich bei einem fallrekonstruktiven Vorgehen im Unterschied zu einem hypothesenorientierten und inhaltsanalytischen Vorgehen erst nach abgeschlossener Fallrekonstruktion, d. h. dann, wenn es um die Bildung theoretischer Konstruktionen und weiterer theoretischer Verallgemeinerungen geht.

Kapitel 1
Qualitative und interpretative Sozialforschung

1.1 Was versteht man unter qualitativer Sozialforschung?

Jede eindeutige und klare Antwort auf die Frage, was man unter qualitativer Sozialforschung versteht, würde die Vielfalt und Unterschiedlichkeit qualitativer Verfahren verfehlen. Im Unterschied zu den quantitativen Methoden sind wir in diesem Bereich relativ weit entfernt von einem einheitlichen Verständnis sowohl des Vorgehens in einer qualitativen Untersuchung als auch der zugrunde liegenden methodologischen Grundannahmen. Hinter der Bezeichnung qualitative Methoden verbergen sich ganz unterschiedliche grundlagentheoretische Positionen und konkrete Vorgehensweisen bei der Erhebung und Auswertung. Dennoch können wir dabei zwischen jenen unterscheiden, die sich in ihren Regeln und Kriterien noch an der Logik quantitativer Verfahren mit dem Ziel einer numerischen Verallgemeinerung orientieren und jenen dezidiert qualitativen Methoden, deren Interpretationen und Verallgemeinerungen nicht auf der Häufigkeit des Auftretens bestimmter sozialer Phänomene beruhen, sondern vielmehr auf einer Logik des Verallgemeinerns am Einzelfall (ob nun einer einzelnen Biographie oder einer Organisation oder eines bestimmten Milieus) oder – ebenso mit dem Anspruch auf Generalisierung am Einzelfall – der mikroskopischen bzw. dichten Beschreibung (vgl. Geertz 1983: 37) des interessierenden Bereichs der Alltagswelt. Mit einer Logik des Verallgemeinerns und der Entdeckung sowie Überprüfung von im Untersuchungsverlauf gewonnenen Hypothesen am Einzelfall sind andere Regeln und Gütekriterien als in der quantitativen Forschung verbunden, in der es um die Prüfung von bereits vorliegenden Hypothesen und die Standardisierung der methodischen Instrumente geht. In der qualitativen Sozialforschung im engeren Sinne geht es um eine Logik des Entdeckens, d. h. der Generierung von Hypothesen bis hin zu gegenstandsbezogenen Theorien im Forschungsprozess, und damit der Zurückstellung von Hypothesen zu Beginn der Untersuchung. Daraus leitet sich die Forderung zur Offenheit des Vorgehens ab, d. h. also nicht Standardisierung der Instrumente, sondern ein Vorgehen, das den Verlauf eines Gesprächs – ob nun im Einzelinterview oder in einer Gruppendiskussion – oder einer Beobachtungssituation an den jeweiligen Relevanzen und den Besonderheiten der zu interviewenden oder beobachtenden Personen orientiert und ihnen dabei so viel Spielraum wie möglich in der Gestaltung der Situation lässt.

Innerhalb qualitativer Studien kann also danach unterschieden werden, ob ihre Interpretationen auf der Häufigkeit des gemeinsamen Auftretens von sozialen Phänomenen oder auf der Rekonstruktion von Wirkungszusammenhängen am konkreten Fall beruhen, ob sie eher einer Logik der Überprüfung oder Logik der Entdeckung von Hypothesen folgen und wie offen ihre Instrumente der Erhebung und der Auswertung sind.

Kriterien zur Unterscheidung qualitativer Studien

- Interpretationen basierend auf dem häufigen gemeinsamen Auftreten von sozialen Phänomenen oder auf der Rekonstruktion von Wirkungszusammenhängen am konkreten Fall
- Logik der Überprüfung oder Logik der Entdeckung von Hypothesen und Theorien
- Grad der Offenheit der Verfahren der Erhebung und der Auswertung

Betrachtet man die konkrete Forschungslandschaft, so wird man feststellen, dass eine Vielzahl von qualitativen Untersuchungen zwischen diesen Polen hin und her pendelt. Einerseits wollen sie die Vorteile qualitativer Analysen nutzen und andererseits versuchen sie, dabei immer noch den Kriterien der quantitativen Sozialforschung gerecht zu werden. Aufgrund dieser Vielfalt und auch markanten Differenzen bevorzugen die VertreterInnen einer konsequenten interpretativen oder rekonstruktiven Forschungslogik, die in den Traditionen einer Verstehenden Sozialwissenschaft (wie des Symbolischen Interaktionismus, der phänomenologischen Wissenssoziologie oder der Ethnomethodologie) stehen, zur Verdeutlichung ihrer Position und zur Abgrenzung von anderen Methoden andere Labels als das der *qualitativen Methoden*. So sprechen die einen von *kommunikativer* (Fritz Schütze) oder von *rekonstruktiver Sozialforschung* (Ralf Bohnsack), die anderen von *sozialwissenschaftlicher* oder auch *wissenssoziologischer Hermeneutik* (Hans-Georg Soeffner 1989; Ronald Hitzler & Anne Honer 1997; Jo Reichertz & Norbert Schröer 1994) oder benutzen die die unterschiedlichen Richtungen eher verbindende Bezeichnung *interpretative Sozialforschung* (Schröer 1994). Die *Grounded Theory* in der Tradition von Barney Glaser & Anselm Strauss (1967) und die *Objektive Hermeneutik* nach Ulrich Oevermann gehören ebenso wie *ethnomethodologische* Forschungsansätze in der Tradition von

Harold Garfinkel (1986) und Aaron Cicourel (1970) und die *ethnomethodologische Konversationsanalyse* (Harvey Sacks 1992; Jörg Bergmann 1994; 2000) zu dieser Richtung. Die Bezeichnung „interpretative Sozialforschung oder interpretative Methoden", die ich im Folgenden verwenden werde, geht auf die von Thomas Wilson (1970/1973) eingeführte Unterscheidung zwischen einem normativen und einem interpretativen Paradigma zurück. Während nach Wilson die VertreterInnen des normativen Paradigmas den Menschen eher als einen auf ein gemeinsames Symbolsystem reagierenden Organismus begreifen, wird der Mensch im interpretativen Paradigma als ein handelnder und erkennender Organismus verstanden. Er steht der Welt nicht gegenüber und reagiert auf sie, sondern das Individuum erzeugt vielmehr in Interaktionen mit anderen die soziale Wirklichkeit. Bedeutungen bilden sich somit sequenziell in interaktiven Prozessen heraus und verändern sich fortlaufend. Auf dieses Verständnis der historisch-gesellschaftlichen Konstruktion der Wirklichkeit(en) (vgl. Berger/Luckmann 1969; Soeffner 1989) und die daraus folgenden methodischen Implikationen werde ich im nächsten Kapitel (2) detailliert eingehen.[1]

Gemeinsam ist den so unterschiedlichen Richtungen innerhalb der qualitativen Sozialforschung, dass die SozialforscherInnen sich der sozialen Realität, im Unterschied zur quantitativen Forschung, im unterschiedlichen Ausmaß mit Hilfe so genannter offener Verfahren annähern. Diese Verfahren sollen im Unterschied zu einem Fragebogen, einer standardisierten Beobachtung oder einem sozialwissenschaftlichen Experiment den befragten oder beobachteten Personen die Möglichkeit zur eigenen Gestaltung der Situation und der kommunikativen Abläufe geben (vgl. Hopf 1979: 14). Zu diesen Erhebungsverfahren gehören verschiedene Formen des offenen Interviews, die Feldforschung, bei der hauptsächlich mit teilnehmender Beobachtung gearbeitet wird, Tonband- oder Videoaufzeichnungen von Alltagssituationen, Gruppendiskussionen oder auch Familiengespräche. All diese Verfahren verfolgen das Ziel, die Welt zunächst aus der Perspektive der Handelnden in der Alltagswelt und nicht aus jener der Wissenschaftler zu erfassen[2] und die Praktiken sozialen Handelns in ihrer Komplexität im alltäglichen Kontext zu untersuchen. Die methodischen Verfahren der Erhebung und auch der Auswertung sollen die Möglichkeit geben herauszufinden, wie Menschen ihre Welt interpretieren und wie sie diese Welt interaktiv herstel-

1 Gerade hierin kann die Differenz zwischen den verschiedenen sozialwissenschaftlichen Methoden gesehen werden und nicht in der Unterscheidung zwischen qualitativ und quantitativ (vgl. Bohnsack 1991; Soeffner 1989).

2 Zu den Gemeinsamkeiten und Unterschieden zwischen Alltagswelt und der Welt der Wissenschaften vgl. Alfred Schütz (1971 a; 1971 b).

len. Es geht dabei nicht nur um die Perspektiven und die Wissensbestände der Akteure, die ihnen bewusst zugänglich sind, sondern auch um die Analyse des impliziten Wissens und die jenseits ihrer Intentionen liegende interaktive Erzeugung von Bedeutungen.

Auf eine konsequente Umsetzung des Prinzips der Offenheit bei der Erhebung und Auswertung werde ich in den Kapiteln 2.4 und 2.5 eingehen. Zunächst bedeutet es jedenfalls, dass die Forschungsfrage zu Beginn einer empirischen Studie noch wenig klar umrissen ist und keine Hypothesen vorab formuliert werden.[3] Vielmehr beginnt man mit einem vagen Interesse an einem bestimmten sozialen Phänomen oder einem bestimmten Milieu. Dieses vage Interesse bestimmt jedoch schon zu Beginn der Forschung die Blickrichtung auf die Phänomene und damit den methodischen Zugang oder, wie Anselm Strauss und Juliet Corbin (1996: 23) es formulieren, die offene und weite Fragestellung zum Beginn einer Studie „beinhaltet, was man schwerpunktmäßig untersuchen und was man über den Gegenstand wissen möchte". Sind wir z.B. an dem sozialen Phänomen „Alter" interessiert, bieten sich unterschiedliche Möglichkeiten der Perspektive auf dieses Phänomen. Will man erforschen, wie alte und ältere Menschen den Prozess des Alterns und das Altsein erleben, wird man als Erhebungsmethode ein offenes Interview oder vielleicht auch eine Gruppendiskussion wählen. Damit wird es den Befragten im Gespräch mit den ForscherInnen möglich sein, ihre Erfahrungen entlang ihrer eigenen Relevanzsetzungen darzustellen und ihre Perspektiven mitzuteilen. Bei der Gruppendiskussion[4] hätten wir zudem die Möglichkeit, ältere Menschen in der Interaktion mit anderen zu erleben und auch zu beobachten, welche Darstellungen in der gemeinsamen Diskussion übereinstimmend ausgebaut werden und welche eher an den Rand gedrängt werden. Ein Gespräch im Kreis der Familie könnte uns darüber hinaus Auskunft über die Interaktionsstrukturen zwischen den Generationen in der Familie geben.[5] Ist man dagegen in erster Linie an Interaktionsprozessen zwischen älteren oder mit jüngeren Menschen in ihren alltäglichen Bezügen interessiert, will man z.B. der Frage nachgehen, wie sich jüngere Menschen gegenüber älteren Menschen in unterschiedlichen Situationen verhalten, wählt

3 Sofern in diesem Stadium Hypothesen reflektiert bzw. im Forschungsteam diskutiert werden, dient dies dazu, sich die eigenen alltagsweltlichen oder auch wissenschaftlichen Vorannahmen bewusst zu machen und zu ihnen eine reflektiv-kritische Distanz zu schaffen.

4 Die Methode der Gruppendiskussion ist in der Bundesrepublik vor allem von Ralf Bohnsack weiterentwickelt worden. Von ihm liegen nachvollziehbare Anleitungen sowohl zur Erhebung als auch zur Auswertung vor (Bohnsack 2003). Zur Geschichte der Gruppendiskussion vgl. Bohnsack (1997).

5 Zur Untersuchung von Tischgesprächen vgl. die Arbeit von Angela Keppler (1994).

man eher den Zugang einer teilnehmenden Beobachtung oder vermittels Videoaufzeichnungen „natürlicher“ Alltagssituationen.[6] Ebenso bieten sich die teilnehmende Beobachtung und Aufzeichnungen mit Video an, wenn man z. B. an der sozialen Wirklichkeit eines Altersheims interessiert ist. Der Zugang über Interviews ist also stärker einem Interesse an der Perspektive von alten Menschen, deren Erleben, Wissen und Handeln und bei lebensgeschichtlichen Interviews auch an der Entstehungsgeschichte von deren Perspektiven und deren Erleben des Alterns geschuldet. Die teilnehmende Beobachtung oder Analysen von auf Video aufgezeichneten Alltagssituationen konzentrieren sich dagegen stärker auf die Rekonstruktion des Alltagslebens von alten Menschen in ihren interaktiven Bezügen. Will man dagegen erforschen, wie im öffentlichen Diskurs bzw. in den unterschiedlichen medialen Diskursen oder dem medizinischen Diskurs oder dem Diskurs in bestimmten sozialen Einrichtungen das Phänomen Alter verhandelt wird, kann man den Zugang über eine Diskursanalyse von Texten aus den jeweiligen Kontexten wählen. Die Diskursanalyse geht der Frage nach, wie das Phänomen „Alter“ als soziales Phänomen in der Art und Weise entsteht, wie und von wem darüber gesprochen wird (vgl. Kap. 7.4).

Diese Verfahren lassen sich jedoch keineswegs so klar voneinander trennen, sondern greifen ineinander über. In der Feldforschung werden neben teilnehmender Beobachtung auch kurze Gespräche oder Interviews geführt, um mehr über die Selbstwahrnehmung und die Perspektiven der Handelnden zu erfahren. Bei der Erhebung von Interviews, die häufig im Alltagskontext der Befragten erfolgt, befinden sich die Interviewer ebenfalls in deren Lebenswelt und es ist geboten, darüber Feldnotizen anzufertigen, in denen auf die Kontaktaufnahme und generell auf die Begegnungsgeschichte mit den Befragten und die Besonderheiten ihrer Lebenswelt eingegangen wird. Bei der Auswertung von Interviews rekonstruieren wir die Interaktionsgeschichte der Befragten und analysieren darüber hinaus die Interaktionsprozesse mit den InterviewerInnen und gegebenenfalls mit anderen am Gespräch teilnehmenden Personen, wie Ehegatten, Freunden oder Kindern. Auch erfordert eine konsequent sozialwissenschaftliche Auswertung von Interviews die Einbettung der subjektiven Perspektiven und Wissensbestände in die jeweiligen Diskurse, in denen sie entstanden sind oder sich verändert haben.

In diesem Buch werden vornehmlich teilnehmende Beobachtung (Kap. 4), offene Interviews (Kap. 5) und biographische Fallrekonstruktionen

---

6 Zum Vorgehen einer sequenziellen Videoanalyse vgl. Witte/Rosenthal (2007). Zur Analyse so genannter ‚natürlicher‘ Daten vgl. die Beitrage in Schröer (1994).

Artikel aus einer Tageszeitung, eine Videoaufnahme einer Alltagssituation oder auch um ein Beobachtungsprotokoll handeln. Der Textbegriff wird weit gefasst verstanden und bezieht sich auf alle Ausdrucksgestalten, die in der sozialen Interaktion erzeugt und in irgendeiner Weise protokolliert wurden. Der Text stellt jenseits der Intentionen der Textproduzenten eine eigenständige Realität dar, die es zu interpretieren gilt. Paul Ricœur (1972: 257), dessen Arbeiten auch wesentlichen Einfluss auf das methodische Vorgehen der Objektiven Hermeneutik hatten, beschreibt die eigenständige Realität des Textes wie folgt:

> „Das Schicksal des Textes aber entzieht sich dem begrenzten Lebenshorizont eines Autors völlig. Was der Text nun aussagt, zählt mehr als das, was der Autor damit auszusagen meinte, und jede Exegese entfaltet sich in einem Umkreis von Bedeutungen, die ihre Verankerung in der Psyche des Autors verloren haben."

Die „Objektivität eines Textes" und damit die Möglichkeit des Erklärens ergibt sich nach Ricœur (1972: 268) zunächst aus der Fixierung des Sinngehalts, des Weiteren aus der Trennung zwischen dem intendierten und dem latenten Sinn, der Entfaltung der nicht intendierten – oder, wie er es nennt, nicht-ostentativen – Bezüge und der „unbegrenzten Reihe der Adressaten".

Mit dem latenten Sinngehalt oder der objektiven Bedeutung eines Textes (vgl. Oevermann u.a. 1979) ist nicht nur jenes gemeint, was den Sprechenden oder Schreibenden aufgrund ihrer psychischen Abwehrmechanismen nicht bewusst ist. Vielmehr erzeugen wir aufgrund von impliziten Wissensbeständen, aufgrund von in der gesellschaftlichen Wirklichkeit abgedrängten Wissensbeständen, aufgrund der in unterschiedlichen historischen Phasen und gesellschaftlichen Kontexten geltenden Ideologien und Mythen (also im Sinne eines sozialen Unbewussten) und aufgrund des jeweiligen Handlungsdrucks in der Situation des Handelns und Sprechens immer mehr an Sinn, als uns im Moment zugänglich ist (vgl. Oevermann u.a. 1979: 384 ff.). Wie Michael Polanyi (1966/1985) in seiner Analyse impliziten Wissens verdeutlichte, wissen wir immer mehr, als wir zu sagen wissen:

> „Nehmen wir ein Beispiel. Wir kennen das Gesicht von jemandem und können es unter Tausenden, ja unter einer Million wiedererkennen. Trotzdem können wir gewöhnlich nicht sagen, wie wir ein uns bekanntes Gesicht wiedererkennen. Das meiste dieses Kennens kann also nicht in Worte gefasst werden." (Polanyi 1985: 14)

Wenn sich auch die interpretative Sozialforschung mit ihren Methoden der Textproduktion und der -interpretation besonders dazu eignet, den latenten Sinn zu rekonstruieren, unterliegt sie dennoch gewissen Beschränkungen. Die Differenz zwischen bewusst Intendiertem und objektiver Bedeutung gilt auch für das Handeln und Wissen der Wissenschaftlerin oder des Wissenschaftlers. Zwar ist die Deckung zwischen beiden Ebenen – nicht während des Handelns, aber bei der Reflexion der abgelaufenen Handlung – prinzipiell möglich, aber dennoch unterliegen auch WissenschaftlerInnen den Bedingungen für die Differenz. So geht z. B. auch implizites Wissen in das Handeln der WissenschaftlerInnen ein und kann nie vollständig bewusst gemacht und reflektiert werden. Auch sie setzen unbemerkt habituell Wissen ein und es bedarf des Gewahrwerdens, nicht allzu selten erst durch Störungen im Handlungsfluss hervorgerufen, und der Anstrengung zur Reflexion. So bemerkte ich z. B. erst in einem Interview mit einer blinden Frau, wie sehr ich meine Aufmerksamkeit durch Blickkontakt und nicht durch akustische Signale mitteile. Oder, als ich im Kontext eines Forschungsprojektes zu Drei-Generationen-Familien begann, Interviews mit Familien zu führen (vgl. Rosenthal 1997), wurde mir aufgrund der von mir als problemlos wahrgenommenen Gesprächsführung zwar bewusst, dass ich auf Techniken zurückgriff, die ich in meiner Ausbildung und Praxis der Erziehungsberatung gelernt hatte, doch es fiel mir zunächst schwer, meinen Kolleginnen im Projekt explizit zu vermitteln, wie ich bei diesen Gesprächen genau vorging. Noch bevor Transkriptionen der auf Tonband aufgenommenen Gespräche vorlagen, die dies dann verdeutlichten, wurde durch die Beobachtungen meiner an den Gesprächen mitbeteiligten Kolleginnen deutlich, dass ich automatisch immer wieder dieselben Techniken einsetzte, die zur wechselseitigen Rollenübernahme und Stellungnahme zu den Äußerungen der jeweils anderen Familienmitglieder aufforderten. Diese Techniken hatte ich viele Jahre zuvor zwar mühsam und bewusst gelernt, doch sie waren mittlerweile zur nichtbewussten Routine geworden. In der interpretativen Sozialforschung können wir mit Recht beanspruchen, dass wir mit unseren Video- und Tonbandaufzeichnungen und den recht detaillierten Notationssystemen zwar vieles von diesen routinierten Handlungen der ForscherInnen und auch von ihren Wirkungen in der Interaktion mit den Befragten oder Beobachteten analysieren können, dennoch würde uns der Anspruch einer völligen Aufdeckung alles impliziten und habituellen Wissens nicht nur überfordern, sondern auch den Abschluss von empirischen Projekten verhindern. Auch sind uns WissenschaftlerInnen bei der Interpretation von Texten, ähnlich wie im Alltag, bestimmte Bedeutungsgehalte aufgrund unserer Sozialisation in einem bestimmten gesellschaftlichen und zeitlichen Kontext und des auch auf uns wirkenden sozialen Unbewussten verschlossen. Daher sind uns in der Ge-

- Besteht im konkreten Einzelfall ein Wirkungszusammenhang zwischen Gewalt und Rechtsorientierung?
- Wie gestaltet sich dieser Wirkungszusammenhang?
- Lassen sich unterschiedliche Muster von Wirkungszusammenhängen an verschiedenen Fällen rekonstruieren?

Es kann sich bei der empirischen Rekonstruktion von Einzelfällen dann durchaus zeigen, dass in einem Fall ein Wirkungszusammenhang besteht und in einem anderen Fall die Rechtsorientierung und ein ebenfalls zu beobachtendes Gewaltpotenzial nicht wechselseitig bedingt sind. Ebenso ist es möglich, dass wir recht unterschiedliche Entstehungsbedingungen und Muster von Zusammenhängen aufspüren können. Ein Zusammenhang zwischen zwei oder mehreren gemeinsam auftretenden Phänomenen kann also in etlichen Fällen bestehen und in anderen nicht und ein bestehender Zusammenhang kann bei unterschiedlichen Fällen unterschiedlich gestaltet sein.

Auf die Ergebnisse einer biographischen Fallrekonstruktion, die von Michaela Köttig (2004) vorgestellt wurde, möchte ich hier zur Verdeutlichung eingehen. Es handelt sich dabei um den Fall eines Mädchens aus der rechtsextremen Szene, das den Tod im Kampf verherrlicht und sich mit der Gewalttätigkeit gegen von der Szene zu Feinden erklärten Menschen identifiziert. Die Fallrekonstruktion verdeutlicht einen Zusammenhang mit der selbst erlittenen Gewalt durch ihre Eltern in der Kindheit und ihrer damit zusammenhängenden Orientierung am Großvater. Der Großvater verherrlichte den Tod im Zweiten Weltkrieg und gab dies an seine Enkelin weiter. Zugleich lässt sich sagen: Die Möglichkeit, die eigenen erlittenen Gewalterfahrungen in der rechtsextremen Szene ausagieren zu können, macht diesen Bestandteil der tradierten Vergangenheit des Großvaters und seiner Weltanschauung für dieses Mädchen biografisch relevant. Verallgemeinernd zeigt die Rekonstruktion dieses Falles, dass der Zugang zur rechtsextremen Szene und die dort ausgelebte Gewaltorientierung durch die eigenen lebensgeschichtlichen Erfahrungen – wie Gewalterfahrungen und ein dominantes rechtsextremes Jugendmilieu im Umfeld der Jugendlichen – sowie durch die Orientierung am Großvater bedingt sind. Es sind mehrere Komponenten, die hier zusammenwirkten und einen Verlauf der Hinwendung und der Mitgliedschaft in der rechtsextremen Szene bedingten. Aus dieser Analyse werden also keine Aussagen abgeleitet wie: „Erfahrungen von Gewalt in der Kindheit führen zu einer rechtsextremen Orientierung.“ Vielmehr ist die über diesen Fall hinausgehende und auf der Analyse dieses einen Falles basierende verallgemeinernde Annahme, dass dieser Typus einer familiengeschichtlichen und lebensgeschichtlichen Konstellation mit dem Zusammenwirken der Komponenten „gewaltsames Verhalten der Eltern gegenüber den

Kindern", „ein Großvater, der einen wesentlichen Bestandteil der rechtsradikalen Weltanschauung vertritt und als Ersatz eines elterlichen Identifikationsobjektes dient", und „ein dominantes rechtsextremes Jugendmilieu im Heimatort" günstige Bedingungen für einen Verlauf der Hinwendung und Mitgliedschaft in der rechtsextremen Jugendszene schafft. In der Biographieforschung (vgl. Kap. 6) geht es dabei dann vor allem darum, den lebensgeschichtlichen Verlauf, der zu dieser Orientierung führt, zu rekonstruieren. So formuliert z. B. Bettina Dausien (1999: 228), dass die Biographieforschung ein „historisch-rekonstruktiver Ansatz" vom Typ einer „Wie es dazu kam, dass"-Erzählung" sei (Dausien 1999: 228).

Mit diesem Beispiel habe ich auf eine weitere „Leistung" der interpretativen Sozialwissenschaften hingewiesen.

Hypothesen- und Theorieüberprüfung am Einzelfall

Wie ich noch diskutieren und an einem Beispiel verdeutlichen werde (Kap. 2.5.2; 2.5.3), wird dem Text nicht mit bereits formulierten Hypothesen begegnet. Vielmehr werden im sequenziellen Verlauf der Textanalyse ausgehend vom Text Hypothesen gebildet und deren Plausibilität am weiteren Fortgang des Textes überprüft. Die Hypothese über die lebensgeschichtliche Konstellation, die zu einer rechtsextremen Orientierung führte, wird am konkreten Einzelfall überprüft und nicht nach der Logik einer numerischen Überprüfung, ob bei gleichen Komponenten in einem anderen Fall eine ähnliche Wirkung zu beobachten ist. So können in einem anderen Fall, der die gleichen Bestandteile aufweist, diese in ganz anderer Weise zusammenwirken. Ebenso kann ein solcher Bestandteil, wie ein den Nationalsozialismus verherrlichender Großvater, in einem Fall von funktionaler Bedeutsamkeit sein und im anderen Fall keine Relevanz für die Fallstruktur haben. Es ist vor allem der Verdienst der Gestalttheoretiker zu verdeutlichen, dass „Gestalten" sehr verschieden sein können, obwohl sie in vielen ihrer Teile übereinstimmen. Unter einer Gestalt wird ein zusammenhängendes Ganzes verstanden, in dem die einzelnen Teile keine „Und-Summe" von einer Anzahl von untereinander unabhängigen Elementen bilden, sondern vielmehr die einzelnen Teile aufeinander bezogen sind und sich aus deren Konfiguration die Gestalt ergibt (vgl. Wertheimer 1922; 1928). Gehen wir davon aus, dass Lebensgeschichten wie auch andere soziale Einheiten (wie eine Familie, eine Gemeinschaft oder eine Institution) über Gestaltqualität verfügen (vgl. Rosenthal 1995), dann folgt daraus: Welche sozialen Fälle sich strukturell ähneln bzw. welche dem gleichen Typus angehören, kann nicht anhand ihrer Bestandteile bestimmt werden, sondern nur anhand der Konfiguration dieser Bestandteile und deren funktionaler Bedeutsamkeit für das Ganze. Eine Typenbildung in diesem gestalttheoretisch-strukturalistischen Verständnis bedeutet, die Gestalt des sozialen Falles und die zugrunde liegenden Regeln seiner Konstitution zu rekonstruieren und nicht wie bei einer deskriptiven Typenbildung einzelne Merkmalskriterien summativ zu erfassen.

Empirisch begründete Hypothesen- und Theoriebildung

Der Anspruch, dass die Generierung von Hypothesen und Theorien am empirischen Material erfolgen sollte, wurde insbesondere von Barney Glaser und Anselm Strauss mit ihrer Konzeption einer „Grounded Theory", d. h. einer empirisch geerdeten Theorie, in die Diskussion gebracht. Diese beiden aus der Tradition der Chicago School und des Symbolischen Interaktionismus stammenden Soziologen fordern eine auf der Basis von empirischen Einsichten und Befunden entwickelte Theorie. Glaser und Strauss (1969: 79) unterscheiden dabei zwischen gegenstandsbezogenen und formalen Theorien. Während die gegenstandsbezogenen Theorien zunächst noch auf den konkreten Untersuchungsbereich und natürlichen Lebenszusammenhang bezogen sind, werden aus dem Vergleich unterschiedlicher gegenstandsbezogener Theorien formale Theorien entwickelt. Glaser und Strauss legen den Schwerpunkt ihrer Forschung nicht auf die Überprüfung von Theorien, sondern auf die Theoriegenerierung, in der sie den wissenschaftlichen Fortschritt sehen. „Dies u. a. deshalb, weil eine überholte, eine ungeeignete Theorie nur durch eine alternative, an demselben Gegenstand entwickelte oder generierte Theorie überwunden werden kann, nicht aber durch Falsifikation." (Bohnsack 2003: 28) Dies bedeutet jedoch nicht, dass kein Wert auf die Überprüfung von Hypothesen und Theorien gelegt wird. Vielmehr geht es um die gleichzeitige Generierung und Überprüfung von Hypothesen und Theorien (Hermanns 1992: 114). Im Sinne des abduktiven Vorgehens nach Charles S. Peirce (vgl. Kap. 2.5.2) werden Hypothesen am empirischen Material formuliert, überprüft, verifiziert, verworfen oder erweitert.

Was kann nun die interpretative Sozialforschung im Unterschied zur quantitativen Sozialforschung nicht leisten? Dies sind:

- Aussagen über Verteilungen und Repräsentativität ihrer Ergebnisse sowie
- numerische Verallgemeinerungen, d. h. Verallgemeinerungen basierend auf Häufigkeiten

Qualitative Untersuchungen – ob nun im engeren oder im weiteren Sinne – sind statistisch nicht repräsentativ. Dies bedeutet, dass sie keine Aussagen darüber machen können, wie häufig in einer bestimmten Grundgesamtheit, z. B. aller in Deutschland lebenden rechtsextremistischen Jugendlichen, ein bestimmtes Phänomen wie „Gewaltbereitschaft" auftritt. Auch können qualitative Studien nicht von der Häufigkeit des Auftretens auf gesellschaftlich relevante Phänomene schließen. Hierbei muss jedoch bedacht werden, dass sich die Relevanz eines sozialen Phänomens für die gesellschaftliche Wirklichkeit nicht schon aus der Häufigkeit des Auftretens ergibt. Auch selten auftretende Phänomene können eine erhebliche Wirkung auf die soziale Wirklichkeit haben und auf diese Macht ausüben. Während die quantitative Sozialforschung jedoch auf die Verteilung von Phänomenen schließen kann, strebt die interpretative Forschung die Rekonstruktion von deren Wirksamkeit in konkreten Kontexten an. Harry Hermanns (1992: 116) spricht in diesem Zusammenhang von theoretischer Repräsentativität, da „qualitative Studien ihrem Anspruch nach repräsentativ für das Spektrum empirisch begründeter theoretischer Konzepte (sind), in dem sich die empirischen Gegebenheiten angemessen abbilden lassen."

Was leistet die interpretative Sozialforschung?

- Untersuchung von Unbekanntem und Neuem
- Nachvollzug des subjektiv gemeinten Sinns
- Rekonstruktion des latenten Sinns
- Rekonstruktion der Komplexität von Handlungsstrukturen am Einzelfall
- Deskription sozialen Handelns und sozialer Milieus
- empirisch begründete Hypothesen- und Theoriebildung
- Hypothesen- und Theorieüberprüfung am Einzelfall

Was leistet interpretative und generell qualitative Sozialforschung nicht?

- Aussagen über Verteilungen und Repräsentativität ihrer Ergebnisse
- numerische Verallgemeinerungen, d. h. Verallgemeinerungen basierend auf Häufigkeiten

1.3 Die historischen Anfänge der interpretativen Sozialforschung

Vorbemerkung. Bevor ich genauer auf die methodologischen Grundannahmen und Prinzipien der zeitgenössischen interpretativen Sozialforschung eingehe, möchte ich einen knappen historischen Abriss über jene Traditionen geben, die diese Forschung und deren Methoden ganz wesentlich beeinflussten. Dabei werde ich auch einige der soziologischen Klassiker und deren Konzepte kurz vorstellen, auf die ich mich in der vorliegenden Schrift immer wieder beziehen werde.

kamen und andererseits etliche deutschsprachige Sozialwissenschaftler in den 1930er Jahren aus Nazi-Deutschland und Österreich in die USA emigrierten. In Chicago war der erste soziologische Fachbereich 1892 von Albion Small gegründet worden, der bei Georg Simmel in Deutschland studiert hatte und sein Interesse besonders auf Gemeindestudien richtete. Die Chicago School umfasste nicht nur den soziologischen Fachbereich, sondern zeichnete sich durch das interdisziplinäre Zusammenwirken u. a. der Philosophie, Soziologie und Psychologie und vor allem durch den Praxisbezug zur Sozialarbeit und Stadtplanung aus. Während die Sozialforschung, die sich ebenfalls in dieser historischen Phase in Frankreich entwickelte und insbesondere mit den Arbeiten Emile Durkheims (1858–1917) und seiner Schüler verbunden war, vornehmlich gesetzeswissenschaftlich und quantitativ orientiert war, etablierte sich an der Universität von Chicago eine qualitative empirische Forschung. Sie war an den sozialen Problemen der Stadt Chicago orientiert und zielte auf die Nützlichkeit der Forschungsergebnisse für die soziale Praxis ab. Diese Anwendungsorientierung und damit verknüpft die Bevorzugung qualitativer Fallstudien muss im Zusammenhang mit dem Umstand gesehen werden, dass die Soziologie und generell die Sozialwissenschaften in den USA aufgrund der rasanten Industrialisierung und des rapiden Wachstums der amerikanischen Städte von Anfang an auf Fragen der gesellschaftlichen Praxis ausgerichtet waren. Die in den USA im Alltag vorherrschende pragmatische und utilitaristische Grundorientierung korrespondierte auch mit dem für die amerikanischen Sozialwissenschaften so wichtigen philosophischen Pragmatismus (vgl. Mikl-Horke 1997: 174).

Im Unterschied zum Empirismus der Chicago School war die deutsche Soziologie jener Zeit – vor allem vertreten durch Max Weber und Georg Simmel – stärker theoretisch und auf makrosoziologische Fragestellungen ausgerichtet. Dennoch liefern Webers und Simmels Arbeiten eine wesentliche methodologische Grundlage für die interpretativen Methoden. Georg Simmel (1858–1918), der eher als ein Außenseiter in der damaligen wissenschaftlichen Community bezeichnet werden kann[12], entwickelte eine Konzeption von Gesellschaft als ein durch die Wechselwirkung der Individuen erzeugtes Gebilde. In seinem Aufsatz von 1908, „Das Problem der Soziologie", formuliert er dies wie folgt:

12 Die Eltern von Georg Simmel waren vom Judentum zum Christentum übergetreten. Der damals in Deutschland herrschende Antisemitismus, der auch unabhängig von der Selbstdefinition Menschen aufgrund ihrer Abstammung als Juden definierte, behinderte Simmels Karriere; u. a. ist seine gescheiterte Berufung auf den Lehrstuhl für Philosophie in Heidelberg 1908 in diesem Zusammenhang zu sehen (vgl. Nedelmann 2002: 129).

„Ich gehe dabei von der weitesten, den Streit um Definitionen möglichst vermeidenden Vorstellung der Gesellschaft aus: dass sie da existiert, wo mehrere Individuen in Wechselwirkung treten. ... Irgendeine Anzahl von Menschen wird nicht dadurch zur Gesellschaft, dass in jedem für sich irgendein sachlich bestimmter oder ihn individuell bewegender Lebensinhalt besteht; sondern erst, wenn die Lebendigkeit dieser Inhalte die Form der gegenseitigen Beeinflussung gewinnt, wenn eine Wirkung von einem auf das andere – unmittelbar oder durch ein Drittes vermittelt – stattfindet, ist aus dem bloß räumlichen Nebeneinander oder auch zeitlichen Nacheinander der Menschen eine Gesellschaft geworden." (Simmel 1992: 17, 19)

Gesellschaft wird in dieser Konzeption als ein durch den Prozess der Interaktion stets neu hervorgebrachtes Produkt verstanden und nicht als ein vorgegebenes statisches Gebilde. Simmel liefert damit wichtige grundlagentheoretische Vorarbeiten für ein mikrosoziologisches und sequenziell rekonstruktives Vorgehen der interpretativen Sozialforschung (vgl. Bude 1988; Hettlage 1991).

Max Webers (1864–1920) Ansatz einer „Verstehenden Soziologie" (1913; 1921)[13] und die kritische Auseinandersetzung des Wiener Soziologen Alfred Schütz (1899–1959)[14] mit den Analysen Webers sind heute noch wesentlich für die methodologische Begründung eines interpretativen Vorgehens. Bei Weber besteht die Aufgabe der Forscherin oder des Forschers darin, zunächst den subjektiv gemeinten Sinn des Handelnden, d. h. vor allem seine Handlungsabsicht zu verstehen und dadurch sein Handeln und die Folgen seines Handelns in der Interdependenz mit dem Handeln anderer zu erklären. Seine berühmt gewordene Definition von Soziologie lautet:

---

13 Zunächst wurde die Konzeption einer Verstehenden Soziologie von Weber in seinem 1913 publizierten Aufsatz „Über einige Kategorien der verstehenden Soziologie" formuliert. Bekannter ist die Fassung, die diese Konzeption später in dem ersten Kapitel seines posthum (1921) veröffentlichten Werkes „Wirtschaft und Gesellschaft" gefunden hat, das den Titel „Soziologische Grundbegriffe" trägt.

14 Alfred Schütz arbeitete nach seinem rechts- und staatswissenschaftlichen Studium als Finanzjurist bei einer Wiener Bank. Beim Anschluss Österreichs an das „Dritte Reich" kehrte Schütz, der jüdischer Herkunft war und bereits seit 1937 die Auswanderung vorbereitet hatte, von einer Geschäftsreise aus Paris nicht nach Wien zurück. Er ließ seine Frau und seinen Sohn nachkommen und die Familie emigrierte 1939 nach New York. Zunächst arbeitete er weiterhin in einer Bank, nahm jedoch ab 1943 regelmäßig Gastdozenturen an der New School for Social Research an, wo er 1952 zum Professor für Soziologie und Sozialpsychologie berufen wurde.

> „Soziologie … soll heißen: eine Wissenschaft, welche soziales Handeln deutend verstehen und dadurch in seinem Ablauf und seinen Wirkungen ursächlich erklären will. ‚Handeln' soll dabei ein menschliches Verhalten (einerlei ob äußeres oder innerliches Tun, Unterlassen oder Dulden) heißen, wenn und insofern als der oder die Handelnden mit ihm einen subjektiven *Sinn* verbinden. ‚Soziales' Handeln aber soll ein solches Handeln heißen, welches seinem von dem oder den Handelnden gemeinten Sinn nach auf das Verhalten *anderer* bezogen wird und daran in seinem Ablauf orientiert ist." (1972: 1)

Dieses Programm einer Verstehenden Soziologie und generell einer Verstehenden Sozialwissenschaft[15] bedeutet für die Forschung, dass wir Instrumente der Datenerhebung und -auswertung benötigen, die uns sowohl Zugang zu den Wahrnehmungen und Definitionsprozessen der Alltagshandelnden als auch zur Konstitution der gesellschaftlichen Wirklichkeit – im Sinne von Georg Simmel und Alfred Schütz – in den interaktiven Prozessen sozialen Handelns ermöglichen.

Schütz' Anliegen in seiner Monographie „Der sinnhafte Aufbau der sozialen Welt" (1932) war, das bei Weber ungeklärte Problem der Konstitution sozialen Sinns und der Intersubjektivität (d. h. der Konvergenz von Selbst- und Fremdverstehen) aufzuklären. Sein Vorwurf an Webers Analyse der sozialen Welt war, dass sie „in einer Schicht ab(bricht), die nur scheinbar die Elemente des sozialen Geschehens in nicht weiter reduzierbarer oder nur in nicht weiter reduktionsbedürftiger Gestalt sichtbar macht" (Schütz 1932/1974: 15). Im Unterschied zu Weber zeigt Schütz die wesensmäßigen Unterschiede zwischen dem Handeln als Ablauf und dem Handeln als vollzogener Handlung auf, dem Sinn des eigenen und des fremden Handelns, dem Sinn der eigenen und fremden Erlebnisse, dem Selbstverstehen und Fremdverstehen, der Konstitutionsweise des Sinns für den Handelnden, für den in der Interaktion mit ihm befindlichen Partner und den außenstehenden Beobachter. Was der Beobachter oder die Beobachterin wahrnimmt, hat für sie zwar Sinn, doch – so verdeutlicht Schütz – dieser Sinn muss mit dem von den

15 Grundlegend für Webers Auffassung von Soziologie und des Verhältnisses von quantitativer und qualitativer Sozialforschung ist auch sein Konzept der „Wirklichkeitswissenschaften", das er als Alternative zum Konzept der „Gesetzeswissenschaften" sah. Indem er die Soziologie als eine Wirklichkeitswissenschaft definiert, drückt Weber aus, dass es bei der Erforschung der Wirklichkeit des sozialen Lebens immer auch darum geht, diese Wirklichkeit in ihrer „historischen", individuellen und konkreten Gegebenheit zu erforschen, obwohl dies aus praktischen Gründen immer nur in selektiver Form und unter selektiven Fragegesichtspunkten erfolgen kann (vgl. Weber 1973: 170–176; Rossi 1987: 20–62).

Handelnden gemeinten Sinn nicht identisch sein. Was die Beobachtenden wahrnehmen, „sind bloß Anzeichen für den gemeinten Sinn des Handelnden, dessen Handlung jenes Objekt der Außenwelt erzeugte“ (ebenda: 30). Fremdverstehen wird mit Hilfe von Typisierungen möglich, die vom besonderen Hier und Jetzt der aktuellen Situation abstrahieren und in vorangegangenen Erfahrungen gebildet und im Sozialisationsprozess übernommen wurden.

Einen weiteren wichtigen theoretischen Beitrag zur Analyse der interaktiven Konstitution der sozialen Wirklichkeit finden wir in den Arbeiten zur Genese des sozialen Selbst von George Herbert Mead (1863–1931), einem Vertreter der Chicago School.[16] Auch Mead gehört zu denjenigen, die in Europa und Deutschland studiert hatten. Während seines dreijährigen Europa-Aufenthaltes von 1888–1891 studierte er u. a. bei Wilhelm Wundt (Leipzig) und begann bei Wilhelm Dilthey (Berlin) eine Doktorarbeit mit dem Thema „Kritik des empiristischen Raumbegriffs“. Diese Arbeit brach er jedoch aufgrund der Übernahme einer Assistentenstelle für Psychologie bei John Dewey an der Universität von Michigan ab. Drei Jahre später folgte er Dewey an die University of Chicago. Wesentlich für die methodologische Diskussion ist, dass in der Mead'schen Konzeption, im Unterschied zu Max Weber, Sinn keine einzelmenschliche, im Grunde innerpsychische Kategorie darstellt, er nicht an die Intentionen der Handelnden gebunden ist, sondern interaktiv in der Reaktion der anderen auf die Handlungen des Subjekts erzeugt wird: „Der Sinn der Geste eines Organismus liegt, ... in der Reaktion des anderen Organismus auf die voraussichtliche Vollendung der Handlung des ersten Organismus, der diese Geste auslöst und aufzeigt“ (1934/1975: 188). Sinn entsteht nach Mead primär sozial, d. h. aus oder in der Wechselwirkung von mehreren Personen und wird „erst sekundär zu einem das individuelle Handeln orientierenden Erwartungs- bzw. Sinnmuster“ (Bohnsack 2003: 87). So kommt Mead in seinen Analysen zu dem Schluss, dass die Gesellschaft der Identität des Individuums vorausgeht. Damit der Organismus ein Selbst entwickeln kann, muss er in eine immer schon mit anderen geteilte symbolische Welt hineinsozialisiert werden. Er nimmt teil an dieser Welt über den Prozess der Interaktion, an der immer wieder neu herzustellenden und „emergenten“, d. h. für Mead vor allem: immer wieder Neues und Unvorhersehbares hervorbringenden sozialen Wirklichkeit.

In derselben historischen Phase wird von Emile Durkheim (1858–1917) in Frankreich in der Tradition von Auguste Comte (1798–1857) eine andere Theorie von Gesellschaft entworfen. Gesellschaft besitzt in dieser Konzeption eine außerhalb der Individuen liegende Eigenexistenz und zwingt diesen durch ihre Normen gleichsam ihren Willen auf. Hierbei spielt das Kollektiv-

16 Zum Werk von G. H. Mead vgl. insbesondere Hans Joas (1980).

Peter L. Berger (geb. 1929 in Wien, seit 1946 in den Vereinigten Staaten) und Thomas Luckmann (geb. 1927 in Slowenien, seit 1965 in Deutschland) ist es zu verdanken, dass sie die Meadsche Konzeption der vom Individuum im Laufe seiner Sozialisation internalisierten sozialen Welt mit einer neuen Lesart der „sozialen Tatbestände“ Emile Durkheims und mit der phänomenologischen Wissenssoziologie Alfred Schütz’ verknüpften. In ihrer bis heute schulenbildenden Schrift „Die gesellschaftliche Konstruktion der Wirklichkeit“ (zuerst in Englisch 1966) verdeutlichten sie, dass ihrer Ansicht nach die Regel „soziologische Tatbestände wie Dinge zu betrachten”, nicht der Regel widerspricht, den Sinnzusammenhang des Handelns zu erfassen:

> „Gesellschaft besitzt tatsächlich objektive Faktizität. Unsere Gesellschaft wird tatsächlich konstruiert durch Tätigkeiten, die subjektiv gemeinten Sinn zum Ausdruck bringen. … Es ist ja gerade der Doppelcharakter der Gesellschaft als objektive Faktizität und subjektiv gemeinter Sinn, der sie zur ‚Realität sui generis‘ macht. Die Grundfrage der soziologischen Theorie darf demnach so gestellt werden: Wie ist es möglich, dass subjektiv gemeinter Sinn zu objektiver Faktizität wird?“ (Berger/Luckmann 1969: 20)

Kommen wir wieder zurück zu den Anfängen der interpretativen Sozialforschung in Chicago, wo wir die ersten ernsthaften Versuche einer empirischen Umsetzung der Prinzipien der Rekonstruktion der subjektiven Perspektiven und der interaktiven Konstitution von sozialer Wirklichkeit, also der aktiven Gestaltung derselben durch die daran teilhabenden Individuen, und der Orientierung am einzelnen Fall finden können. Die hier zwischen 1920 und 1950 durchgeführten empirischen Untersuchungen sind noch heute richtungweisend. Die sozialreformerische Ausrichtung dieser Form der Sozialforschung war den massiven sozialen Problemen der durch Migrationsschübe rasant wachsenden Stadt Chicago geschuldet (Fischer-Rosenthal 1991 a: 115). Des Weiteren zeichnete sich diese Forschung durch ihre Orientierung an der philosophischen Theorie des Pragmatismus aus, die von dem Mathematiker und Philosophen Charles Sanders Peirce (1839–1914) sowie dem mit Peirce befreundeten Psychologen William James (1842–1910) begründet und von den in Chicago am Department of Philosophy lehrenden John Dewey (1864–1929) und George Herbert Mead weiterentwickelt wurde.[20] Der Pragmatismus fordert die Umsetzung der Suche nach Wahrheit in der empirischen

20 Obwohl Mead Professor an der Philosophischen Fakultät war, hatte er bedeutenden Einfluss auch auf die Soziologie. Seine von 1900 bis 1927 jährlich stattfindende Vor-

Forschung und damit einhergehend ein auf lebenspraktisches Handeln bezogenes Theoretisieren, das erst von ihm her seine Bedeutung gewinnt. Die Wahrheit einer Aussage bemisst sich danach, inwieweit sich die aus ihr ergebenen Konsequenzen im Handeln bewähren, d. h. an ihrem Nutzen für die Praxis:

> „Wahre Vorstellungen sind solche, die wir uns aneignen, die wir geltend machen, in Kraft setzen und verifizieren können. Falsche Vorstellungen sind solche, bei denen dies alles nicht möglich ist ... Die Wahrheit einer Vorstellung ist nicht eine unbewegliche Eigenschaft, die ihr inhäriert. Wahrheit ist für eine Vorstellung ein Vorkommnis. Die Vorstellung wird wahr, wird durch Ereignisse wahr gemacht. Ihre Wahrheit ist tatsächlich ein Geschehen, ein Vorgang, und zwar der Vorgang ihrer Selbst-Bewahrheitung, ihre Verifikation. Die Geltung der Wahrheit ist nichts anderes als eben der Vorgang des Sich-Geltend-Machens." (William James 1994: 76 f.)

Auf diesen Wahrheitsbegriff und die von Peirce beschriebene Verfahrensweise der Abduktion, der Hypothesengewinnung und Überprüfung am konkreten empirischen Geschehen, werde ich später detailliert eingehen (vgl. Kap. 2.5.2).

Eine der ersten aufwändigen empirischen Untersuchungen der Chicago School war die Migrationsstudie „The Polish Peasant in Europe and America" von William Isaac Thomas (1863–1947) und Florian Znaniecki (1882–1958). Thomas, der bereits 1888/89 ein Jahr in Deutschland an den Universitäten in Göttingen und Berlin verbrachte, lernte 1913 bei einer Polenreise Znaniecki kennen und begann mit ihm eine Forschungskooperation. Znaniecki ging kurze Zeit danach, vor Beginn des Zweiten Weltkrieges, nach Chicago und arbeitete bis zu seiner Berufung 1920 auf eine Professur für Soziologie an der Universität Poznan (Polen)[21] mit Thomas an dieser Studie über die polnischen MigrantInnen (vgl. Fischer-Rosenthal 1991 a). Das zwischen 1918 und 1920 erschienene fünfbändige Werk sollte die sozialen Probleme von polnischen Einwanderern in den USA aus der Perspektive ihres subjektiven Erlebens erfassen. Neben der Analyse von Dokumenten zum

---

lesung zur Sozialpsychologie war eine Pflichtveranstaltung für Studierende der Soziologie. Auf der Grundlage von Vorlesungsprotokollen wurde 1934 die Schrift „Mind, Self and Society" posthum veröffentlicht.

21 Durch das berufliche und wissenschaftliche Wirken Znanieckis entwickelte sich in Polen „eine methodisch stark an geschriebenen Autobiographien orientierte Soziologie", die bis heute lebendig ist (vgl. Fischer-Rosenthal 1991 a: 118).

Migrationsprozess (insbesondere Sammlungen von Briefen zwischen der Heimat Polen und den USA) enthält das Werk eine auf Bestellung der Autoren geschriebene Autobiographie eines polnischen Einwanderers. Die Autoren meinten, „dass möglichst vollständige persönliche Lebensgeschichten den perfekten Typ soziologischen Quellenmaterials darstellen" (Thomas/Znaniecki 1958, II 1832 f.). In ihren methodologischen Ausführungen[22] gehen sie auf die Aussagekraft und Generalisierbarkeit subjektiver Aussagen ein:

> „Indem wir die Erfahrungen und Einstellungen eines einzelnen Menschen analysieren, erhalten wir immer Daten und elementare Fakten, die nicht ausschließlich auf dieses Individuum begrenzt sind, sondern die als mehr oder weniger allgemeine Klassen von Daten und Fakten behandelt werden und so für die Bestimmung von Gesetzmäßigkeiten des sozialen Prozesses genutzt werden können ..." (1958, II 1831 f., zitiert nach Fuchs 1984: 99)

Diese Studie war in ihrer Methodologie für die nachfolgenden Generationen von Soziologen in Chicago modellbildend.

Neben Thomas und Znaniecki hatten vor allem Robert E. Park (1864–1944) und Ernest W. Burgess (1886–1966), die beide eng zusammenarbeiteten, erheblichen Einfluss auf die enorme Entwicklung qualitativer Methoden – nicht zuletzt auf die Feldforschung im Rahmen von Gemeindeuntersuchungen und Fallstudien.[23] Das empirische Vorgehen von Park war deutlich davon geprägt, dass er nach seinem B. A.-Abschluss zwölf Jahre als Reporter und Redakteur in verschiedenen US-amerikanischen Großstädten, u. a. in Chicago, tätig war. In dieser Zeit arbeitete er vor allem an wissenschaftlichen Reportagen über gesellschaftliche Randgruppen, die er auf der Grundlage von Feldbesuchen und Interviews schrieb. 1898 nahm er sein Studium wieder auf und ging nach dem M. A.-Abschluss zum Promotionsstudium nach Deutschland. Zwischen 1899 und 1903 studierte er in Berlin (u. a. bei Simmel), Straßburg und Heidelberg, wo er seine auf Deutsch geschriebene Doktorarbeit zum Thema „Masse und Publikum. Eine methodologische und soziologische Untersuchung" einreichte. An der Universität von Chicago, an die er 1913 von W. I. Thomas zu einer Vorlesung eingeladen worden war,

---

22 Werner Fuchs (1984: 99 f.) diskutiert ausführlich die methodologische Bedeutung dieses Werks und die darauf aufbauenden methodologischen Reflexionen Herbert Blumers (1939).

23 Zur Diskussion der Chicago School vgl. Mikl-Horke (1997: 188 ff.), Schütze (1987) und ausführlich, insbesondere zu Park, Lindner (1990; 2000).

lehrte er zunächst bis 1923 im Kontext von Lehraufträgen Soziologie, bis er zum Professor berufen wurde. Er bildete Generationen von Studenten und Studentinnen mit der Haltung aus, dass sie „aus den Studierstuben hinausgehen sollten". Seine Botschaft war: „Get your feet wet" oder „Get your nose rousing" (vgl. Lindner 1990). Ganz in der Tradition des Pragmatismus verstand er Soziologie als eine empirisch arbeitende Wissenschaft, die den Wissensfortschritt in der Entdeckung von Zusammenhängen in der beobachtbaren Welt sucht. Er forderte konsequent eine Soziologie, die im ersten Schritt eine Bearbeitung von Fakten aus dem Feld vornimmt und eben nicht von den Fakten losgelöste Theorien entwickelt. Ebenso wie bei Thomas und Znaniecki wurde hier die Forderung vertreten, „to get inside the actor's perspective", und es wurden Fallstudien – zum Teil biographische Fallstudien – zur Erfassung der subjektiven Perspektiven der Mitglieder unterschiedlicher Milieus durchgeführt. Zu den wichtigen empirischen Arbeiten über verschiedene soziale Milieus in Chicago, die in diesem Kontext entstanden sind, gehört die Studie von Anderson (1923) über „The Homeless Man in Chicago", von Wirth (1928) über das Ghetto jüdischer EmigrantInnen, von Thrasher (1928) über Banden oder von Zorbaugh (1929) über die Slums. Howard S. Becker verdeutlicht, wie diese einzelnen Studien Teile eines Mosaiks für ein Gesamtbild Chicagos und für eine Theorie der Stadt im Sinne Parks waren (Becker 1970: 65f.):

> „Individual studies can be like pieces of mosaic and were so in Park's days. ... In so doing, they partially completed a mosaic of great complexity and detail, with the city itself the subject, a ‚case' which could be used to test a great variety of theories and in which the interconnections of a host of seemingly unrelated phenomena could be seen, however imperfectly." (ebenda: 66)

Auch die 1930 erschienene klassische Fallstudie über einen jugendlichen Straftäter von Clifford Shaw ist wesentlich von Thomas und Park inspiriert. Shaw beobachtete Stanley, wie er ihn nennt, über sechs Jahre hinweg und ließ ihn auch einen biographischen Bericht schreiben. In seiner Analyse diskutiert Shaw nicht nur die Entstehung einer delinquenten Laufbahn, sondern betont, dass die „eigene Geschichte" wichtig für die Diagnose und Behandlung von Delinquenten sei. Eine weitere sehr wesentliche Untersuchung im Kontext der Chicago School war die Gemeindestudie „Street Corner Society" von William Foote Whyte (1943). Auf diese ethnographische Studie, die sich auf eine italienische Straßengang in einer Großstadt im Osten der USA konzentrierte, gehe ich bei meinen Ausführungen zur teilnehmenden Beobachtung (Kap. 5) noch genauer ein.

Kapitel 2 Grundannahmen und Prinzipien der interpretativen Sozialforschung

Vorbemerkung. Betrachtet man die unterschiedlichen Ansätze im Bereich interpretativer Sozialforschung, so können wir auch hier etliche Differenzen in ihren Methodologien und Methoden feststellen. Im Folgenden möchte ich jedoch auf die Gemeinsamkeiten dieser Ansätze eingehen.

Zunächst verbindet sie die Annahme, dass Menschen auf der Grundlage ihrer Deutungen der sozialen Wirklichkeit handeln und diese Wirklichkeit nach bestimmten sozialen Regeln immer wieder neu interaktiv herstellen. Wie es u. a. von Christa Hoffmann-Riem (1980) diskutiert wurde, sind mit dieser Annahme zwei wesentliche Prinzipien für die interpretative Sozialforschung verbunden. So fordert das *Prinzip der Kommunikation* eine Orientierung am Regelsystem der Alltagskommunikation und das *Prinzip der Offenheit*, „dass die theoretische Strukturierung des Forschungsgegenstandes zurückgestellt wird, bis sich die Strukturierung des Forschungsgegenstandes durch die Forschungssubjekte herausgebildet hat" (ebenda: 346). Dies bedeutet zunächst den Verzicht auf eine hypothesengeleitete Datengenerierung oder Datengewinnung.

2.1 Die interpretierte Sozialwelt

Während sich der Naturwissenschaftler mit einer Objektwelt befasst, die sich selbst keinen Sinn zuschreibt und ihre Welt nicht nach Relevanzen strukturiert, untersucht der Sozialwissenschaftler eine bereits interpretierte Welt. Diese Differenz zwischen den Bereichen der Natur- und Sozialwissenschaften und die daraus folgenden methodologischen Implikationen wurden von dem phänomenologischen Wissenssoziologen Alfred Schütz dezidiert untersucht. Schütz führt in seinem 1953 zuerst auf Englisch publizierten Artikel „Wissenschaftliche Interpretation und Alltagsverständnis menschlichen

Handelns“[1] aus, dass dem Sozialwissenschaftler eine bereits entsprechend den Relevanzstrukturen der in der Sozialwelt lebenden Menschen gegliederte und gedeutete Welt vorliegt:

> „In verschiedenen Konstruktionen der alltäglichen Wirklichkeit haben sie (die Menschen) diese Welt im Voraus gegliedert und interpretiert, und es sind gedankliche Gegenstände dieser Art, die ihr Verhalten bestimmen, ihre Handlungsziele definieren und die Mittel zur Realisierung solcher Ziele vorschreiben – kurz: sie verhelfen den Menschen in ihrer natürlichen und soziokulturellen Umwelt ihr Auskommen zu finden und mit ihr ins Reine zu kommen.“ (Schütz 1971 a: 6)

Aus dieser Differenz zu den Naturwissenschaften leitet Schütz den Anspruch ab, dass sozialwissenschaftliche Konstruktionen auf den Konstruktionen des Alltags aufgebaut werden und die gedanklichen Gegenstände der Sozialwissenschaften mit jenen vereinbar bleiben müssen, die von Menschen im Alltag gebildet werden. Er spricht in diesem Zusammenhang von Konstruktionen ersten und zweiten Grades.

Dies erfordert, dass wir SozialforscherInnen herausfinden, wie die Alltagshandelnden selbst ihre Wirklichkeit konstruieren, wie sie ihre Welt erleben, wie sie diese Welt deuten und welche alltagsweltlichen Methoden der Kommunikation sie anwenden. Die Konstitution der sozialen Wirklichkeit vollzieht sich in interaktiven Prozessen, die abhängig davon sind, wie die Handelnden die Situation deuten. Diese Deutungen sind nun nicht beliebig und beruhen nicht auf gleichsam „einsamen“ psychischen Prozessen des Individuums. Vielmehr basieren sie auf den im Laufe der Sozialisation internalisierten (verinnerlichten) kollektiv geteilten Wissensbeständen, die auch Handlungs- und Interaktionsregeln enthalten und deren je nach biographischer Situation unterschiedlicher subjektiver Auslegung und Anwendung in konkreten Handlungskontexten. Mit anderen Worten: Das Individuum greift bei seinen Deutungen, bei seinen Sinnsetzungen auf kollektive Wissensbestände zurück, deren Ausbuchstabieren und Anwendung je nach lebensgeschichtlichen Erfahrungen variiert und vor allem der kreativen, reflexiven Umsetzung in der konkreten Handlungssituation bedarf. Im Akt der Umsetzung und der wechselseitigen Orientierung der Handelnden entsteht immer auch etwas Unerwartetes und Neues. Wie Norbert Schröer (1994: 18) es betont, bleibt bei dieser strukturtheoretischen Akzentuierung eines wis-

---

1 Die deutsche Übersetzung wurde 1971 publiziert.

senssoziologischen Ansatzes, wie er von Peter L. Berger und Thomas Luckmann in der Tradition von Alfred Schütz und des Pragmatismus bzw. der Chicago School vorgelegt wurde, „das Subjekt … keineswegs außen vor".

In die methodische Diskussion gebracht wurde das Konzept der „subjektiven Situationsdefinition" im Zusammenspiel mit den objektiven Bedingungen der Situation von William Isaac Thomas, dem bereits vorgestellten Klassiker der Chicago School (Kap. 1.3). Die von ihm und Dorothy Swaine Thomas (1928: 572) diskutierte Annahme: „Wenn eine Situation von den Menschen als wirklich definiert wird, so ist sie in ihren Konsequenzen wirklich", wurde zu einem der wichtigsten Theoreme der interpretativen Sozialforschung. Dies bedeutet jedoch nicht, dass die Konsequenzen unserer Handlungen die entsprechend der Situationsdefinition antizipierten sind. Stellen wir uns folgende Situation vor: Ich sitze im Zug, mir gegenüber sitzt eine ältere Dame. Ich definiere diese Zugfahrt als eine Möglichkeit für mich, in Ruhe meine Zeitung lesen zu können, und nicht als eine Situation, in der man miteinander kommuniziert. Ich hole die Frankfurter Rundschau aus meiner Aktentasche. Diese Handlung nimmt die ältere Dame zum Anlass, mit mir ins Gespräch zu kommen. Sie fragt mich, weshalb ich gerade diese Zeitung lese, die Süddeutsche Zeitung wäre doch viel besser. Die Frankfurter Rundschau wird also von der älteren Dame als Möglichkeit des Kommunikationseinstiegs definiert und diese Situationsdefinition ist damit die „reale oder wirkliche Konsequenz" meiner Situationsdefinition.

Die Definition der Situation ist jedoch nicht beliebig und der Handelnde kann die Beschaffenheit der Situation nicht allein durch seine Definition verändern. „Er muss vielmehr die Elemente der Situation – wie materielle Ressourcen, Anwesenheit anderer Handelnder, Existenz von Machtdifferenzen, Erwartungen anderer Handelnder, normativer Einschränkungen möglichen Handelns etc. – in seinem Handlungsentwurf berücksichtigen, will er nicht Gefahr laufen, sein Handlungsziel zu verfehlen", schreibt die Arbeitsgruppe Bielefelder Soziologen (1976: 98). So kann ich z. B. das Gespräch mit meinem Vorgesetzten über das Einreichen meines Urlaubsantrags in einer gerade arbeitsintensiven Phase zwar als freundschaftliche Unterhaltung zwischen solidarischen Berufskollegen unseres Projekts definieren bzw. als solche mehr oder weniger implizit verstehen und mich entsprechend dieser Definition dann auch verhalten, ihn vielleicht darauf ansprechen, dass er ja auch vor kurzem im Urlaub war und es sehr genossen hat. Dieses Verhalten kann jedoch von meinem Gesprächspartner als anmaßende Grenzüberschreitung interpretiert werden, ihn damit erzürnen und zur Ablehnung meines Antrages führen. Er als Vorgesetzter hat die Macht, die Situation anders zu definieren und diese Definition im Handlungsvollzug durchzusetzen.

Im Hinblick auf die Beschränkungen der individuellen Wahlfreiheit und Eigenleistungen des handelnden Subjekts wurde das Thomas-Theorem u. a. von Erving Goffman (1977) kritisch diskutiert und mit seinem Konzept des Rahmens und der Rahmung strukturalistischer gefasst. Goffman verdeutlicht dezidierter, dass die Akteure zwar die Situation definieren, doch „gewöhnlich diese Definition nicht [schaffen]; gewöhnlich stellen sie lediglich ganz richtig fest, was für sie die Situation sein sollte, und verhalten sich entsprechend" (Goffman 1977: 9). Treten wir mit jemandem in Interaktion, stehen wir vor der Frage: „Was geht hier eigentlich vor?" (ebenda: 16). Um dies zu beantworten, greifen wir auf ein System von Regeln zurück, die uns bei der Beantwortung dieser Frage und der Auswahl und Definition der damit zusammenhängenden Regeln des Handelns helfen.

Komme ich z. B. auf meiner Zugfahrt zu der Einschätzung, dass ich der älteren Dame deutlicher signalisieren muss, dass ich gerne meine Zeitung weiterlesen möchte, kann ich u. a. Aufforderungen zum Sprecherwechsel nicht annehmen, immer mal wieder auf meine Zeitung schauen, den Blickkontakt vermeiden und vor allem nicht parasprachlich mit „mhms" oder „aha" meine Aufmerksamkeit oder gar mein Interesse an ihren Ausführungen bekunden. Meist spielen sich solche Vorgänge ab, ohne dass wir diese Handlungen bzw. kleinen Strategien bewusst planen, sondern diese vielmehr mehr oder weniger automatisch einsetzen. Auch sind – wie es Goffman (ebenda: 31) formuliert – dem Handelnden die „Organisationseigenschaften des Rahmens im Allgemeinen nicht bewusst und wenn man ihn fragt, kann er ihn auch nicht annähernd vollständig beschreiben, doch das hindert nicht, dass er ihn mühelos und vollständig anwendet." So verfügen wir z. B. alle über eine Vielzahl von Regeln zur Beendigung von Gesprächen, doch sind diese zum großen Teil Bestandteile des impliziten Wissens. Sie sind uns zu Routinen geworden und wir wenden diese an, ohne explizit diese Anwendung zu planen. Kommt es jedoch zu einer Krise in der Interaktion, dann stellen wir uns die explizite Frage „Was geschieht hier eigentlich?" oder „Inwiefern stimmt meine Definition der Situation nicht mit jener des Anderen überein?" Lehnt mein Vorgesetzter meinen Urlaubsantrag verärgert ab, wo ich doch angenommen hatte, er freue sich mit mir auf meine Reise in die Osttürkei, werde ich wohl beginnen meine Situationsdefinition und meine Verhaltensweisen zu reflektieren und die Situation nun gegen meinen Wunsch im Rahmen eines Gespräches mit einem Vorgesetzten und nicht mit einem Freund betrachten. Vielleicht wird mir in dieser Krisensituation auch erst bewusst, dass ich die Situation zunächst als freundschaftliches Gespräch definiert und mich dementsprechend verhalten hatte. Und so können wir allgemein davon ausgehen, dass das Feststellen dessen, „was für uns die Situation sein sollte" – wie es Goffman formuliert –, im Handlungsprozess geschieht. Wir können

2.2 Das Prinzip der Kommunikation

Die methodische Konsequenz dieser Überlegungen ist, dass wir die Erhebung und die Auswertung derart gestalten müssen, dass diese Prozesse der interaktiv ausgehandelten und hergestellten Rahmungen und der sich vollziehenden Modifikationen sichtbar werden. Dies erfordert, wie Fritz Schütze und andere Kollegen der in den 1970er Jahre aktiven Arbeitsgruppe Bielefelder Soziologen diskutierten, dass wir uns in der Forschung kommunikativer Verfahren bedienen, die Raum für die alltäglichen Prozesse der Verständigung und Bedeutungsaushandlung lassen. Auf die methodischen Konsequenzen des damit zusammenhängenden Prinzips der Offenheit bei der Erhebung und bei der Auswertung werde ich später eingehen.

Zunächst ist zu berücksichtigen, dass wir in der interpretativen Sozialforschung, abgesehen von der Analyse von bereits vorliegenden Dokumenten, in einen Kommunikationsprozess mit den Alltagshandelnden[3] eintreten. Damit gestalten wir mit den Alltagshandelnden gemeinsam die soziale Wirklichkeit dieser Erhebungssituation; ob es sich dabei nun um eine teilnehmende Beobachtung oder ein Interview handelt. „Datengewinnung ist eine kommunikative Leistung" schreibt Christa Hoffmann-Riem (1980: 347) in Anlehnung an Fritz Schütze. Schütze (1978) spricht in diesem Zusammenhang von „kommunikativer Sozialforschung", die den Anspruch verfolgt, den Kommunikationsprozess entsprechend den Regeln des Alltags zu gestalten und den Alltagshandelnden die Möglichkeit gibt, ihre Sicht der Welt wie auch ihre Definition der Forschungssituation verdeutlichen zu können. Sie interpretieren ja nicht nur ihre Lebenswelt, von der sie uns ForscherInnen mitteilen, sondern auch die Situation der Forschung. Sie schreiben der Forschungssituation, dem Interviewer oder dem teilnehmenden Beobachter bestimmte Deutungen zu. Dabei gilt zu berücksichtigen, dass sich die Definition der Situation von Interviewtem zu Interviewtem ganz unabhängig von den erklärten oder auch nicht erklärten Situations- und Selbstdefinitionen der ForscherInnen erheblich unterscheiden kann. Definieren die einen das Interview in erster Linie im wissenschaftlichen Kontext, so definieren es andere als ein therapeutisches Gespräch oder auch als Kaffeeklatsch oder in dem Kontext von Interviews in den Massenmedien. So verläuft ein Interview ganz anders, wenn die Befragten in mir eine Historikerin sehen, die an kollektivgeschichtlich relevanten Ereignissen interessiert ist, oder eine Psychologin, die Wert auf Aussagen über ihre Gefühle legt. Unterstellen sie oder hegen sie den Wunsch, dass ihr Interview vielleicht zu Teilen im Radio ge-

3 Der Begriff Alltagshandelnde referiert auf die Theorie von Alfred Schütz und seine phänomenologische Untersuchung des Alltags.

sendet oder in der Zeitung veröffentlicht wird, werden sie sich auch anders präsentieren, als wenn ihnen die weitere Verwertung ihrer Erzählungen nicht so wichtig erscheint. Was thematisiert wird und vor allem wie sie über sich und ihren Lebensalltag sprechen, ist abhängig von diesen Rahmungen wie auch deren Modifikationen während der Erhebungssituation. Vollzieht sich während eines oder mehrerer Gespräche eine Veränderung der Rahmung bzw. eine Veränderung der Situationsdefinition, finden wir bei der Auswertung meist deutliche Hinweise darauf. Dies möchte ich anhand eines von Michaela Köttig und mir geführten Familiengesprächs mit einer Familie aus dem Kosovo verdeutlichen, die in Deutschland mit jeweils nur kurzfristiger Duldung lebt.

2.3 Empirisches Beispiel: Wechselnde Rahmungen im Kontext eines Familiengesprächs

Dieses Gespräch wurde zunächst von den Angehörigen der Familie Morina[4], wie ich sie nennen möchte, zum Teil mit den in Deutschland erlebten Anhörungsverfahren und der Kommunikation auf deutschen Behörden assoziiert. Die Darstellung, d. h. was und wie etwas präsentiert wurde, war also zunächst bestimmt durch eine dementsprechende Rahmung. Dies zeigte sich u. a. darin, dass uns Interviewerinnen wiederholt versichert wurde, man wolle in Deutschland nicht auf Dauer bleiben. Des Weiteren wurden die im Anerkennungsverfahren relevanten Symptome einer posttraumatischen Belastungsstörung der Mutter und eines dringend in Deutschland ärztlich zu versorgenden Nierenleidens der Schwiegertochter stärker betont als die psychischen Folgen der Traumatisierung für die anderen Familienmitglieder oder das Leiden der Familie an der gegenwärtigen Situation in Deutschland. Dies ist dem Umstand geschuldet, dass die Familie unter einer Beweispflicht für ihre Traumatisierung und ihre Bedrohung im Kosovo steht, um den legalen Status der Duldung in Deutschland zu bewahren. Sie ist damit ständig in der Situation, dass ihre Glaubwürdigkeit prinzipiell angezweifelt wird. Durch unser wiederholtes Eingehen auf ihre Ängste im Verlauf des Gesprächs (entsprechend der Methode des aktiven Zuhörens aus der klientenzentrierten Gesprächsführung) – insbesondere auf die Angst, eventuell bald zurückkehren zu müssen – veränderte sich die Wahrnehmung uns gegenüber. Es wurde spürbar, wie die Familienangehörigen darunter leiden, dass in Deutschland niemand an ihrem Schmerz interessiert ist, geschweige denn an

4 Zur Analyse dieses Gesprächs vgl. Rosenthal (2002 c).

Diese Rahmungsprozesse werden nicht dadurch sichtbar, indem wir die Interviewten direkt danach fragen, da ihnen und ebenso uns InterviewerInnen ein großer Anteil davon nicht bewusst ist. Auch wenn die Antworten auf Fragen, die wir zum Abschluss des Gesprächs stellen können (z. B.: „Wie haben Sie dieses Gespräch erlebt?"), wichtige Hinweise auf die Rahmungsprozesse geben können, so enthalten sie dennoch nicht alle Bedeutungsmöglichkeiten. Wir benötigen vielmehr Verfahren sowohl der Erhebung als auch der Auswertung, die den Befragten den Spielraum geben, ihre eigenen Rahmungen und Regeln der Rahmung einzusetzen und uns damit bei der Auswertung die Möglichkeit verschaffen, diese offen zu legen. Dies erfordert zunächst Erhebungsverfahren, die dem Prinzip der Offenheit gerecht werden.

2.4 Zum Prinzip der Offenheit im Forschungsprozess und bei der Erhebung

Im Folgenden werde ich auf die Gestaltung eines Forschungsprozesses und von Erhebungssituationen eingehen, die dem Prinzip der Offenheit gerecht werden.

2.4.1 Offenheit zu Modifikationen des Forschungsplans

Die Offenheit bei der Veränderung unseres Forschungsplans bedeutet im Einzelnen:

- Offene Forschungsfrage mit Möglichkeiten zur Modifikation
- Hypothesenbildung im Verlauf des Forschungsprozesses
- Entwicklung einer theoretischen Stichprobe während des Forschungsprozesses

Die Forschungsfrage, mit der wir beginnen, ist ganz im Unterschied zu einem deduktiven Verfahren, das von theoretischen Vorannahmen und einer klar umrissenen Fragestellung auszugehen hat, noch recht vage formuliert und kann sich entsprechend der Entdeckungslogik im Laufe der empirischen Untersuchung auch immer wieder verändern. Dies bedeutet, dass wir den Forschungsprozess nicht mit einem Set von Hypothesen beginnen, sondern vielmehr bemüht sind, unsere wissenschaftlichen Annahmen oder auch alltagsweltlichen Vorurteile zunächst einzuklammern, d. h. zurückzustellen. Christa Hoffmann-Riem (1980) spricht vom Verzicht auf *eine hypothesengeleitete Datengenerierung.* Angestrebt wird dagegen, auf der Grundlage der empirischen Beobachtungen Hypothesen zu generieren, zu überprüfen, zu verändern und zu verwerfen. Damit ist es auch nicht möglich, die Stichprobe vorab klar umrissen zu definieren, sondern sie wird im Laufe der Forschung auf der Basis sich zunehmend herauskristallisierender Annahmen gebildet (vgl. Kap. 3.2). Erhebung und Auswertung sind dabei keine streng getrennten Phasen, wie es dezidiert von Glaser und Strauss (1967) betont wurde. Vielmehr empfiehlt es sich, erste Interviews oder erste Beobachtungen durchzuführen, die in diesem Zusammenhang produzierten Texte (Transkripte oder Protokolle) auszuwerten und auf der Grundlage dieser Auswertung mit modifizierten Fragestellungen, Blickrichtungen und teilweise veränderten Erhebungsverfahren wieder ins Feld zu gehen.

Gegen den Anspruch der Zurückstellung von Hypothesen zu Beginn der Forschung wird immer wieder kritisch eingewandt, dass hier eine Voraussetzungslosigkeit unterstellt wird, die fiktiv sei und – wie z. B. Christel Hopf (1979: 27) einwendet, „den realen Forschungsprozess, der nolens volens von Wahrnehmungserwartungen, kulturell gesteuerten Interpretationsgewohnheiten und Ähnlichem gesteuert wird, in verzerrter Form wieder(gibt)". Dieser völlig berechtigte Einwand gegen eine derart verstandene Voraussetzungslosigkeit beruht jedoch auf einem Missverständnis hinsichtlich des Gebots der Zurückstellung der Hypothesen. Dies mag u. a. Formulierungen von Glaser und Strauss (1967: 39 f.) geschuldet sein, wie z. B., dass Hypothesen „aus dem Material auftauchen" (auf Englisch „to emerge" oder „to arouse"), die zu der Lesart verleiten, man müsse einfach nur ins Feld gehen und Beobachtungen machen, oder den Text, ohne Fragen an ihn zu stellen, einfach lesen und dann würden einem die Bedeutungen quasi entgegenkommen. Interpretationen sind jedoch ohne Fragen und ohne Vorwissen nicht möglich, die zur Bildung von Hypothesen verhelfen. Doch dieses Vorwissen, ob es nun auf dem Alltagswissen oder auf dem sozialwissenschaftlichen Wissen beruht, wird bei einem abduktiven Verfahren der Hypothesengenerierung, das vom empirischen Datum bzw. vom Text ausgeht, im heuristischen Sinne eingesetzt (vgl. Kap. 2.5.2). Mit „heuristisch" ist gemeint, dass diese Hypothesen den Status von vorläufigen Erklärungen unter *anderen möglichen Erklärungen* für die vorliegenden Daten haben. Der Text wird also nicht auf Belege zur Überprüfung bereits formulierter Hypothesen abgesucht. Glaser und Strauss (1967: 39 f.) formulieren dies wie folgt:

> „It must be emphasized that these hypotheses have at first the status of suggested, not tested, relations among categories and their properties, though they are verified as much as possible in the course of research. … multiple hypotheses are pursued simultaneously. … Generating hypoth-

eses requires evidence enough only to establish a suggestion – not an excessive piling up of evidence to establish a proof, and the consequent hindering of the generation of new hypotheses."

Auch sind alle empirischen Studien von einem bestimmten Interesse und von Fragen geleitet, die immer auch auf Hypothesen – so vage oder implizit sie auch sein mögen – beruhen. Eine Frage impliziert zumindest, dass wir etwas ‚fragwürdig' und auch für die sozialwissenschaftliche Diskussion relevant, also wissenswert finden. Mit der Forderung, Hypothesen zurückzustellen oder, in phänomenologischer Sprache formuliert, sie einzuklammern, ist zunächst die Planung einer Erhebung gemeint, die eine Entdeckung von neuen Erklärungen ermöglicht. Der Anspruch an offene Erhebungsverfahren ist, dass wir diese nicht entsprechend unseren Vorannahmen strukturieren, sondern sie so weit als möglich offen gestalten. Wie sich dies bei der Erhebung umsetzen lässt, werde ich am Beispiel der teilnehmenden Beobachtung und des narrativen Interviews diskutieren.

Das Prinzip der Offenheit erfordert in erster Linie eine Haltung der SozialforscherInnen, die der Bereitschaft zur Entdeckung von Neuem, der Offenheit zum Sich-Einlassen auf das empirische Feld und zur Veränderung ihres Vorwissens bedarf: „Offenheit der Forschungsperson ist die Bereitschaft und die Fähigkeit, den Erkenntnisprozess zu durchlaufen, ihr Wissen (und dabei sich selbst?) zu verändern" (Kleining 2001: 30). Diese Bereitschaft setzt auch voraus, dass wir uns unsere teilweise impliziten Vorannahmen so weit wie möglich bewusst machen, damit sie nicht unbemerkt den Forschungsprozess steuern.

2.4.2 Empirisches Beispiel: Die Entdeckung der Bedeutung der historischen Generationen

Der Prozess der Veränderung der Fragestellung, der damit einhergehenden Hypothesen sowie der theoretischen Stichprobe sei am Beispiel einer Studie diskutiert, die ich im Kontext eines Lehrforschungsprojektes an der Universität Bielefeld zwischen 1986 und 1988 durchführte. Mein Forschungsinteresse galt dem Kriegserleben im Zweiten Weltkrieg und dessen gegenwärtiger biographischer Bearbeitung (Rosenthal 1990). Dabei sollte *zunächst* der Frage nach den geschlechtsspezifischen Unterschieden und – damit in gewisser Weise zusammenhängend – den Unterschieden des Erlebens des Krieges in der Heimat, an der Front und in der Etappe nachgegangen werden. Dahinter stand die Vermutung bzw. Hypothese, dass diese Unterschiede auch zu einem ganz unterschiedlichen gegenwärtigen Umgang mit der Vergangenheit führen könnten. In diesem Sinne begannen wir zunächst auch unsere Stichprobe zu gestalten und führten Interviews mit Frauen und Männern, die ungefähr zwischen 1910 und 1935 geboren waren und in diesen drei „Zonen" den Krieg erlebt hatten. Von Interview zu Interview wurde deutlicher, dass bei den Männern der wichtigste Unterschied des Erlebens und der gegenwärtigen Bearbeitung nicht durch eine Stationierung in der Etappe oder an der Front bedingt war, sondern vielmehr durch die Teilnahme an den Kriegsverbrechen und an den Verbrechen gegen die Menschlichkeit (die meist in den besetzten Gebieten, also in der Etappe begangen wurden). Und generell zeigte sich bei der Auswertung der Interviews, dass bei den Männern wie den Frauen das Lebensalter, die vorausgegangenen Erfahrungen und insbesondere ihre eigene Position im Nationalsozialismus eine wesentliche Rolle für die Gemeinsamkeiten und Unterschiede im Kriegserleben und in dessen Verarbeitung spielten. Die Relevanz der Generationszugehörigkeit war dann durch ein mehr oder weniger nicht geplantes Interview nicht mehr zu übersehen. Es war ein Gespräch mit einem Mann, der zu jener Zeit im Krankenhaus lag und ständig vom Krieg und seinen Kriegsängsten sprach. Daher hatte mich der ihn behandelnde Stationsarzt, mit dem ich befreundet war, um ein Gespräch mit seinem Patienten gebeten. Dieser Interviewpartner sprach völlig anders über den Zweiten Weltkrieg als all die Männer, die ich zuvor – u. a. auch in einem Projekt zur Hitlerjugend-Generation (Rosenthal 1987) – interviewt hatte. Er gehörte auch einer anderen Generation an als die bisher von uns befragten Männer. Dieser 1899 geborene Mann war als Jugendlicher bereits im Ersten Weltkrieg an die Westfront eingezogen worden und musste 1939 als kriegsgedienter Jahrgang wieder an die Front. Im Interview sprach er sehr positiv über die Moral der Soldaten im Ersten Weltkrieg und ereiferte sich darüber, dass gegen diese im Zweiten Weltkrieg ständig verstoßen wurde. Neben den Folgen einer Traumatisierung durch die Zeit im Schützengraben des Ersten Weltkrieges wurde darüber hinaus ein impliziter Pazifismus deutlich, der sich aus diesen Erfahrungen entwickelt hatte und den ich aus anderen Interviews nicht kannte (Rosenthal 1988). Dieses Interview und dessen Auswertung führten zu einer entscheidenden Veränderung der bis dahin geplanten Stichprobe. Ich bemühte mich um Kontakte mit weiteren Veteranen des Ersten Weltkrieges und führte mit 16 Männern der Geburtsjahrgänge 1888 bis 1900 biographisch-narrative Interviews. Mit diesen Interviews war die Bedeutung der Zugehörigkeit zu einer bestimmten historischen Generation im Sinne Karl Mannheims (1928) und damit zusammenhängend der dem Kriegserleben von 1939 bis 1945 vorangegangenen lebensgeschichtlichen Erfahrungen kaum noch zu übersehen. Damit rückten die Generationszugehörigkeit und die damit verbundenen Unterschiede beim gegenwärtigen Umgang mit dem Zweiten Weltkrieg und dem Nationalsozialismus ins Zentrum der Untersuchung bzw. wurden zur zentralen Fragestellung des Projekts und führten zu den aus meiner Perspektive wichtigsten theoretischen Verallgemeinerungen dieser Studie. Es stellte sich dabei auch die empirische Frage nach den unterschiedlichen Bedingungen der Konstitution historischer Generationen, die ich in folgenden Projekten weiter empirisch bearbeitete (Rosenthal 1997).

Des Weiteren konnte ich von Interview zu Interview mit Angehörigen dieser Jahrgänge und auch dank der begleitenden Lektüre sowohl von belletristischer als auch wissenschaftlicher und autobiographischer Literatur zum Ersten Weltkrieg immer deutlicher erkennen, wie sehr sich das Erleben und die psychischen und biographischen Folgen des Stellungskrieges im Ersten Weltkrieg von denen des Bewegungskrieges im Zweiten Weltkrieg unterschieden (Rosenthal 1988). Aus dieser empirischen Erkenntnis in den Interviews mit den Veteranen des Ersten Weltkrieges ergab sich im Verlauf dieses Forschungsprojektes eine weitere, zusätzliche Forschungsfrage nach den Unterschieden im Erleben des Ersten und des Zweiten Weltkrieges.

Meine aus den Interviews mit den Veteranen des Ersten Weltkrieges wachsende Sensibilität für ihre traumatisierenden Erlebnisse im Stellungskrieg, über die sie kaum sprechen, geschweige denn erzählen konnten, erforderte auch gewisse Veränderungen in der Interviewführung, die den Folgen von Traumatisierungen geschuldet sind (vgl. Rosenthal 2002c).

Wie dieses Beispiel zeigt, bedingen sich die im Forschungsprozess allmählich auftauchenden Forschungsfragen, die Modifikation und die Entdeckung von Hypothesen ebenso wie die Entwicklung der Stichprobe wechselseitig. In diesem Prozess können Fragestellungen und Hypothesen, die zu Beginn der Untersuchung noch eine große Bedeutung hatten, zunehmend an den Rand gedrängt werden. So verlor in dieser Studie z. B. die Frage nach den geschlechtsspezifischen Unterschieden im Umgang mit dem Zweiten Weltkrieg und dem Nationalsozialismus beim kontrastiven Vergleich der Fälle zunächst an Bedeutung und konnte erst nach der empirischen Rekonstruktion der historischen Generationen bearbeitet und das Zusammenspiel zwischen der Zugehörigkeit zur Generation und der zum Geschlecht verdeutlicht werden. Der empirische Vergleich der Lebensgeschichten von zwischen 1890 und 1935 geborenen Frauen und Männern zeigte zum Beispiel, dass sich Generationszusammenhänge bei Männern und Frauen zu unterschiedlichen historischen Zeitpunkten bilden können und die jahrgangsmäßige Abgrenzung einer Generation von einer anderen nach Geschlechtszugehörigkeit unterschiedlich sein kann. So wurde in den empirischen Analysen der zwischen 1890 und 1900 geborenen Männer die generationsbildende Wirkung ihrer Teilnahme als Soldat am Ersten Weltkrieg – und damit auch die zeitliche

Eingrenzung dieser Generation durch den zuletzt eingezogenen Jahrgang – deutlich, während für die Frauen dieser sowie späterer Jahrgänge (ca. bis 1905) stattdessen ein generationsspezifischer Verlauf ihrer Beziehungskonstellationen mit ihren Vätern und ihren Ehemännern generationsbildend war (vgl. Rosenthal 1997b).[6]

2.4.3 Offenheit in der Erhebungssituation

Mit der Forderung von Alfred Schütz, die wissenschaftlichen Konstruktionen auf den Konstruktionen des Alltags aufzubauen, ist für den konkreten Forschungsprozess verbunden, dass wir uns *zunächst am Relevanzsystem der Alltagshandelnden orientieren* und unsere eigenen Relevanzen in den ersten Phasen der Erhebungssituation zurückstellen. Sind wir als SozialforscherInnen an bestimmten Themen interessiert – z. B. an Migrationsprozessen oder dem Erleben der Erwerbslosigkeit – erfordert dies, dass wir nicht vorab diese Themen definieren, d. h. nicht vorher festlegen, was zu einem Thema gehört und was nicht. Weder beim Erleben der Migration noch der Erwerbslosigkeit können wir vorab wissen, was für den einzelnen Alltagshandelnden relevant ist und was nicht. So mag für die eine Migrantin die Migrationsgeschichte der Urgroßmutter eine hohe biographische Bedeutung für ihre eigene Entscheidung zur Migration haben und bei der anderen spielt die Familiengeschichte weder bewusst noch unbewusst eine Rolle, sondern vielmehr eine frustrierende Berufssituation. Während für den einen Erwerbslosen seine Eheschwierigkeiten hauptsächlich im Zusammenhang mit seiner Erwerbslosigkeit stehen, erlebt ein anderer keine Auswirkungen seiner Erwerbslosigkeit auf seine Partnerschaft und stellt auch keine Verbindung zwischen diesen beiden biographischen Strängen her.

6 Wie unsere Analysen von Biographien der Frauen dieser Jahrgänge zeigen, sind die generationsverbindenden Merkmale: Die Ablösung der väterlichen Autorität im Elternhaus durch die Autorität von Ehemännern, die jedoch meist traumatisiert aus dem Ersten Weltkrieg zurückkamen, während die Frauen während des Krieges in ihrer Lebensführung außerhalb der Familie gestärkt wurden und damit auch mehr Autonomie von der Familie erlebt hatten. Aus dieser Beziehungskonstellation heraus lassen sich häufig Ehesysteme finden, in denen die Männer zwar weiterhin die Entscheidungsbefugnis in wesentlichen Bereichen des Familienlebens besaßen, die Frauen jedoch die Kommunikationsstrukturen in der Familie erheblich bestimmten und psychisch stabiler waren als ihre Männer. So finden wir in diesen Familien zum Teil Männer, die einerseits von ihren Frauen und dann vor allem von ihren im Nationalsozialismus sozialisierten Kindern infantilisiert wurden. Andererseits und gleichzeitig übten diese Männer weiterhin ihre männliche Autorität über ihre Entscheidungs- und Definitionsgewalt aus.

des Textes rekonstruiert – und dies bedeutet auch: im Gesamtzusammenhang des Prozesses der interaktiven Konstitution dieses „Teils" in der Gegenwart des Sprechens. Während in einem Interview die Migration im Zusammenhang der Familiengeschichte stehen kann, kann in einem weiteren Interview ein ganz anderer Typus vorliegen, bei dem die Orientierung an der Familiengeschichte eine gewisse Rolle spielt, jedoch keine strukturbildende Komponente für den Verlauf der Migration oder für die gegenwärtige Selbstinterpretation der Migrantin darstellt. Ganz einfach formuliert: Was sich für den einen Fall als eine wichtige „Kategorie" erweisen kann, kann im anderen Fall nur wenig wirksam oder bedeutungslos sein.

Textteile unter Kategorien zu subsumieren bedeutet, einzelne Teile einer bestimmten Klasse zuzuordnen. Dies erfolgt mit der Absicht, sie auf ihre „Regelmäßigkeit" im Sinne eines häufigen gemeinsamen Auftretens zu überprüfen. Kurt Lewin (1890–1947), der als Gestalttheoretiker in den Zwanziger- und Dreißigerjahren des letzten Jahrhunderts wichtige methodologische Schriften (1927; 1930/31) vorlegte, diskutiert diese Logik in der Tradition der aristotelischen Begriffsbildung, bei der Teile in Klassen eingeteilt und auf diesem Wege charakterisiert werden (Lewin 1930/31: 425). Im Unterschied dazu beansprucht die galileische Begriffsbildung, die volle Konkretheit eines Falles zu erfassen und seine konstitutiven Momente in Abgrenzung von den situationsspezifischen Restfaktoren zu bestimmen.

Eine sozialwissenschaftliche Begriffsbildung im Sinne Galileis beruht auf der Annahme, dass soziale Gebilde wie die Selbstpräsentation in einem Interview, ein Artikel in den Printmedien oder ein Brief einheitliche Gebilde sind, die durch ein zugrunde liegendes Regelsystem erzeugt werden und sich nicht in einzelne Gruppierungen aufgliedern lassen, für die jeweils eigene Regeln gelten. Insbesondere den Arbeiten der Gestalttheoretiker, neben Kurt Lewin sind hier u. a. Kurt Koffka (1935/1963) und Max Wertheimer (1922; 1923) zu nennen[7], verdeutlichen, dass Teile einer Gestalt in ihrer Bedeutung nur anhand der Strukturierungsregeln derjenigen konkreten Gestalt, als deren Teil sie auftreten, bestimmt werden können. In der Gestalttheorie wird explizit die Annahme einer eigenständigen Identität von Teilen zurückgewiesen. Teile besitzen in dieser Konzeption keine Eigenschaften unabhängig von ihrer Integration in einem Gesamtzusammenhang. Nehmen wir dagegen an, wir könnten Teile losgelöst vom Gesamtzusammenhang ihres Auftretens interpretieren, unterliegen wir zwar der Illusion von Teilen mit unveränderbarem Kern, doch da Teile immer nur als Teile eines Ganzen interpretierbar

7 Zu einer ausführlichen Diskussion der methodologischen Implikationen der Gestalttheorie für die Biographieforschung vgl. Rosenthal (1995).

sind, sind wir dennoch genötigt, sie in ein von uns entworfenes Ganzes einzuordnen. Dieses von uns entsprechend unseren alltagsweltlichen oder wissenschaftlichen Begriffen entworfene Ganze kann dann mit der Gestalt in ihrem tatsächlichen Entstehungszusammenhang strukturell völlig inkompatibel sein. Die Rekonstruktion der Gestalt in ihrem Entstehungszusammenhang verbietet daher die Isolierung einzelner Elemente.

Die *rekonstruktive Analyse* vermeidet also, im Unterschied zu einem subsumtionslogischen Vorgehen, dem Text mit vorab festgelegten Klassifikations- und Variablensystemen zu begegnen. Stattdessen gelangt man bei einer rekonstruktiven Analyse, wie es Ulrich Oevermann formuliert, „von der Explikation der Strukturiertheit eines konkret gegebenen sozialen Ablaufs rekonstruierend zu dem allgemeinen Strukturtyp ..., von dem der konkrete Ablauf ein Exemplar darstellt" (Oevermann 1983: 246). Soziale Phänomene werden nicht als statische Gebilde und als Exemplare bestimmter Kategorien erfasst, sondern im Prozess ihrer interaktiven (Wieder-)Herstellung rekonstruiert. Dieser Anspruch wird auch von Jörg Bergmann für die ethnomethodologische Konversationsanalyse (KA) formuliert, deren Ziel die Analyse der formalen kommunikativen Prinzipien und Mechanismen der (Re-)Produktion von sozialer Ordnung ist: „Die KA ist darauf aus, ein Interaktionsgeschehen ‚from within' (Garfinkel) zu beschreiben. Das bedeutet, dass sie es ablehnt, soziale Vorgänge unter externe, vorgegebene Kategorien zu subsumieren; stattdessen bemüht sie sich darum, soziale Formen und Prozesse in ihrer inneren Logik und Dynamik zu erfassen und als sich selbst organisierende, reproduzierende und explizierende Strukturen zu untersuchen." (Bergmann 1994: 8)

2.5.2 Das Prinzip eines abduktiven Verfahrens

Das Prinzip der Rekonstruktion wird mit einem Verfahren, das sich an den Prinzipien eines abduktiven und sequenziellen Vorgehens orientiert, am konsequentesten umgesetzt. Das abduktive Schlussfolgerungsverfahren wurde wissenschaftstheoretisch von dem Pragmatisten Charles Sanders Peirce (1933/1980) begründet (vgl. Kap. 1.3).

Wesentliches Merkmal eines abduktiven Schlussfolgerungsverfahrens ist, im Unterschied zum deduktiven und auch induktiven, die Hypothesengewinnung und Hypothesenprüfung am Einzelfall. Des Weiteren ist bei der Abduktion der Weg zur Hypothesenbildung von besonderer Bedeutung (Fann 1970: 5). Auch wenn der Akt der Hypothesenbildung zunächst wie eine zufällige Gedankeneingebung, wie ein plötzlicher Gedankenblitz betrachtet werden kann, bedarf es nach Peirce der Angabe von Gründen für diese Hypothesen, d. h. Überlegungen darüber, inwiefern diese „Blitze" auf den zu untersuchenden Phänomenen beruhen und wie sie im konkreten Fall überprüft werden können.

Was nun Abduktion im Einzelnen und vor allem ihre methodische Umsetzung bedeutet, wird in der gegenwärtigen sozialwissenschaftlichen Literatur sehr unterschiedlich diskutiert; auch sind die Auslegungen der Schriften von Charles Sanders Peirce kontrovers.[8] Diese Differenzen haben meines Erachtens u. a. damit zu tun, dass wir in den Arbeiten von Peirce zwischen dem dreistufigen Schlussfolgerungsverfahren der Abduktion, Deduktion und Induktion einerseits und der Abduktion, Deduktion und Induktion als einzelnen Schlussfolgerungsschritten in den jeweiligen Verfahren andererseits zu unterscheiden haben. Betrachten wir zunächst die *Schlussfolgerungsschritte*.

Der *abduktive Schluss* bedeutet den Vorgang, in dem eine erklärende Hypothese für ein bestimmtes Phänomen gebildet wird. Unter *deduktivem Schließen* wird das Folgern bzw. Deduzieren von einer Theorie auf eine Hypothese oder von einer Hypothese auf die zu testenden Konsequenzen verstanden. *Induktives Schließen* oder Induzieren bedeutet das Suchen nach Belegen oder Indizien, um eine Hypothese zu testen. „This sort of inference it is, from experiments testing predictions based on a hypothesis, that is alone properly entitled to be called *induction*" (Peirce 1933/1980: 7.206). Die Induktion als gesamtes Verfahren hingegen – wie es ja auch allgemein in der Methodenliteratur verstanden wird – schließt von einigen Fällen oder einzelnen Beobachtungen auf die Regel bzw. auf alle Fälle einer Klasse. Die drei Arten des Schlussfolgerns werden in den späteren Schriften von Charles Sanders Peirce (ab 1901, vgl. Fann 1970: 28) als einzelne Schritte des *dreistufigen Verfahrens* der Abduktion diskutiert, das sich von dem ebenfalls mehrstufigen Verfahren der Induktion und Deduktion durch die Abfolge der Schritte unterscheidet. Während bei der Deduktion von einer Theorie und bei der Induktion von einer Hypothese ausgegangen wird, beginnt die Abduktion mit der Betrachtung eines empirischen Phänomens.

8 Meine Lesart der Abduktion beruht neben der Lektüre von Peirce's Schriften insbesondere auf der m. E. ausgesprochen deutlichen und klaren Darstellung bei Fann (1970) sowie bei Sebeok/Umiker-Sebeok (1985). Darüber hinaus vor allem auf der eigenen methodischen Praxis, die sich an den frühen methodologischen Arbeiten Oevermanns orientiert. Andere Lesarten der Abduktion finden sich bei Kelle (1994) oder Reichertz (1993; 2003), die sich kritisch mit dem Abduktionsverstehen bei Oevermann auseinandersetzen. Ihre Kritik, dass Oevermann im abduktiven Verfahren nicht Regeln generiert, sondern die Regeln bereits voraussetzt, trifft m. E. auf die späteren Arbeiten Ulrich Oevermanns durchaus zu.

Die Schritte des dreistufigen Verfahrens der Abduktion sind:

1. Vom empirischen Phänomen zu allen zum Zeitpunkt der Interpretation möglichen Hypothesen

> Peirce (6.469):
> "to adopt a hypothesis as being suggested by the fact, is what I call abduction."

Von einem empirischen Phänomen ausgehend, wird auf eine allgemeine Regel, die das Phänomen erklären könnte, geschlossen (vgl. Fann 1970: 10). Dabei ist nach Peirce (6.202) die Anforderung an eine Hypothese, dass sie überprüfbar sein muss und beobachtbare Fakten erklären können muss. Dieser Schritt bedeutet das *eigentliche abduktive Schließen.* Wesentlich dabei ist jedoch, dass nicht nur auf eine einzige Regel oder Lesart geschlossen wird, sondern auf alle zum Zeitpunkt der Auslegung möglichen, das Phänomen vielleicht erklärenden Lesarten. Bei der Hypothesenentwicklung nehmen wissenschaftliche Theorien wie auch Alltagstheorien einen heuristischen Stellenwert ein. Es geht also nicht wie bei dem Verfahren der Deduktion darum, eine bestimmte Theorie zu verfolgen und zu überprüfen. Vielmehr werden unterschiedliche Konzepte als mögliche Erklärungen für ein empirisches Phänomen – also zur Bildung von mehreren möglichen Hypothesen – verwendet.

2. Von der Hypothese zur Folgehypothese

> Peirce (7.203):
> "… as soon as a hypothesis has been adopted, will be to trace out its necessary and probable experimental consequences. This step is deduction."

Aus den formulierten Lesarten werden Folge-Phänomene *deduziert,* d. h. es wird von der Regel auf weitere, diese Regel bestätigende empirische Fakten geschlossen. Oder anders formuliert, von einer Hypothese wird auf deren Konsequenzen geschlossen, insofern können wir diese Schlussfolgerungen auch als Folgehypothesen bezeichnen. Bei einer sequenziellen Textanalyse bedeutet dies, dass von allen im ersten Schritt formulierten Hypothesen auf die möglichen, die Plausibilität der Hypothese verstärkenden Anschlüsse im folgenden Text geschlossen wird.

3. Der empirische Test am Einzelfall

> Peirce (7.205):
> "We proceed to test the hypothesis by making the experiments and comparing those predictions with the actual results of the experiment"

Hier erfolgt der empirische Test im Sinne des *induktiven Schließens.* Unsere Folgehypothesen enthalten „Vorhersagen" darüber, was in den nachfolgenden Textteilen bzw. Handlungsabläufen geschieht. Diese „Vorhersagen" werden im dritten Schritt am konkreten Fall mit den dort vorfindbaren weiteren Phänomenen kontrastiert. Bei einem sequenziellen Vorgehen bedeutet dies: Die Folgehypothesen werden mit der nächsten Textsequenz kontrastiert und gewinnen entweder an weiterer Plausibilität oder müssen modifiziert oder verworfen werden. Die Lesarten, die nicht falsifiziert werden können, die also beim Hypothesentest in Abgrenzung von den unwahrscheinlichen Lesarten übrig bleiben, gelten dann als die wahrscheinlichsten.

In diesem dritten Schlussfolgerungsschritt liegt bei der Abduktion die Möglichkeit der Entdeckung von Neuem, da im realen Fortgang nicht antizipierte Anschlüsse entdeckt werden können. Auch hier gilt es wieder als entscheidende Haltung der Sozialforscherin, dass sie offen für diese Entdeckungen und nicht auf die Prüfung ihrer bisherigen Annahmen fixiert ist.

Im Unterschied zu diesem abduktiven Verfahren beginnt die Deduktion mit einer Theorie, aus der Hypothesen abgeleitet (deduziert), und in einem dritten Schritt im numerischen Sinne empirisch überprüft werden. Die Induktion dagegen beginnt mit einer Hypothese, sucht im zweiten Schritt nach empirischen Indizien oder Belegen und verallgemeinert im dritten Schritt im numerischen Sinne, d. h. sie versucht eine Annahme „für eine Anzahl von Fällen, für die etwas wahr ist, (zu) verallgemeinern und (zu) schließen, dass dasselbe von der ganzen Klasse wahr ist" (Peirce 2.624). Peirce schreibt zum Unterschied zwischen Abduktion und Induktion:

> „Die Abduktion setzt bei Fakten ein, ohne dabei gleich zu Beginn eine bestimmte Theorie zu verfolgen, wenn sie auch von der Empfindung motiviert ist, dass eine Theorie zur Erklärung der überraschenden Fakten erforderlich ist. Die Induktion setzt bei einer Hypothese ein, die sich scheinbar von selbst anbietet, wobei sie zu Beginn keine bestimmten Fakten verfolgt, wenn sie auch von dem Gefühl begleitet ist, dass Fakten zur Unterstützung der Theorie vonnöten sind. Die Abduktion sucht eine Theorie. Die Induktion sucht nach Fakten." (Peirce 1933/1980: 7.218; übersetzt bei Sebeok/Umiker-Sebeok 1985: 46f.)

Im Bereich qualitativer Sozialforschung wird sehr häufig induktiv gearbeitet, indem einer zunächst am vorliegenden Material aufkommenden Hypothese nachgegangen wird und der Text auf weitere, diese Hypothese belegende Indizien abgesucht wird. Wie schon in A. Conan Doyles Kriminalromanen mit dem Detektiv Sherlock Holmes[9] nachzulesen ist und von Ulrich Oevermann und seinen Mitarbeitern (1985) empirisch nachgewiesen wurde, ist die Induktion auch ein beliebtes Verfahren der Polizei. Ausgehend z. B. von der sich an einem einzelnen Fall anbietenden Hypothese: „Der Bruder war der Mörder", wird nach den diese Hypothese bestätigenden Indizien gesucht. Bei der Abduktion hingegen würde der Detektiv – und nichts anderes sind wir bei einer rekonstruktiven und abduktiven Analyse – von den beobachtbaren Fakten ausgehen und alle möglichen Lesarten über deren Bedeutung aufstellen. Sich von einem empirischen Faktum zum nächsten bewegend, würden sich immer mehr Lesarten als unwahrscheinlich und andere als zunehmend plausibel erweisen. Um nicht zirkulär immer wieder nur eine Hypothese zu belegen, müssen wir uns allerdings darum bemühen, die unterschiedlichen eingeschlagenen hypothetischen Beweisführungspfade nicht zugunsten eines Pfades aus den Augen zu verlieren. Vielmehr müssen wir sie so lange weiter verfolgen, bis sie sich schließlich als unwahrscheinlich erweisen. Die Lesart, die am Ende übrig bleibt, gilt dann als die wahrscheinlichste. Im Unterschied zu jenem Polizisten, der induktiv vorgeht und nach den Indizien für seine Hypothese sucht, bestimmt „bei der Abduktion … die Erwägung der Fakten die Hypothese, während bei der Induktion die Untersuchung der Hypothese die Experimente bestimmt, die eben jene Fakten zu Tage fördern, auf die die Hypothese verwiesen hatte" (Peirce 1933/1980: 7.218). Damit ist die Abduktion im Unterschied zur Induktion und ebenso zur Deduktion, bei der bereits die Hypothesen von einer allgemeinen Annahme bzw. Theorie abgeleitet werden, die einzige Methode, bei der die Hypothesengewinnung und nicht nur der Hypothesentest reflektiert wird. Dabei wird das Aufstellen von Hypothesen nicht der individuellen Intuition des Forschers oder der Forscherin, sondern seiner oder ihrer Interaktion in der sozialen Welt, seinen oder ihren sozial konstituierten Erfahrungen zugesprochen (vgl. Fann 1970).

9 Als unterhaltsame Einführung in die Abduktion empfiehlt sich die Lektüre der Sherlock-Holmes-Krimis, in denen Holmes seinem Mitarbeiter Watson immer wieder seine Methode in Abgrenzung zum induktiven Verfahren der Polizei erklärt. Siehe u. a. in „The Sign of the Four" (Doyle 1975: 41–50). Zum Vergleich zwischen Holmes und Peirce siehe Sebeok/Umiker-Sebeok (1985). Auch Umberto Ecos Roman „Der Name der Rose" macht dieses Verfahren deutlich.

2.5.3 Empirisches Beispiel: Zur Rekonstruktion der Funktion des „störenden Schwiegersohns"

Was unterscheidet nun genau das Vorgehen von Sherlock Holmes, der dem von Peirce diskutierten Verfahren der Abduktion entsprechend schlussfolgert, von dem der Polizei? Wie generiert und überprüft die abduktiv vorgehende Sozialforscherin ihre Hypothesen im Unterschied zur Polizistin, die induktiv versucht, Indizien für ihren Verdacht zu finden? Um etwas im Bild des detektivischen Vorgehens Sherlock Holmes' oder dem der Polizei zu bleiben, wähle ich folgendes zu lösende Problem: Wir haben eine Drei-Generationen-Familie – dies ist meine Fallebene – in welcher der Übeltäter der Schwiegersohn bzw. Schwiegerenkel Frank ist. Zu lösen gilt die Frage: Was hat der Schwiegersohn verbrochen oder getan, dass seine angeheirateten Familienangehörigen über ihn als Störer der Familienharmonie sprechen? Welches Vergehen liegt vor? Die Suche gilt hier nicht dem Täter, sondern seinen Taten. In der Familie Seewald, wie sie von uns genannt wurde, haben Bettina Völter und ich (Völter/Rosenthal 1997; Rosenthal 1997 c) die Großeltern mütterlicherseits, die Mutter, die Tochter und deren Ehemann Frank interviewt, sowie ein Familiengespräch geführt. In allen Gesprächen wurde über Frank als jemanden gesprochen, der die Harmonie der Familie empfindlich stört.

Zunächst, ganz allgemein gesehen, haben wir drei verschiedene Möglichkeiten, um auf die Suche nach den Taten von Frank zu gehen. Entsprechend eines deduktiven Vorgehens bedürfte es zunächst einer Beschäftigung mit der vorhandenen Literatur über die Rolle von Schwiegersöhnen in Familiensystemen und der Suche nach entsprechenden theoretischen Konzepten. Für den exemplarischen Durchgang dieses Fallbeispiels könnte ich z. B. auf das Konzept eines geschlossenen Familiensystems in Anlehnung an die Theorie von Michael Wirsching und Helm Stierlin (1982: 123 ff.) verweisen. Ein solches System grenzt sich nach außen hin ab, während es innerhalb kaum Grenzen zwischen den einzelnen Familienmitgliedern zulässt. In diesen Familien werden Konflikte vermieden, man pflegt einen harmonisierenden Kommunikationsstil, große Bereiche der Familiengeschichte werden tabuisiert. Kennzeichnend für solche Systeme ist, dass eingeheiratete Familienmitglieder entweder ausgestoßen oder einverleibt werden. Nun könnte man die Hypothese formulieren: Bei der Familie Seewald handelt es sich um ein geschlossenes Familiensystem, das versucht, Frank auszustoßen. Die Familie Seewald versucht also den den Familienfrieden störenden Schwiegersohn bzw. Schwiegerenkel wieder loszuwerden. Nun müssten wir das Konzept des gebundenen Familiensystems „operationalisieren" und angeben, anhand welcher beobachtbaren Merkmale wir diese Familie als ein geschlossenes Familiensystem klassifizieren können.

Gehen wir dieser Spur nicht weiter nach, sondern springen auf den eher induktiven Pfad. Bei einem induktiven Vorgehen würden wir mit einer Hypothese, die uns am konkreten Fall und aufgrund unseres Wissens darüber aufblitzt, unsere Analyse beginnen. Ausgehend von dieser an den auffallenden Phänomenen des Einzelfalls entwickelten Hypothese würde dann im vorliegenden Material nach den diese Hypothese bestätigenden Indizien gesucht. So diskutiert Sherlock Holmes immer wieder das Vorgehen der Polizei, die einen Verdacht hat und nach weiteren Indizien sucht.

Die Entwicklung der Hypothese am Einzelfall macht das induktive Verfahren attraktiv für eine qualitative, jedoch nicht abduktiv verfahrende Sozialforschung, bei der der Anspruch besteht, die Kategorien an den empirischen Fällen zu entwickeln und nicht vorab aus der Theorie zu deduzieren. Der Anspruch ist hier, dass man nicht mit einer Theorie beginnt, sondern sich am Wissen über den konkreten Einzelfall orientiert. Bei der Familie Seewald wissen wir z. B. schon bei oberflächlicher Betrachtung der Interviews von den folgenden Sozialdaten: Die Familie stammt aus der ehemaligen DDR, ist im Unterschied zum Schwiegersohn bzw. Schwiegerenkel betont protestantisch, in der Selbstwahrnehmung ausgesprochen pazifistisch und lebte in gewisser Distanz zum DDR-Sozialismus. Der eingeheiratete Schwiegersohn und -enkel war und ist dagegen überzeugtes Mitglied der kommunistischen Partei (SED und später PDS) und ehemaliger Offizier der Nationalen Volksarmee. Wir könnten nun folgern, dass dies der Grund für seine Schwierigkeiten in der Familie Seewald sei. Wir haben also zwei Beobachtungen und schließen dabei auf eine Regel, d. h. auf einen Zusammenhang zwischen diesen beiden Beobachtungen. Es gälte nun, nach weiteren Indizien in unserem Textkorpus über die Familie zu suchen. Entsprechend der Hypothese und der ihr entsprechenden Kategorie „Differenzen in der politischen Orientierung" würden wir nach Textstellen im Gesamtmaterial suchen, in denen eine solche Differenz zum Ausdruck gebracht wird und diese Textstellen unter unsere Kategorie subsumieren. In der Logik dieses induktiven Verfahrens könnte dieser Befund verallgemeinert werden, im Sinne: Differente politische Verläufe und Einstellungen führen zu Differenzen in der Familie. Diese Verallgemeinerung wäre in dieser Logik an die Überprüfung von weiteren Fällen gebunden, d. h. im Sinne eines häufig gemeinsamen Auftretens beider Kategorien zu überprüfen. Um diese Hypothese zu testen, benötigten wir also weitere Fälle. Die Verallgemeinerung ist in der Logik der Induktion ebenso wie in jener der Deduktion nur auf numerischem Wege möglich. Zwischen den bisher vorgeschlagenen Wegen der Entwicklung der Hypothesen

an Plausibilität, während wir die Hypothese 2 („Frank als Garant der Fraglosigkeit") bereits verwerfen können oder zumindest als weniger plausibel einstufen könnten.

Wie wird es nun weitergehen? Spricht Petra weiter und erläutert diesen Streit oder wird ihr Redebeitrag von jemand anderem aufgegriffen? Geht es weiterhin um Frank und erfahren wir etwas über Fragen, die Frank an die Familie stellt, was dann zum lauten Streit führt, den der Großvater nicht verträgt? Handelt es sich dabei um Fragen, die – wie bei Hypothese 1 vermutet – die Enkelin gleichsam selbst nicht zu stellen vermag und dazu Frank benötigt? Sind die Fragen von Frank in der Familie jedoch nicht erwünscht, so können wir daraus folgern, dass ein Familienmitglied weitere Erläuterungen von Petra verhindern wird.

Es ist die Großmutter, die nun den Redezug übernimmt und meint:

> „Naja (1) Großvater hat'n andres Leben jelebt wie Frank, det muss man och mal (3) anerkennen"

Indirekt wird zwar deutlich, dass es um Streitereien zwischen dem Großvater und Frank und vielleicht um Fragen geht, die Frank an den Großvater hat, doch statt dass wir etwas über die Dissonanz zwischen des Großvaters vergangenem Leben und Franks Leben erfahren, liefert die Großmutter eine Erklärung der Dissonanz und fordert zudem Anerkennung für das andere Leben des Großvaters ein. Dies wird nun vom Großvater im nächsten Redezug noch weiter verstärkt, indem er meint: „Wir haben doch ganz andere Erfahrungen, wir ham doch so gelitten". Er verweist darauf, dass Frank seine „anderen" Erfahrungen und sein Leiden und das Leiden anderer, vermutlich seiner Ehefrau und generell der Angehörigen seiner Generation, anscheinend nicht anerkennt. Frank wird also bisher als jemand eingeführt, der Streitereien verursacht, die den Großvater aufregen, und der das Leiden der Großeltern nicht anerkennt. Doch was sind dies für „andere Erfahrungen", von denen alle zu wissen meinen? Wird diese Thematik betreffend Frank nun abgeschlossen oder erfahren wir etwas, und von wem, über den Inhalt der Streitereien? Es war Petra, die ihren Mann bei der Frage nach den ungestellten Fragen eingeführt hat. Trifft die Hypothese zu, dass sie versucht, über Frank Fragen an die Familie zu stellen, dann ist zu erwarten, dass für sie das Thema noch nicht beendet ist.

Petra ergreift an dieser Stelle tatsächlich wieder das Wort:

> „Großvater, hat oft det Gefühl dass ihm (1) dass Frank ihm eh, wat Böset will, also, ihm nich glaubt oder ihn ihn da (3)"

Frank – so die Enkelin – stellt also den Großvater in Frage bzw. der Großvater fühlt sich von Frank in Frage gestellt. Petra legt damit indirekt nahe, dass Frank Zweifel an den „Antworten" des Großvaters und vor allem Fragen hat, die die Mitglieder der Familie Seewald nicht an sich haben, wie sie sich wechselseitig versichern. Wir können weiter vermuten: Die Familie will den Fragen ausweichen, Frank bedroht diese Fraglosigkeit und die Enkelin zeigt erste Ansätze, durch Frank die Fragen zu stellen, die man in dieser Familie nicht zu haben hat (vgl. Hypothesen 1 und 4). Trifft diese Hypothese zu, dann wird, wie bereits angenommen, a) Petra nur recht vage die Fragen andeuten und/oder b) von den anderen Familienangehörigen an weiteren Ausführungen gehindert werden.

Der Bedarf nach Ausweichen in der Familiendynamik zeigt sich im nächsten Redezug. Die Großmutter will das Thema beenden und meint: „Das haben wir doch schon alles ausdiskutiert." Damit verweist sie sowohl Petra als auch die Interviewerinnen mit ihren Fragen in ihre Schranken (vgl. Hypothese 5), d. h. wir sollen nach Ansicht der Großmutter darüber keine Diskussion mehr führen und auch keine Fragen mehr stellen. Doch der Großvater beendet das Thema nicht, sondern spricht über die Nazi-Zeit und seine Gefangenschaft in der Sowjetunion, die Frank nicht erlebt hat. Es ist also in erster Linie die Großmutter, die die Diskussion beenden möchte. Sie formuliert nun auch noch die Frage, um die es vermutlich geht, und die sie aber nicht beantwortet haben möchte:

> Großmutter: Und dann sagen einem die junge Leute warum habt er nischt
> Großvater: Ja, ja
> Großmutter: jemacht? (1) Det ((klatscht in die Hände)) jab et doch jar nich, wir ham doch-"

Doch was sie hatten oder haben, erfahren wir hier nicht, vielmehr bricht sie den Satz „wir ham doch" ab.

Hier wird die Frage formuliert, die durch Frank, von uns Interviewerinnen und vermutlich generell „von außen" in den Raum gestellt wird oder die Frank in der Familie stellvertretend für andere Familienmitglieder stellt. Für die weitere Interpretation ist nun entscheidend, ob im weiteren Verlauf die Ausformulierung der Frage verhindert wird und von wem. Oder gelingt es Petra, die Frage von Frank auszuformulieren? Es ist nun die Mutter, die im Folgenden spricht. Es war die Mutter, die zu Beginn dieser Sequenz versicherte, sie habe keine Lücken in der Familiengeschichte. Welche Rolle nimmt nun sie in diesem familialen Dialog über ihren Schwiegersohn und über die Familienvergangenheit ein? Sie erklärt, man habe in Franks Familie nicht über die Zeit vor 1945 gesprochen und weist auf eine Nazi-Vergangenheit hin. Sie wendet sich an Petra und meint:

> „(1) was da zum Beispiel vor 1945 war (1) was ha- hat sich da in den Familien abjespielt? Da (1) weiß ich nich ob du was davon weißt?"

Hier wird von der Mutter die Frage an die Enkelin gerichtet, ob sie über die Familienvergangenheit der Familie ihres Mannes vor 1945 Bescheid weiß. Damit lenkt sie von der Diskussion über ihre Familiengeschichte ab, obwohl diese interessanterweise mit dem Plural „in den Familien" noch kopräsent ist. An dieser Stelle kann die Annahme formuliert werden: Frank dient an dieser kritischen Stelle des Familiendialogs, an der die Fragen zur Familiengeschichte thematisch oder von außen auferlegt werden, dazu, Fragen zur eigenen Familienvergangenheit auszuweichen bzw. vom eigenen Familiengeheimnis abzulenken, indem Fragen zu dessen eigener Familiengeschichte gestellt werden. Petra hatte ihren Mann jedoch *noch* in anderer Weise ins Gespräch eingebracht. Sie thematisierte durch ihn mögliche Fragen und Zweifel in Bezug auf ihre eigene Familiengeschichte. Ohne dass sie selbst diese Fragen stellt oder auch die Fragen und Zweifel von Frank überhaupt inhaltlich füllt, wird sie dabei von ihrer Mutter zurechtgewiesen. Ihre Mutter fordert sie mit ihrer Äußerung dazu auf, sich statt um Fragen zur eigenen Familiengeschichte, um die Familie ihres Mannes und deren Geschichte vor 1945 zu kümmern. Damit fügen sich, abgesehen von Hypothese 2, die anhand der ersten Sinneinheit formulierten Hypothesen zusammen und können weiter differenziert und modifiziert werden. Es ist auch nicht einfach so, wie zunächst in der Formulierung von Hypothese 3 erwartet, dass die Familie Seewald Fragen an die Familie von Frank hat; diese Fragen haben auch eine bestimmte Funktion im Familiendialog.

Es ist nun die Mutter, die mit einer Distanzierung zu Frank und damit auch zu ihrer Tochter fortfährt, die mit diesem Mann verheiratet ist. Sie meint, in ihrer Familie gäbe es eine „unbeschreibliche Abneigung gegen alles Militärische" und erklärt damit die Dissonanzen zu ihrem Schwiegersohn. Auch hier, so können wir die Hypothese formulieren, spricht sie stellvertretend über ein Thema, das ganz erheblich auch ihre eigene Familienvergangenheit bzw. die Vergangenheit ihres Vaters als eines Soldaten im Zweiten Weltkrieg und, wie die Fallrekonstruktion zeigen konnte, seine aktive Beteiligung an Verbrechen gegen die Menschlichkeit, betrifft.

Hätten wir entsprechend unserer vor der Analyse formulierten Annahme über den Zusammenhang zwischen der politischen Haltung des Schwiegersohns und seiner störenden Rolle im Familiensystem im Sinn des induktiven Verfahrens nach einem Beleg gesucht, hätten wir ihn hier gefunden. Damit würden wir über die Selbstdeutung der Familie, dass die Streitereien den politischen Differenzen geschuldet seien, nicht hinausgehen und die dahinter liegende Dynamik sowie die interaktive (Wieder-)Herstellung dieser störenden Position im Familiensystem wäre uns verborgen geblieben. Wir hätten damit die Chance vergeben, die Position Franks und generell die Position von „Fremden" im „systemischen" Gesamtgefüge der Familie aufzuklären (vgl. Hypothese 5). Wie die weitere Fallrekonstruktion zeigte, nahmen wir Interviewerinnen in dieser Familie ebenso wie Frank die Position ein, einerseits die Harmonie der Familie zu stören und andererseits weit bedrohlichere Störungen zu vermeiden.

Zusammenfassung. Die Analyse dieser Textsequenz zeigt, dass in dieser Familie ein eingeheiratetes Familienmitglied dazu dient, von intern bestehenden und von außen auferlegten Fragen an die eigene Familiengeschichte abzulenken, indem Fragen an seinen Familienhintergrund gestellt werden und mit Hilfe seiner Fragen die eigenen Fragen abgewehrt werden können. Frank bzw. die ihm zufallende Position dient somit der Familie Seewald dazu, auftretende Brüche in der Familienharmonie und der einander wechselseitig zugesicherten Fraglosigkeit auf ihn zurückführen bzw. auf ihn „umlenken" zu können. Die weitere Fallrekonstruktion verdeutlichte das strukturelle Regelsystem dieser familialen Kommunikation: Immer dann, wenn das zentrale Familiengeheimnis der Großeltern Seewald im Raum steht, enthüllt jemand in der Familie – meist die Tochter – ein anderes Geheimnis, um von diesem zentralen Geheimnis abzulenken. Dazu dient ähnlich wie Franks Familiengeschichte auch die Geschichte der in der zweiten Generation angeheirateten Familie. Es ist die Angehörige der Enkelgeneration, die hier die Position einnimmt, die immer wieder neu herzustellende Fraglosigkeit und Harmonie zu bedrohen. Da sie jedoch darin zurückgewiesen wird, sind auch für sie selbst ihre Versuche nicht allzu bedrohlich. Der in der Rekonstruktion ihrer Biographie deutlich gewordene Versuch, das Familiensystem mit ihrer Partnerwahl und auch mit ihrem eigenen Eintritt in die kommunistische Partei (PDS) zu provozieren, führt aufgrund der hier beschriebenen Mechanismen ebenfalls (vorerst) nicht zu einer Veränderung, sondern eher zur Aufrechterhaltung des Familiensystems.

Belassen wir es bei dieser knappen Darstellung einer Fallrekonstruktion. Wesentlich ist mir noch zu betonen, dass die am Einzelfall dieser Familie nachgewiesene Wirksamkeit bestimmter Regeln des familialen Dialogs zur Bestätigung dieser Annahme keiner weiteren Fälle bedarf (vgl. Kap. 2.5.5). Eine andere Familie kann nicht zur Überprüfung unserer Hypothesen über das Regelsystem der familialen Kommunikation in dieser Familie dienen.

2.5.4 Das Prinzip der Sequenzialität

Die abduktive Analyse des Gesprächs mit der Familie Seewald erfolgte in einem sequenziellen Vorgehen, in dem ein Abschnitt dieses Gesprächs entsprechend der sequenziellen Gestalt, also in der Abfolge des Geschehens interpretiert wurde. Bei sequenziellen Analysen wird in kleinen Analyseschritten der Prozess der Gestaltung einer Interaktion bzw. einer Textproduktion (eines gesprochenen oder geschriebenen Textes) rekonstruiert. Einzelne Sprech- oder auch Schreibeinheiten werden Zug um Zug interpretiert. Dabei werden sowohl Hypothesen zum expliziten Geschehen als auch zum möglichen, aber verhinderten Geschehen formuliert. Ziel ist es also auch, die Verweisungen auf das Ausgelassene sowie die Regeln für die Auswahl des Thematisierten und des Dethematisierten zu rekonstruieren. Es wird also nicht nur analysiert, „was an Ereignissen dargestellt und wie es dargestellt wurde, sondern auch, *was nicht* und *wie* etwas *nicht* dargestellt wurde, aber prinzipiell (mit mehr oder weniger Plausibilität) hätte dargestellt werden können" (Wohlrab-Sahr 1999: 487). Die sequenzielle Analyse des Gesprächs mit der Familie Seewald machte sowohl deutlich, dass über den Inhalt der möglichen Fragen zur Familiengeschichte nicht gesprochen wurde, als auch, mit welchen Strategien dieser Thematisierung bewusst oder unbewusst ausgewichen wurde.

Den unterschiedlichen Verfahren von sequenziellen Analysen – ob nun in Anlehnung an die ethnomethodologische Konversationsanalyse, die Objektive Hermeneutik oder wissenssoziologisch orientierte Sequenzanalysen – ist gemeinsam, dass sie von der Annahme ausgehen, dass die temporale Abfolge von Interaktionen „eine eigene Art von Ordnung konstituiert" (Willems 1996: 446). Ziel der Analyse ist die Rekonstruktion dieser im prozessualen Geschehen immer wieder neu herzustellenden und sich verändernden sozialen Wirklichkeit. Damit wird dem prozesshaften Charakter sozialen Handelns und den sich dabei ständig vollziehenden Wahlentscheidungen Rechnung getragen. Jede Handlung – d. h. auch jede Äußerung – stellt eine Auswahl zwischen verschiedenen, in der jeweiligen Situation des Handelns möglichen Alternativen dar. Bei einem Gespräch in der Familie, beim Erzählen der Lebensgeschichte, beim Schreiben eines Artikels oder auch beim Schreiben dieses Kapitels stehen bei jedem Schritt jeweils unterschiedliche Möglichkeiten zur Verfügung. Besonders offen ist der Horizont des Möglichen zu Beginn des Sprechens wie des Schreibens. Mit jeder gesetzten Sequenz verengt sich dieser Horizont zunehmend und eröffnet jedoch wiederum neue Möglichkeiten. Während ich beim Schreiben diese sich verengenden oder neu ergebenden Möglichkeiten leicht revidieren kann, indem ich z.B. den letzten Satz einfach streiche, sind derartig radikale Revisionen im interaktiven Prozess des miteinander Sprechens fast unmöglich, auch wenn versucht werden kann, eine gesprochene Äußerung mit weiteren Bemerkungen in ihrer Bedeutung zu revidieren.

Handlungsabläufe, die in Texten als Handlungsprotokolle dokumentiert werden können, sind somit Prozesse der Auswahl, aus denen jeweils – unabhängig von der Perspektive des Handelnden – bestimmte mögliche Anschlusshandlungen resultieren und durch die bestimmte Folgehandlungen ausgeschlossen werden. Die zur Verfügung stehenden Möglichkeiten repräsentieren den Horizont, aus denen der Fall eine Auswahl trifft. Und das Besondere realisiert der Fall dadurch, dass er spezifische Auswahlentscheidungen vornimmt (vgl. Oevermann u. a. 1979: 415). Bruno Hildenbrand (1999 a: 13), der ebenfalls Familienstrukturen empirisch erforscht hat, schreibt in diesem Zusammenhang: „Familien, wie andere Einheiten autonomer Lebenspraxis auch, produzieren und reproduzieren, wenn sie Entscheidungen treffen, soziale Ordnung …: Sie bilden ein Muster aus, das den individuellen Fall und die Geschichte seiner Entscheidungsprozesse übergreifend kennzeichnet. Dieses Muster nenne ich Fallstruktur."

Dieses Verständnis fordert ein Analyseverfahren, bei dem danach gefragt wird, welcher Möglichkeitshorizont bei einer bestimmten Sequenz offen steht, welche Auswahl der Handelnde oder die Gesprächspartner vornehmen, welche Wahlmöglichkeiten sie außer Acht lassen und was daraus für die Zukunft folgt. Aus diesen Überlegungen resultiert die sequenzielle Analyse. „Interpretieren ist somit die Rekonstruktion der Textbedeutung ‚in der Linie des Geschehens'", schreibt Hans-Georg Soeffner (1982: 13) in Anlehnung an Wilhelm Dilthey.

Wie ich bereits diskutiert habe (vgl. 2.5.2), wird dem abduktiven Verfahren entsprechend von den formulierten Lesarten über die mögliche Bedeutung einer Sequenz auf den möglichen weiteren Fortgang gefolgert. Erst dann werden diese Folgehypothesen mit dem faktischen Fortgang kontrastiert. Bei einem Vorgehen entsprechend der Objektiven Hermeneutik wird dabei zunächst auch der äußere Kontext eingeklammert, d. h. das Wissen um den Kontext ignoriert, anstelle dessen werden passende denkbare Kontexte entworfen:

> „Bei der Interpretation eines einzelnen kommunikativen Aktes an einer bestimmten Stelle in der Interaktionssequenz darf das Wissen vom Inhalt und der Bedeutung nächstfolgender kommunikativer Akte auf gar keinen Fall berücksichtigt werden, und das Wissen um den äußeren Kontext, in den die Szene eingebettet ist, also Informationen über die einzelnen Interaktanten, die institutionellen Rahmenbedingungen, die physischen Randbedingungen usf., darf erst benutzt werden, wenn die zuvor unab-

eine Familie oder eine Biographie oder eine Organisation (wie ein Krankenhaus oder ein Kindergarten) oder auch eine Gesellschaft sein.

Kurt Lewin trug in seinen methodologischen Arbeiten zu diesem Verständnis der am einzelnen Fall zu rekonstruierenden Gesetzlichkeit Wesentliches bei. Er diskutiert, dass die Rekonstruktion von Regeln am konkreten Einzelfall zur Bestätigung keiner weiteren Fälle bedarf. Die Wirksamkeit dieser Regeln ist ganz unabhängig davon, wie häufig wir ähnliche Regelsysteme – wie jenes in der Familie Seewald, das zur Aufrechterhaltung einer ‚brüchigen Fraglosigkeit' dient – in der sozialen Wirklichkeit finden. Dieser Typus eines familialen Dialogs in diesem einen Fall der Familie Seewald repräsentiert *einen* möglichen Umgang mit sozialer Wirklichkeit und damit einen Bestandteil derselben, selbst wenn er bisher nur ein einziges Mal existieren würde. Wir schließen auch nicht von diesem einem Fall auf alle Fälle bzw. von vielen Fällen auf alle Fälle, „sondern von einem konkreten Fall auf alle gleichartigen Fälle" (Lewin 1927/1967: 15). Haben wir die konstituierenden Regeln z. B. eines familialen Dialogs rekonstruiert, folgern wir daraus, dass bei einem Fall mit einem ähnlichen Regelsystem ein weiterer Repräsentant dieses Typus des familialen Dialogs gegeben sei. Dieser Form der Verallgemeinerung liegt ein Gesetzesbegriff in Anlehnung an Galilei zugrunde[13]: „Das Gesetz ist eine Aussage über einen Typus, der durch sein Sosein charakterisiert ist" (Lewin 1927/1967: 18). Ein Typus umfasst gleichartige Fälle unabhängig davon, wie häufig diese auftreten. Für die Bestimmung des Typischen eines Falles – im hier gemeinten Sinne – ist die Häufigkeit seines Auftretens in keiner Weise von Bedeutung:

> „Die Häufigkeit, mit der sich Beispiele eines bestimmten Typus im einmaligen Weltgeschehen realisieren, bleibt für die Charakterisierung des Typus, für den nur das Sosein wesentlich ist, ‚zufällig', was vom Standpunkt der Systematik, d. h. eben der Charakterisierung als Typus, so viel bedeutet wie: eine Angelegenheit historisch-geographischer ‚Konstellationen'." (Lewin 1927/1967: 19)

---

und Strauss siehe ebenfalls Bude (2003). Heinz Bude diskutiert in diesem Zusammenhang auch die Konzeption des Typischen bei Kurt Lewin.

13 Lewin (1930/31: 426) diskutiert dies in Abgrenzung vom Gesetzesbegriff bei Aristoteles, bei dem gesetzlich nur das ist, „was *ausnahmslos* geschieht. Ferner, und das betont er (Aristoteles) besonders, auch das, was *häufig* geschieht. Ausgeschlossen aus dem Kreise des begrifflich Fassbaren, nur ‚zufällig' ist das *Einmalige*, das Individuum als solches."

Daher ist es auch nicht das Anliegen einer rekonstruktiven Analyse, möglichst viele Fälle heranzuziehen: „Es muss im Gegenteil darauf ankommen, die jeweilige Gesamtsituation in allen ihren Eigentümlichkeiten möglichst präzis zu erfassen." (Lewin 1930/31: 455) Bestimmend für die Typik eines Falls sind die Regeln, die ihn erzeugen und die die Mannigfaltigkeit seiner Teile organisieren. Im Unterschied zu einer Vorstellung von Elementen und deren Und-Verbindung (vgl. Wertheimer 1922), nach der die Summierung gleicher Elemente zu gleichen Gesamtheiten führt und, umgekehrt, gleichen Gesamtheiten gleiche Elemente zugrunde liegen, muss nach dem hier formulierten Verständnis eines genetisch-strukturalen – und nicht beschreibenden – Typus keine Übereinstimmung zwischen den Bestandteilen zweier Gesamtheiten vorliegen, um ein und demselben Typus anzugehören. Ebenso können gleichen Gegebenheiten auf der Phänomenebene sehr unterschiedliche Wirkungszusammenhänge zugrunde liegen (vgl. Lewin 1927/1967: 47). Daraus folgt: Die Zuordnung eines Falls zu einem Typus ist erst nach einer rekonstruktiven Fallauswertung möglich, da dessen Struktur weder von gleichen Elementen noch von gleichen äußeren Gegebenheiten abzuleiten ist. Ähnliche Gestalten sind möglich, selbst wenn sie in keinem ihrer Teile übereinstimmen. Und umgekehrt: Gestalten können sehr verschieden sein, obwohl sie in vielen ihrer Teile übereinstimmen. Welche „Fälle" sich strukturell ähneln bzw. welche dem gleichen Typus angehören, kann also nicht anhand ihrer Bestandteile bestimmt werden. Eine Typenbildung in diesem gestalttheoretisch-strukturalistischen Verständnis bedeutet, die Gestalt des zu untersuchenden sozialen Geschehens – ob nun eines Familiengesprächs, einer biographischen Erzählung oder eines Zeitungsartikels – und die zugrunde liegenden Regeln ihrer Konstitution zu rekonstruieren und nicht wie bei einer deskriptiven Typenbildung einzelne Merkmalskriterien summativ zusammenzufassen. Nur dann kann der kontrastive Vergleich im Sinne des Vergleichs von strukturell ähnlichen mit strukturell verschiedenen Fällen gelingen, der zu einer weiteren Modellbildung dient. Mit anderen Worten: Ob es sich beim Vergleich von zwei Fällen um den Vergleich von unterschiedlichen Repräsentanten eines Typus handelt oder um den Vergleich von zwei unterschiedlichen Typen, kann erst nach Abschluss beider Fallrekonstruktionen bestimmt werden.

Damit ist auch die Schwierigkeit verbunden, mit Hilfe von quantitativen Methoden die Häufigkeit des Auftretens von in interpretativen Studien rekonstruierten Typen zu testen. Gegen die Frage, wie häufig ein Typus in einer bestimmten Population auftritt, ist nichts einzuwenden, doch die numerische Häufigkeit kann nur auf der Basis von rekonstruktiven Analysen aller dazu erforderlichen Fälle bestimmt werden – und dies ist selbst bei einer nach der erfolgten sorgfältigen Typenbildung verhältnismäßig schnell möglichen

Zuordnung von Fällen zu Typen ein selten zu leistendes, weil zu aufwändiges Unterfangen. Dagegen kann eine rekonstruktive Analyse von wenigen Fällen – wenn sie distinkte Typen repräsentieren – und eine darauf aufbauende Modellbildung Aussagen über die Wechselwirkung zwischen den Typen und durchaus auch über die soziale Wirksamkeit eines Typus machen, die sich nicht aus der Häufigkeit seines Auftretens ableiten lassen. So ist es durchaus möglich, dass selten auftretende Fälle eines Typus mehr Einfluss auf die soziale Wirklichkeit haben als die sehr häufig auftretenden Fälle eines anderen Typus.

Typenbildungen sind Konstruktionen oder – wie Alfred Schütz es formuliert – Marionetten der SozialforscherInnen, die entsprechend deren jeweiligem konkreten Forschungsinteresse definieren, „von was" ein Typus bzw. Modell gebildet werden soll. Daraus ergibt sich auch die forschungspraktisch interessante Option, das gleiche Material nach abgeschlossener Fallrekonstruktion, bei der die Forschungsfrage zunächst eingeklammert wurde, anschließend in verschiedenen Forschungskontexten unterschiedlich zu typisieren bzw. typologisch zuzuordnen. Dies möchte ich im Folgenden illustrieren.

2.5.6 Empirisches Beispiel: Konstruktion unterschiedlicher Typen anhand einer Fallrekonstruktion

Ich komme auf das Fallbeispiel der Familie Seewald zurück und versuche aufzuzeigen, inwiefern auf der Grundlage einer abgeschlossenen Fallrekonstruktion (hier mit der Fallebene Familie) je nach Fragestellung unterschiedliche Typen gebildet werden können.

Um es nochmals in Erinnerung zu rufen, wir können bei der Familie Seewald davon ausgehen, dass diese Familie ein Familiensystem repräsentiert, in dem keine Fragen über die Vergangenheit gestellt werden dürfen und in der Harmonie eingefordert wird. Da es jedoch viele Geheimnisse in dieser Familie gibt, besteht tendenziell immer die Gefahr, dass diese Harmonie gestört werden könnte. Das Grundprinzip des Regelsystems der Familie ist: Immer dann, wenn die akute Gefahr der Enthüllung des zentralen Geheimnisses oder der zentralen Geheimnisse besteht, werden andere, weniger bedrohliche Geheimnisse bzw. Geheimnisse von anderen Familienangehörigen enthüllt. Hierbei handelt es sich um das *generelle Regelsystem* des familialen Dialogs der Familie Seewald, das, wie die biographischen Fallrekonstruktionen der einzelnen Familienmitglieder zeigten, auch die Biographien der Großeltern, der Tochter und der Enkelin bestimmt. Damit benennen wir ein „Allgemeines" an diesem konkreten Fall. Es gelten hier Regeln, die bei einer ähnlichen

Konstellation auch in anderen Fällen gelten können. Doch gehen wir in der Bestimmung dieser Regeln und der damit verbundenen Familienstruktur weiter: Der eingeheiratete Schwiegersohn und -enkel Frank der Familie Seewald dient immer wieder dazu, dass auftretende Brüche in der Familienharmonie auf ihn zurückgeführt werden. Auch dies lässt sich verallgemeinern: Diese Familie repräsentiert einen Fall, in dem die Fragen, die von „Fremden" und von eingeheirateten Familienmitgliedern gestellt werden, der Familie zur Aufrechterhaltung ihres Mythos einer fraglosen Familienvergangenheit dienen.

Die weitere Typenbildung bedarf nun einer konkreten Forschungsfrage. Dies möchte ich anhand von zwei unterschiedlichen Fragestellungen demonstrieren.

Typenbildung zu: Transgenerationelle Verläufe beruflicher Mobilität in Familien

Zunächst wähle ich eine Fragestellung, die recht weit entfernt ist von dem Forschungskontext, in dem die Familie Seewald interviewt wurde. Die Frage lautet: Wie gestalten sich transgenerationelle Verläufe von beruflicher Mobilität in Familien?

Zunächst zu den beruflichen Sozialdaten dieser Familie aus der DDR: Die Großmutter Seewald absolvierte noch in der Zeit des Nationalsozialismus eine Lehre als Schneiderin, der Großvater Seewald arbeitete als ungelernter Arbeiter in einer Fabrik, die Mutter ist Ärztin und stieg noch zur DDR-Zeit in der Hierarchie eines Krankenhauses auf. Die Tochter bzw. Enkelin machte eine Lehre als Gärtnerin, arbeitete in diesem Beruf und begann nach der Wende ein Studium. Ihr Vater ist Naturwissenschaftler und beide Großeltern väterlicherseits haben einen akademischen Abschluss. Relativ schnell können wir anhand dieser Daten erkennen, dass es sich bei Familie Seewald um eine Familie handelt, in der die Mutter einen erheblichen beruflichen Aufstieg vollzog, während sich die Enkelin zunächst wieder an das Ausbildungsniveau der Großeltern mütterlicherseits anglich.

Zu diesem Ergebnis bedarf es keiner qualitativen Erhebung und Analyse. Dies könnten wir auch durch einen Fragebogen herausfinden. Unabhängig von dem vorliegenden Textmaterial und der Fallrekonstruktion ließen sich auf dieser Grundlage auch etliche Hypothesen formulieren. So könnten wir den sozialen Aufstieg der Mutter u. a. auf die verbesserten Berufschancen von Kindern aus Arbeiterfamilien in der DDR zurückführen und ebenso in diesem Kontext die vor 1989 erfolgte Lehre der Enkelin interpretieren. Auf der Grundlage unserer Fallrekonstruktion lässt sich dieser transgenerationelle Verlauf beruflicher Mobilität jedoch fallspezifisch im Zusammenhang mit dem in der Familie etablierten Geheimnismanagement und den davon bestimmten biographischen Verläufen der Nachgeborenen interpretieren. Wir können also die Mechanismen angeben, die zu diesem Verlauf in dieser Familie führten. Wir streben die Konstruktion eines Verlaufstypus an, der uns die Regeln angibt, die diesen Verlauf erklären.

Die Rekonstruktionen der einzelnen Biographien verdeutlichten den biographischen Verlauf der Tochter bzw. Enkelin Petra hin zu einer ausgeprägten Identifikation mit der Großmutter und einer Konkurrenz- und Ablehnungsproblematik gegenüber der Mutter. Damit benenne ich zunächst nur das Ergebnis dieses Verlaufs. Biographische Fallrekonstruktionen haben jedoch den Anspruch, die einzelnen Momente in diesem Verlauf (in diesem Sozialisationsprozess) in ihrer zeitlichen Abfolge zu rekonstruieren. Knapp zusammengefasst zeichnet sich der biographische Verlauf bei Petra, der zu diesem Ergebnis führt, durch folgende Komponenten aus: die ersten Lebenswochen mit einer schlechten Diagnose für ihre Überlebenschancen in einer Klinik, eine Mutter, der es in dieser Zeit schwer fiel, eine Bindung zu ihrer Tochter aufzubauen, das Leben in den ersten Lebensjahren bei den Großeltern, die Betreuung durch die Großmutter und kein Besuch der DDR-üblichen Kinderkrippe sowie eine beruflich sehr belastete und häufig abwesende Mutter. Sowohl Petras Berufs- als auch ihre Partnerwahl haben für sie die Funktion, ihre Herkunftsfamilie zu provozieren. Mit ihrer Berufswahl provozierte sie vor allem ihre Mutter und mit ihrem Ehemann provozierte sie vor allem den Großvater.

Zur Illustration seien hier noch ein paar wesentliche fallspezifische Details genannt. Der Großvater musste z. B. nach einem heftigen Streit mit seinem Schwiegerenkel Frank, in dem es um seine Vergangenheit als Wehrmachtssoldat in der ehemaligen Sowjetunion ging, ins Krankenhaus eingeliefert werden. Wie die Rekonstruktion der Biographie des Großvaters und Archivrecherchen zeigen, war er höchstwahrscheinlich an Massenerschießungen von sowjetischen Soldaten beteiligt. Frank repräsentiert in dieser Familie als ehemaliger Berufsoffizier der Nationalen Volksarmee und Mitglied der SED sowie später der PDS geradezu das Gegenbild zum Großvater.

Die Provokationen von Petra stehen im unmittelbaren Zusammenhang mit dem Geheimnismanagement ihrer Herkunftsfamilie. Einerseits möchte Petra die Harmonie mit unerlaubten Fragen stören, und andererseits führen diese Störungen dazu, dass die zentralen Geheimnisse vor Aufdeckung geschützt werden können. Darüber hinaus macht die Fallrekonstruktion dieser Familie deutlich, dass der soziale Aufstieg der Mutter Petras im gesellschaftlichen System der DDR u. a. dem Bedarf ihrer Eltern, der Großeltern Petras geschuldet war, deren beider belastende Nazi-Vergangenheiten zu verdecken und sich als Familie „äußerlich“ an die DDR anzupassen.[14] Auch die Partnerwahl der Enkelin und ihre Wahl eines Handwerksberufes können als Formen der Anpassung an das DDR-System gelesen werden.

Zusammenfassend können wir also davon ausgehen, dass diese Familie einen Typus des transgenerationellen Verlaufs beruflicher Mobilität repräsentiert, bei dem der soziale Aufstieg der Mutter im Zusammenhang mit der Anpassung an das gesellschaftliche System und der zunächst erfolgte soziale Abstieg der Enkelin im Zusammenhang mit der Provokation des familialen Systems und der gleichzeitigen Anpassung an das gesellschaftliche System steht. Dieser Bedarf nach einer „äußerlichen“ Anpassung steht in einer Verbindung mit der Nazi-Vergangenheit der Familie. Das Geheimnismanagement und die damit verbundene abgewehrte belastende Vergangenheit der Großeltern im Nationalsozialismus haben in diesen beruflichen Verläufen, die selbstverständlich noch durch andere Momente mitbestimmt sind, funktionale Bedeutsamkeit.

Entsprechend dieser Analyse haben wir damit einen Typus formuliert, der nicht nur die Oberflächenphänomene beschreibt, sondern vielmehr die den Fall erzeugende Struktur und die Regeln dieser Strukturbildung angibt. Es geht hier also nicht um ein deskriptives, sondern um ein strukturales Verständnis von Typen. Eine strukturalistische Typenbildung bedeutet im Unterschied zu einer deskriptiven Typenbildung nicht die Zusammenfassung einzelner Merkmalskriterien im Sinne einer Und-Verbindung.

Wir können auch davon ausgehen, dass hinter dem Oberflächenphänomen „mittlere Generation steigt auf und Enkelinnen-Generation gleicht sich wieder an das Ausbildungsniveau der Großeltern an“ verschiedene Typen der Entstehung – von denen wir bisher einen rekonstruiert haben – liegen können. Für den weiteren kontrastiven Vergleich (vgl. Kap. 3.2) böte sich nun an, eine Familie für die nächste Fallrekonstruktion auszuwählen, die anhand der berufsrelevanten Sozialdaten einen ähnlichen transgenerationellen Verlauf aufweist, doch von der Oberfläche – d. h. vor der Fallrekonstruktion – betrachtet auf einen anderen Typus hindeutet. Wir könnten z. B. eine Familie wählen, in der nach ersten Einschätzungen Familiengeheimnisse nicht diese Wirksamkeit haben oder nicht in Beziehung mit den Ausbildungs- und Berufsverläufen stehen.

14 Die Entscheidung der Mutter, Medizin zu studieren, steht – wie die Auswertung ihres Interviews zeigte – im Zusammenhang mit der beruflichen Vergangenheit ihrer eigenen Mutter im Zweiten Weltkrieg, die als Hilfsschwester in einem Militärhospital eingesetzt war.

qualitativen Sozialforschung „ein Abbild der theoretisch relevanten Kategorien darstellen."

Folgen wir einer Entdeckungslogik, können wir vorab die Auswahl unserer Fälle nicht definieren, da wir zunächst nicht wissen können, welche Fälle sich im Laufe der Forschung als theoretisch relevant erweisen werden. Beabsichtigen wir z. B. eine teilnehmende Beobachtung in einem größeren Unternehmen, können wir zu Beginn der Studie noch nicht genau wissen, welche Situationen im Zusammenhang der sozialen Wirklichkeit dieses Unternehmens interessant sind, in welchen Abteilungen und bei welchen Angelegenheiten sich die Teilnahme am Geschehen als ergiebig erweist und wie viele Situationen wir zu beobachten haben, um die wesentlichen Komponenten dieses Falles rekonstruieren zu können. Sind wir dagegen z. B. an unterschiedlichen biographischen Berufs- oder Migrationsverläufen interessiert, können wir vorab nicht wissen, wie viele unterschiedliche, für unsere Forschungsfrage wichtige „Typen" sich zu einem gegebenen Zeitpunkt auffinden lassen und schon gar nicht können wir vorab die funktionalen Bestandteile dieser Typen definieren. Es mag vielleicht plausibel erscheinen, eine Stichprobe zur Hälfte aus Männern und zur anderen Hälfte aus Frauen zusammenzusetzen, doch dieses Auswahlkriterium macht nur bei einer Orientierung an statistischen Verteilungskriterien Sinn. Vorab können wir bei einer Studie – ob nun zu Berufsverläufen oder zum Erleben von Migration – nicht entscheiden, inwiefern „Geschlecht" ein wesentliches Merkmal für diesen Forschungsbereich ist, wenngleich wir bei den einzelnen Fallrekonstruktionen die Sensibilität für diese Kategorie benötigen. Sollte die Kategorie Geschlecht eine Komponente mit funktionaler Bedeutsamkeit sein, die zu unterschiedlichen beruflichen Verläufen oder zu einem unterschiedlichen Erleben der Migration beiträgt, müsste sich dies im Laufe der empirischen Forschung erweisen. Dies würde jedoch immer noch nicht bedeuten, dass eine Gleichverteilung von Männern und Frauen in der Stichprobe sinnvoll wäre.

Bei einer theoretischen Stichprobe sind also im Unterschied zur statistischen Stichprobe weder der Umfang noch die Verteilungsmerkmale der Stichprobe vorab bestimmbar. Da die Trennung der Phasen Erhebung und Auswertung aufgehoben ist, kann dies auch leicht umgesetzt werden. Wir können und müssen nicht, wie bei einer quantitativen Untersuchung, zunächst alle Interviews oder alle Beobachtungen durchführen und dann mit der Auswertung beginnen, sondern die Auswertung jedes Interviews oder jedes Beobachtungsprotokolls bestimmt die weitere Entwicklung der Datenerhebung und damit der Stichprobe.

Das theoretische Sampling orientiert sich nicht an Verteilungskriterien, sondern an theoretischen Annahmen, die sich im Laufe der Forschung entwickeln und damit empirisch geerdet sind. Mittlerweile gehört dieses hier beschriebene Sampling, das von Barney Glaser und Anselm Strauss (1967: 45–78) vorgestellt wurde, zu den bevorzugten Stichprobenverfahren in der interpretativen Sozialforschung (Hildenbrand 1999a; Schütze 1983). Es lässt sich von anderen Stichproben in der qualitativen Sozialforschung abgrenzen, wie z. B. vom selektiven Sampling (vgl. Schatzman/Strauss 1973), bei dem theoretische Überlegungen das Sampling schon vorab bestimmen: „Das selektive Sampling verweist auf die kalkulierte Entscheidung, einen bestimmten Schauplatz oder Typ von Interviewpartner im Hinblick auf vorab festgelegte und begründete Dimensionen (wie Zeit, Raum, Identität), die schon vor Beginn der Studie ausgearbeitet wurden, zu testen." (Strauss 1991: 71) Das Verfahren beim theoretischen Sampling ist dagegen eine im Prozess der Forschung fortlaufende Auswahl, die sich jeweils aus der Auswertung der bereits erhobenen Daten ergibt.

> „Das Theoretische Sampling ist ein Verfahren, bei dem sich der Forscher auf einer analytischen Basis entscheidet, welche Daten als nächstes zu erheben sind und wo er diese finden kann. Die grundlegende Frage beim Theoretical Sampling lautet: Welchen Gruppen oder Untergruppen von Populationen, Ereignissen, Handlungen (um voneinander abweichende Dimensionen, Strategien usw. zu finden) wendet man sich bei der Datenerhebung als nächstes zu. Und welche theoretische Absicht steckt dahinter? Demzufolge wird dieser Prozess der Datenerhebung durch die sich entwickelnde Theorie kontrolliert." (Strauss 1991: 70)

Dieser Prozess der Stichprobenziehung wird beendet, wenn keine neuen Phänomene mehr gefunden werden können, die die bereits rekonstruierten theoretischen Einsichten modifizieren oder zur Konstruktion neuer Typen führen könnten, sondern sich die die bisherige Konzeption bestätigenden Phänomene wiederholen. Kriterium für die Entscheidung, das Sampling und damit auch die Auswertung abzuschließen, ist in der Sprache von Glaser und Strauss die theoretische Sättigung: „Sättigung meint, dass keine zusätzlichen Daten mehr gefunden werden, durch die der Soziologe die Eigenschaften und Aussagekraft der Kategorie weiterentwickeln kann" (Glaser/Strauss 1967: 61). Während hier von „Daten" und „Kategorien" gesprochen wird, bedeuten diese Überlegungen, wenn man sie auf eine am Einzelfall orientierte rekonstruktive Analyse überträgt, dass Sättigung dann erreicht wird, wenn keine Fälle mehr gefunden werden, die die Konstruktion eines neuen Typus erfordern oder die die bisherigen theoretischen Verallgemeinerungen noch modifizieren könnten. Die aufwändige Rekonstruktion von Einzelfällen endet also nicht, „wenn die Fälle, bezogen auf die Häufigkeit ihres Auftretens, denbrand 1999: 21). Im Schreiben an die nichtjüdischen Familien[3] im Kontext des genannten DFG-Projektes formulierten wir dies wie folgt:

> „Wir suchen Familien, die Interesse daran hätten, uns im Rahmen eines Forschungsprojektes der Deutschen Forschungsgemeinschaft ihre Lebens- und Familiengeschichte zu erzählen. Voraussetzung dafür ist, dass aus drei Generationen (also Großeltern, Eltern, Enkel) jeweils mindestens ein Mitglied zu einem Gespräch mit uns einwilligt.
> Uns interessiert insbesondere die Frage, welche Auswirkungen die Familiengeschichte während des Zweiten Weltkrieges (Kriegserleben, Flucht, Vertreibung und Verfolgung) auf die Familien und ihre einzelnen Mitglieder hatte und heute noch hat."

In den Vorgesprächen gilt es außerdem zu klären, welche Erwartungen die InterviewpartnerInnen gegebenenfalls an uns haben, die wir nicht erfüllen können. Es sollte vor allem darauf geachtet werden, dass bei den Befragten keine Erwartungen geweckt werden, die später enttäuscht werden müssen. Solche Erwartungen reichen von der Hoffnung, dass wir in die Rolle der Sozialarbeiterin schlüpfen und z. B. Behördengänge übernehmen oder dafür sorgen, dass die Tochter endlich ihr Studium beendet, bis hin zur Vorstellung, man würde ihnen bei der Publikation ihrer Autobiographie behilflich sein. Solche oder ähnliche Erwartungen können auch im Verlauf des weiteren Kontaktes entstehen. Als Regel gilt hier, dass wir uns selbst vor dem Interview im Klaren darüber sind, wie weit wir uns auf derartige Erwartungen einlassen wollen und können und wie weit nicht, und dies dann den GesprächspartnerInnen gegenüber ganz deutlich vertreten. Als Grundregel könnte gelten, dass man besser zu wenig als zu viel versprechen soll. In bestimmten Forschungskontexten bzw. bei Interviews mit Menschen in einer schwierigen Lebenssituation ist eine Unterstützung über den Forschungskontext hinaus durchaus denkbar, anderenfalls ist die Vermittlung an qualifizierte ExpertInnen – ob nun SozialarbeiterInnen, ÄrztInnen oder TherapeutInnen – geboten.

Am Ende des Gesprächs mit der Familie Morina aus dem Kosovo (vgl. Kap. 2.3) kamen Michaela Köttig und ich z. B. zu der Einschätzung, dass unsere sonstige Zurückhaltung hinsichtlich praktischer oder sozialarbeiterischer Unterstützung in diesem Fall aufzugeben war. Familien wie die Familie Morina benötigen praktische Hilfe und so fanden wir es angebracht, zumindest Kontakte zu Hilfsorganisationen herzustellen. Frau Köttig vermittelte

3 Der Wortlauf im Brief an die jüdischen Familien variierte etwas; hier sprachen wir von den Auswirkungen der nationalsozialistischen Verfolgung.

der Familie den Kontakt zu einem Flüchtlingsrat, mit der Bitte, gegen die drohende Abschiebung zu intervenieren. Flüchtlinge und Überlebende von Folter bedürfen auch der parteiischen Haltung von SozialwissenschaftlerInnen, wie sie u. a. David Becker (2000) von PsychotherapeutInnen fordert.

3.2.2 Memos und Globalanalysen

Die Kontaktaufnahme und das gesamte Geschehen vor dem Beginn des auf Tonband aufgenommenen Interviews sollte Bestandteil unserer Feldnotizen bzw. Memos sein. Diese Informationen gehen, wie alle anderen im Zusammenhang des Falles erhobenen Daten (Archivmaterial, Photographien, Briefe, Krankenakten etc.) als Bestandteil in die spätere Fallrekonstruktion mit ein. Dies bedeutet, dass bei jedem Interviewpartner mit Beginn der Kontaktaufnahme ein Memo angelegt wird, das unmittelbar oder recht bald nach der ersten Begegnung bzw. dem ersten Interview fortgeschrieben und ebenso nach allen weiteren Begegnungen ergänzt wird. Bei biographisch-narrativen Interviews empfehle ich mindestens zwei Gesprächstermine, da wir damit a) eine Rückmeldung über die Wirkung des ersten Gesprächs erhalten, b) versuchen können, die uns bei der ersten Auswertung oder beim Memoschreiben auffallenden Lücken im zweiten Gespräch zu schließen und c) durch das entstehende Vertrauen im zweiten Gespräch häufig eine offenere Atmosphäre erleben. Insbesondere bei Interviews mit traumatisierten Menschen führen meine KollegInnen und ich darüber hinaus telefonische Nachgespräche, und in manchen Fällen kommt es zu weiteren Begegnungen, ob nun zu einer Einladung auf einen Besuch zum Kaffee oder zu einer Familienfeier oder zu einer Beerdigung (vgl. Völter 2003). Zu all diesen Begegnungen fertigen wir Beobachtungsprotokolle an. Neben diesen Schilderungen über die einzelnen nicht auf Band aufgezeichneten Begegnungen enthält ein Memo des Weiteren Informationen über das auf Tonband aufgezeichnete Interview. Bei narrativen Interviews orientieren sich die Gesprächsnotizen zum aufgezeichneten Interview bereits an den Kriterien einer Fallrekonstruktion (vgl. Kap. 6.2), bei der in getrennten Auswertungsschritten die sequenzielle Gestalt der Fallgeschichte und die sequenzielle Gestalt der *Präsentation* der Fallgeschichte im Interview rekonstruiert werden. Dies gilt sowohl für biographische Fallrekonstruktionen als auch für Auswertungen, die sich auf andere Fallebenen wie eine Familie, eine Gruppe oder eine Organisation beziehen. Hierzu werden zunächst die Ereignisdaten in der chronologischen

3.2.4 Minimal und maximal kontrastiver Vergleich der Fälle

Wie bereits erläutert, erfolgt die Typenbildung am Einzelfall, wobei der Einzelfall auf verschiedenen Ebenen (Biographie, Familie, Gruppe, Organisation oder Gesellschaft) bestimmt sein kann. Die Typenbildung stellt eine Konstruktion der ForscherInnen basierend auf einer Fragestellung dar, die sich auf ein bestimmtes soziales Phänomen (wie Berufskarrieren oder Migrationsverläufe) konzentriert. Ziel einer fallrekonstruktiven Forschung ist es, Aussagen über die zu einem bestimmten Zeitpunkt vorfindbaren unterschiedlichen Typen und gegebenenfalls über deren Zusammenspiel machen zu können. Es geht um die Frage, welche unterschiedlichen Antworten sich auf ein bestimmtes soziales Problem finden lassen. Welche unterschiedlichen berufsbiographischen Verläufe oder Migrationsverläufe lassen sich in einem konkreten, d. h. historisch und geographisch begrenzten Bereich auffinden? Diese weiteren theoretischen Verallgemeinerungen und Modellbildungen ergeben sich aus dem kontrastiven Vergleich der abgeschlossenen Fallrekonstruktionen und der darauf basierenden Typenbildung.

Das Vorgehen des kontrastiven Vergleichs orientiert sich in den unterschiedlichen Traditionen (z. B. Schütze, Oevermann, Hildenbrand)[6] auch hier an den Empfehlungen von Glaser und Strauss (1967: 55 ff.), die zwischen einem minimal und einem maximal kontrastiven Vergleich unterscheiden. Beim *minimal kontrastiven Vergleich* wird nach Abschluss einer Fallrekonstruktion ein Fall für eine weitere Auswertung ausgesucht, der zunächst auf der Oberfläche hinsichtlich des zu interessierenden Phänomens Ähnlichkeiten zum bereits ausgewerteten Fall aufweist (vgl. Schütze 1983: 287). Hätten wir z. B. einen Migrationsverlauf rekonstruiert, bei dem die Migration erheblich durch ein Leiden an der ökonomisch und politisch schwierigen Situation im Herkunftsland motiviert war, könnten wir einen weiteren Fall für den Vergleich auswählen, bei dem dies ähnlich zu sein scheint. Jedoch kann sich durchaus bei der Fallauswertung zeigen, dass sich die beiden Fälle in ihrer Struktur erheblich unterscheiden. Es kann möglich sein, dass im zweiten Fall die schwierige Lebenssituation im Herkunftsland zwar als Grund für die Migration angegeben wurde, diese sich jedoch bei der Auswertung nicht als ein Bestandteil mit funktionaler Bedeutsamkeit erweist, sondern vielmehr die Orientierung an der Familiengeschichte, z. B. die unbewusste Erfüllung einer

6 Hildenbrand (1999 a: 65) grenzt sich von Strauss und Oevermann ab, indem er diesen den Vorwurf macht, „dass ein Quervergleich in der Regel nicht auf der Basis einer Fallstrukturhypothese erfolgt, sondern sie hierfür jeweils Aspekte eines Handlungsmusters zum Vergleich" heranziehen.

Delegation zur Auswanderung, eine weit wesentlichere Rolle bei der Entscheidung zur Emigration spielte. Der Vergleich der beiden Fälle würde damit u. a. zeigen, inwiefern und weshalb sich ähnliche Bestandteile in ihrer Wirksamkeit unterscheiden können und inwiefern das Oberflächenphänomen im zweiten Fall, also die Aussagen zu den schwierigen Lebenssituationen im Herkunftsland einer Orientierung am öffentlichen Diskurs im MigrantInnenmilieu oder am dominanten Diskurs in der Aufnahmegesellschaft geschuldet sind. Hiermit verweise ich darauf, dass wir bei jeder Fallrekonstruktion immer wieder die Spuren der unterschiedlichen Diskurse, in denen die Interviewten sozialisiert worden sind, auffinden und vor allem die Wirksamkeit bestimmter Diskurse aufzeigen können.

Beim *maximal kontrastiven Vergleich* werden Fälle zum Vergleich herangezogen, die hinsichtlich des zu untersuchenden Phänomens auf der Oberfläche zunächst maximale Verschiedenheit aufweisen (vgl. Schütze 1983: 287). Hier wiederum ist es denkbar, dass zwei zunächst sehr verschiedene Fälle sich nach der Auswertung als strukturell sehr ähnliche Fälle erweisen.

Der minimale und maximale kontrastive Vergleich führt zu weiteren theoretischen Verallgemeinerungen, d. h. zu Annahmen über die Beziehungen zwischen den verschiedenen Typen. Damit leisten wir die Entwicklung einer gegenstandsbezogenen Theorie.

Theoretische Verallgemeinerungen bei Fallrekonstruktionen

1. *Typenbildung am Einzelfall – basierend auf der Fragestellung*
   (Fallebene: Person, Familie, Organisation, etc.)
2. *Kontrastiver Vergleich der Fälle/Typen*
   minimal kontrastiver Vergleich
   maximal kontrastiver Vergleich
3. *Weitere theoretische Verallgemeinerungen bzw.*
   Entwicklung einer gegenstandsbezogenen Theorie (folgt aus 2.)

3.2.5 Präsentation der Forschungsergebnisse: Intersubjektive Nachvollziehbarkeit und Maskierung der Daten

Die Präsentation von Fallrekonstruktionen und theoretischen Verallgemeinerungen kann je nach Kontext und vor allem dem Umfang sehr unterschiedlich sein. Sie reicht von detaillierten Darstellungen der einzelnen Fälle, bei denen entweder ergebnisorientiert die Fälle vorgestellt oder zu Teilen auch der Auswertungsprozess für die LeserInnen nachvollziehbar gemacht werden, bis hin zu einer an den theoretischen Verallgemeinerungen orientierten Darstellung, bei der die Ergebnisse einzelner Fallrekonstruktionen als Belege knapp diskutiert werden. Bei einer ergebnisorientierten Darstellung einzelner Fälle werden die Interpretationen zum Fall, die sich als die plausibelsten erwiesen haben, dargeboten und an ausgewählten Textstellen belegt. Bei einer an der Auswertung orientierten Darstellung werden hingegen der Prozess der Bildung von Hypothesen, deren Falsifikation oder zunehmende Plausibilisierung ansatzweise nachgezeichnet. Eine vollständige Präsentation des Auswertungsprozesses dagegen könnte kaum einem Leser oder einer Leserin zugemutet werden.

In allen Fällen erfordert die Präsentation der Ergebnisse eine Orientierung am Gütekriterium der intersubjektiven Nachvollziehbarkeit und Überprüfbarkeit. Dazu gehört es, den Forschungsprozess zu dokumentieren und vor allem die Interpretationen anhand von ausgewählten Textstellen aus den Transkripten oder Beobachtungsprotokollen zu belegen oder für die LeserInnen nachvollziehbar den Auslegungsprozess darzustellen. Ausgehend vom Ziel der Rekonstruktion der Fallstruktur und nicht der Beschreibung von einzelnen inhaltlichen Dimensionen oder von Fällen (vgl. Kap. 6.2) gilt hier meines Erachtens ähnlich wie in der quantitativen Sozialforschung das Kriterium der Konsistenz, das heißt die Interpretation muss an unterschiedlichen Teilen des Textes belegt werden können.[7] Die Rekonstruktion der Fallstruktur setzt nach Oevermann voraus, dass sequenzanalytisch mindestens eine Phase ihrer Reproduktion lückenlos rekonstruiert werden konnte, die es dann an weiteren Textstellen mit dem Ziel der Falsifikation oder Bewährung zu überprüfen gilt (vgl. Oevermann 2000: 119). Die bei der Diskussion der Ergebnisse zum Beleg zitierten Textstellen sollten damit die Reproduktion der Fallstruktur an dieser Sequenz – oder gegebenenfalls auch den Beginn ihrer Transformation – verdeutlichen.

Bei der Präsentation der Ergebnisse, insbesondere bei der detaillierten Darstellung einzelner Fälle, sind wir allerdings forschungsethisch verpflichtet, den Personenschutz zu wahren und die biographischen Angaben zu den Personen so weit wie möglich zu maskieren.[8] Die Anonymisierung bei Falldarstellungen ist jedoch nicht immer ohne weiteres möglich. Sie kann auch erst nach der abgeschlossenen Fallrekonstruktion vorgenommen werden. Erst wenn wir wissen, welche biographischen Daten für den Nachweis der

7 Mayring (1996: 116) hingegen weist die Konsistenzüberprüfung bei qualitativem Datenmaterial zurück, weil nach seiner Ansicht bei einer qualitativen Erhebung die Teile niemals übereinstimmen könnten. Diese Vorstellung beruht auf einer Orientierung an den Inhalten und nicht an den Strukturen von Texten.

8 Zu den forschungsethischen Problemen bei Fallrekonstruktionen vgl. Miethe (2003) und Hildenbrand (1999 a, 1999 b).

Fallstruktur und im Kontext unserer Fragestellung relevant sind, lassen sich die relevanten Daten entsprechend der Fallstruktur modifizieren, d. h. bedeutungsähnliche Veränderungen vornehmen, und die für die Interpretation und die weiteren theoretischen Verallgemeinerungen weniger bedeutsamen Daten stark verändern. Aus Personenschutzgründen verändern wir dabei nicht nur die Namen und Ortsangaben, sondern verfremden die Biographien – durch ‚falsche' Angaben etwa zu Beruf, Alter, Anzahl der Kinder, Krankheiten oder auch Geschlecht – soweit dies im konkreten Fall geboten und sinnvoll ist. Sind Biographien, wie die von in der Öffentlichkeit besonders bekannten Personen, kaum ausreichend zu maskieren, gilt zu entscheiden, welche weiteren Formen der Verfremdung der Daten eingesetzt werden können. Ebenso muss auf den Hinweis auf Belege in Archiven verzichtet werden, wenn damit die Identifizierung der Person möglich würde.

Diese aus forschungsethischen Gründen notwendigen Entscheidungen können auch in Ansätzen dem Prinzip der intersubjektiven Nachvollziehbarkeit widersprechen. So ist es z. B. auch möglich, aus verschiedenen Fällen einen idealtypischen Fall zu kreieren – wie es auch in Publikationen aus dem Bereich der Familientherapie üblich ist (vgl. Stierlin 1988) – oder auch nur einzelne Ergebnisse ohne Detailangaben zu den Personen bezogen auf die jeweilige Fragestellung zu diskutieren. Bei einer solchen Darstellung muss betont werden, dass es sich hierbei um ein ‚konstruiertes' Modell wie bei jeder Typenbildung handelt, das zwar nicht die Funktion eines Belegs für den konkreten Fall übernehmen kann, jedoch für jedes weitere empirische ‚Exemplar' dieses Typus bzw. für strukturähnliche Fälle die Rekonstruktion erleichtern kann.

Von Fall zu Fall ist immer wieder neu zu entscheiden, in welcher Weise und wie ausführlich er präsentiert werden kann. Dabei gilt auch zu bedenken, dass die Falldarstellung von der befragten Person selbst gelesen werden kann. Wir stehen damit immer wieder vor dem schwierigen Problem, zu entscheiden, was wir an Interpretationen in die Publikation aufnehmen und was nicht und vor allem wie wir etwas darstellen können, ohne dass wir damit der betroffenen Person Schaden zu fügen. Deshalb ist es durchaus sinnvoll, eine Nachbetreuung für diejenigen Befragten einzuplanen, die die Publikation gelesen haben (vgl. Hildenbrand 1999 b).

Kapitel 4
Ethnographische Feldforschung – Teilnehmende Beobachtung – Videoanalyse

4.1 Von den historischen Anfängen der Feldforschung bis zur gegenwärtigen Ethnographie

Die *Feldforschung*, seit den Anfängen der qualitativen Sozialforschung einer ihrer zentralen Ansätze, zeichnet sich im Unterschied zur Laborforschung dadurch aus, dass soziale Lebenswelten oder -milieus, soziale Gruppen, Ortsgesellschaften, einzelne Personen oder auch Organisationen in ihrer „natürlichen" Umgebung, d.h. in ihren Alltagskontexten erforscht werden. Anliegen ist eine ganzheitliche Deskription und Analyse des zu untersuchenden Milieus mit offenen Verfahren, teilweise auch in Verbindung mit quantitativen Methoden. Die Idee bei der klassischen Feldforschung ist, dass die SozialforscherInnen für einen längeren, mehrmonatigen Zeitraum am Alltagsleben der zu untersuchenden Gruppen oder Organisationen teilnehmen. In der Ethnologie wird hier meist mit einem Beobachtungszeitraum von mindestens einem Jahr gerechnet, da dies eine Teilnahme am gesamten Jahreszyklus in seinen regelmäßig wiederkehrenden Zeitstrukturen und Ritualen gewährleistet. Auch Erving Goffman (1996: 267) empfiehlt, mindestens ein Jahr im Feld zu verbringen, anderenfalls sei es nicht möglich, eine „tiefe Vertrautheit" zu gewinnen. Mit einem längeren Aufenthalt im Feld wird es möglich, dass der zunächst fremd erscheinende beobachtete Alltag für die ForscherInnen allmählich zur Routine und aus der Perspektive eines Insiders erlebt wird (vgl. O'Reilly 2005: 12). Wesentlich hierbei ist m.E., dass diese Perspektivenveränderungen methodisch reflektiert und nutzbar gemacht werden (s.w.u.).

Von dieser klassischen Feldforschung lassen sich gegenwärtige ethnographische Untersuchungen abgrenzen, deren Anliegen nicht die umfassende Erfassung eines sozialen Feldes, sondern vielmehr die Konzentration auf einen bestimmten Ausschnitt des Feldes ist. Bei diesen „fokussierten Ethnographien", wie Hubert Knoblauch (2001) sie nennt, erfolgt nur ein kurzfristiger Aufenthalt im Feld; meist unter Einsatz von verschiedenen Aufzeichnungsgeräten wie Video und Tonband. Im Unterschied zur fokussierten Ethnographie und generell zu Studien, bei denen der Forscher oder die Forscherin kurzfristig zur Erhebung der „Daten" – also zu Interviews, Gruppendiskussionen oder auch zur Durchführung von Video- und Tonbandaufnahmen von natürlichen Settings – ins Feld geht, zielt die klassische Feldforschung auf eine Teilnahme am sozialen Geschehen und auf den teilnehmenden Mitvollzug von Handlungsabläufen und Ereignissen ab. Während wir uns in Interviews über die Handlungen in der Alltagswelt erzählen lassen, können wir bei einer teilnehmenden Beobachtung diese unmittelbar miterleben und daran teilhaben. Dies ist vor allem im Hinblick auf das Erlernen des bei den erforschten Menschen vorhandenen impliziten Wissens über ihr Alltagsleben und ihre sozialen Strukturen bedeutsam, das nur schwer in verbaler Form vermittelt werden kann.

Bis heute ist die Feldforschung insbesondere in der Ethnologie und Kultur- oder Sozialanthropologie verankert. Die Anfänge hier sind vor allem mit dem polnischen Anthropologen Bronislaw Malinowski (1884–1942) verbunden. Malinowski befand sich 1914 zu einer Forschung über die Trobriander auf den Trobriandinseln, die nordöstlich von Neuguinea liegen. Als der Erste Weltkrieg begann, bedeutete dies für ihn, dass er nicht nach Polen zurückkehren konnte, da er die österreichische Staatsbürgerschaft hatte. Und so blieb er für mehrere Jahre in Neuguinea und widmete sich seinen Studien. Teils im Widerspruch zu seiner eigenen Forschungspraxis (vgl. Geertz 1983: 289 ff.; Wax 1972) vertrat er explizit die Forderung, man habe sich auf die zu untersuchende Lebenswelt einzulassen. Anstatt auf der Veranda zu sitzen und aus der Ferne die fremde Lebenswelt zu beobachten, solle der Sozialanthropologe seiner Ansicht nach in den Alltagskontexten der jeweiligen Kultur ihre/seine Beobachtungen machen:

> „Wir brauchen ganz unzweifelhaft eine neue Methode für das Sammeln von Beweisen. Der Sozialanthropologe muss seine bequeme Position im Sessel auf der Veranda der Missions- und Regierungsstation aufgeben, wo er bewaffnet mit Block und Bleistift und zuweilen mit einem Whisky und Soda, die Erklärungen von Informanten entgegennimmt. Er muss stattdessen hinausgehen in die Dörfer und ... bei der Arbeit in Gärten, am Strand und im Dschungel zusehen ... Die Information muss aus dem vollkommen beobachteten Leben der Eingeborenen kommen." (Malinowski 1973: 218)

Deutlich werden in diesem Zitat Überlegungen zum Hinausgehen ins Feld, jedoch nicht zur aktiven Teilnahme. Denkbar bei einer teilnehmenden Beobachtung ist jedoch auch, von der Rolle des „Zusehenden" in die Rolle des

„Mitarbeitenden“ zu wechseln – also von der Beobachtung in eine Teilnahme am sozialen Geschehen –, wie es bei den Forschenden im Kontext der Chicago School zum Teil geschah. Diese Forschungen (vgl. Kap. 1.3) erfolgten etwa im gleichen Zeitraum wie Malinowskis Studie, d. h. zu Beginn des zwanzigsten Jahrhunderts. An der Universität in Chicago war die Zusammenarbeit zwischen SoziologInnen und EthnologInnen am „Department of Sociology and Anthropology“ mehr oder weniger selbstverständlich. Robert Ezra Park (1925) vergleicht auch „das Vorgehen des Großstadtsoziologen mit den geduldigen Beobachtungsmethoden, die Ethnologen bei der Untersuchung primitiver Kulturen anwenden“ (vgl. Lindner 1990: 11). Ähnlich wie Malinowski das Hinausgehen aus der gewohnten Umgebung in den Dschungel und andere Bereiche der „fremden“ Lebenswelt forderte, war es der Anspruch Parks, ins Feld zu gehen, anstatt in der Studierstube lebensferne sozialwissenschaftliche Konzepte zu entwickeln:

> „Go and sit in the lounges of the luxury hotels and on the door-steps of the flophouses; sit on the Gold coast settees and on the slum shakedowns; sit in the Orchestra Hall and in the Star and Garte Burlesk. In short, gentlemen, go get the seat of your pants dirty in real research.“ (Park, zitiert nach Bulmer 1984: 97)

Während Malinowski und andere EthnologInnen sich zu jener Zeit auf die Untersuchung „fremder Kulturen“ konzentrierten, leitete Park seine StudentInnen bei der Untersuchung ihrer „eigenen“ Umwelt in der Stadt Chicago dazu an, dabei das Fremde zu entdecken bzw. die Position des Fremden einzunehmen; d. h. das zu untersuchende Milieu als fremde Lebenswelt zu betrachten und damit das als vertraut Erscheinende zu „befremden".

„Das weitgehend Vertraute wird dann betrachtet *als sei es fremd,* es wird nicht nachvollziehend verstanden, sondern methodisch ‚*befremdet*‘: es wird auf Distanz zu einer kultursoziologischen Beobachtung gebracht. Jede Alltagssoziologie im Anschluss an Alfred Schütz kann sich so das allzu Vertraute, nämlich selbstverständlich Hingenommene einer Kultur zu ihrem fragwürdigen Gegenstand machen“, schreiben Klaus Amann und Stefan Hirschauer (1997: 12) und begründen damit, weshalb sie – wie auch andere gegenwärtige SozialforscherInnen – den Begriff „Ethnographie“ dem der „teilnehmenden Beobachtung“ vorziehen (ebenda: 11). Die Autoren knüpfen mit ihrem Konzept an die ethnographische Feldforschung der Chicago School und an die phänomenologische Wissenssoziologie an. Sie beanspruchen, „mit dem Begriff: ‚Ethnographie‘ einen theoretischen und methodischen Kulturalismus“ zu verbinden:

> „*Theoretisch* geht es um die Hervorhebung eines Phänomenbereichs gelebter und praktizierter Sozialität, dessen „Individuen" (Situationen, Szenen, Milieus ...) gewissermaßen zwischen den Personen der *Bio*graphieforschung (mit ihrer erlebten Sozialität) und den (nationalen) Bevölkerungen der *Demo*graphie anzusiedeln sind. Methodisch wird mit der Adaption der ethnologischen Leitdifferenz von Fremdheit und Vertrautheit ein Vorgehen etabliert, für das jenes offensive Verhältnis zum Nicht-Wissen charakteristisch ist, das wir eben als Heuristik der Entdeckung des Unbekannten bezeichneten." (Amann/Hirschauer 1997: 11)

Bevor ich weiter auf diese gegenwärtig in der Bundesrepublik geführte Debatte eingehe, zunächst zurück zu den KlassikerInnen der ethnographischen Feldforschung in der Tradition der Chicago School. Neben den Untersuchungen von Park oder Anderson (1923) über Obdachlose oder von Thrasher (1927) über Banden ist hier insbesondere die Arbeit von William Foote Whyte (1943) zu nennen. Whyte zog von 1937–1940 in ein Slumviertel einer amerikanischen Großstadt, das er „Cornerville"[1] nannte, um dort eine Untersuchung nach dem Vorbild der renommierten Gemeindestudie „Middletown" von Robert S. Lynd und Helen M. Lynd durchzuführen (Whyte 1943/1955: 284). Die Lynds hatten von 1924 bis 1925 anderthalb Jahre sowie nochmals 1935 in „Middletown" gelebt und die massiven Veränderungen einer amerikanischen Kleinstadt aufgrund des rapiden Wirtschaftswachstums und später dann die Auswirkungen der Depression untersucht. Robert und Helen Lynd setzten dabei eine Vielzahl von Forschungstechniken ein. Sie führten sowohl offene Interviews als auch schriftliche Befragungen durch. Diese Kombination von verschiedenen sowie von qualitativen mit quantitativen Methoden in der Feldforschung im Bereich von Gemeindestudien wurde zur damaligen Zeit auch in Österreich in der berühmten Studie über die „Arbeitslosen von Marienthal" von Marie Jahoda und Hans Zeisel (1932) angewandt.

Die zunächst von Whyte ähnlich angelegte Studie entwickelte sich sehr schnell in eine andere Richtung. Er hatte sich in einem Viertel der zu untersuchenden Gemeinde in einem Hotel einquartiert. Dort wurde er aufmerksam auf eine Gang von italienischen Jugendlichen, d.h. auf eine Gruppe junger italienischer MigrantInnen der zweiten Generation. Zunächst musste er erleben, wie schwierig für ihn der Zugang zu diesem Milieu war. Eine Sozialarbeiterin vermittelte ihm den Kontakt zu einem jungen italienischen Mann, der Whyte als seinen Freund ausgab und damit den Zugang zu anderen Jugendlichen ermöglichte, von denen nur wenige wussten, wer er war. Aus dem

1 Es handelte sich um North-End in Boston.

der jeweiligen Meister „Lehrstücke“ an. Ich selbst arbeitete und beobachtete in der Küche, der Schneiderei, der Rohrinstallation und der Buchbinderei. Wenn ich an diese mehr als zwanzig Jahre zurückliegende Beobachtung denke, erinnere ich mich in erster Linie an die körperlichen und psychischen Belastungen der jeweiligen Arbeit, aber auch an die Freude über ein fertig gestelltes Werkstück. In der Buchbinderei band ich die Kopie eines Buches von G. H. Mead, das noch heute bei mir im Regal steht. Meine Erinnerungen an die Küche sind mit keinerlei derartigen Erfolgserlebnissen verbunden. Sie beziehen sich auf die dortige teilweise erhebliche Hitze und die aufgrund der Arbeitsteilung mir schon unerträglich gewordene Monotonie, die Langeweile und das Erleben, wie ich dank dieser Umstände in meinen Handlungen immer langsamer wurde. In der Schneiderei erlebte ich am eigenen Körper, was es bedeutet, den ganzen Tag entweder beim Zuschneiden von Stoffen zu stehen oder bei den Näharbeiten auf einer Art Barhocker zu sitzen, der keine Querleisten zum Abstützen der Füße hatte. Diese körperliche Belastung, die auch am Feierabend noch in den Beinen zu spüren war, bestimmte erheblich den Arbeitsalltag, wie z. B. den Bedarf, die Werkstatt ab und zu unter Vorwänden zu verlassen, der automatisch zu häufigeren Besuchen der Toilette führte. Auch die körperliche Unruhe, die in der Werkstatt manchmal zu spüren war, kann zu einem beträchtlichen Teil auf diese Belastung zurückgeführt werden.

In Gesprächen und Kurzinterviews mit den Jugendlichen ging ich auf diese Belastung ein, die von ihnen, die im Unterschied zu mir schon seit etlichen Monaten und vor allem jeden Werktag in der Werkstatt arbeiteten, gar nicht mehr bewusst wahrgenommen wurde. Erst durch meine „Klagen“ wurde für sie diese zur Routine gewordene Belastung bzw. der zur Routine gewordene Umgang mit dieser Belastung wieder thematisch. Hätten wir nur Interviews geführt, hätten wir davon, so könnte man meinen, nicht unbedingt etwas erfahren. Allerdings nehme ich an, dass diese Belastungen auf der latenten Ebene der Texte sichtbar geworden wären, wenn wir diese Interviews konsequent narrativ geführt und nicht nur, wie damals, inhaltsanalytisch, sondern sequenziell und feinanalytisch ausgewertet hätten. Die in der Methodenliteratur hervorgehobene Bedeutung der teilnehmenden Beobachtung für das Erschließen von Routinen und von implizitem Wissen im Unterschied zu Interviews trifft zwar auf der manifesten Ebene zu, da in Interviews kaum etwas von Routinen erzählt wird. Wie bereits erwähnt, enthalten narrativ geführte Interviews jedoch Erzählungen über die Durchbrechung von Routinen, die uns Hinweise auf diese Routinen selbst geben. So könnte man sich vorstellen, dass die an den Wochenenden oder in den Ferien entfallenden Belastungen durch das Stehen und Sitzen in der Werkstatt in den Erzählungen der Lehrlinge aufscheinen könnten. Ob damit jedoch das Ausmaß der körperlichen Belastungen deutlich würde, ob wir als InterpretInnen der Interviews die erforderliche emotionale Nähe zu diesen Belastungen herstellen und sie in ihren Relevanzen erkennen könnten, sei dahingestellt. Es geht mir an dieser Stelle nicht um das Argument, dass die teilnehmende Beobachtung durch Interviews zu ersetzen sei, sondern vielmehr aufzuzeigen, dass ein wesentlicher Vorteil zu anderen Verfahren auf einer anderen Ebene liegt als dem Sichtbarwerden von Routinen. Den wesentlichen Vorteil der teilnehmenden Beobachtung im Unterschied zu anderen Verfahren sehe ich vielmehr im ganzheitlichen Erleben, nämlich im sowohl leiblichen, kognitiven als auch emotionalen Erleben des zu beobachtenden Alltags. Dazu gehört vor allem auch das eigene Erleben der Konsequenzen einer umweltlichen Beziehung, in der wir uns in intensiven Interaktions- und Interdependenzbeziehungen mit den Alltagshandelnden befinden und unser Handeln eine Antwort auf deren Handeln ist und umgekehrt. So erlebte ich in der Rohrinstallation, wie es sich anfühlt, wenn man als Frau von einem chauvinistischen Meister als unfähig für die Arbeit in dieser Werkstatt betrachtet wird und zu welchen Reaktionen dies führen kann. Der in dieser Werkstatt unterrichtende Meister mokierte sich darüber, dass ich als Frau in seiner Werkstatt mitarbeiten wollte. Er war sich sicher, dass ich das millimetergenaue Schleifen eines Rohrkreislaufs nicht ausführen könnte, wollte mich in eine reine Beobachterrolle verweisen und verweigerte mir mehr oder weniger auch seine Instruktionen. Dies führte dazu, dass mich der Ehrgeiz packte und ich mich völlig auf die exakte Herstellung meines Werkstücks konzentrierte, was mir dann auch zur Überraschung des Meisters gelang. *Weil* also der Meister mich in meiner Kompetenz abwertete, wollte ich eine perfekte Arbeit leisten und konzentrierte mich auf meine Arbeit, *um* dies *zu* erreichen. Damit wurde ich von der teilnehmenden Beobachterin zunehmend zur Teilnehmerin und beobachtete immer weniger die Interaktionsabläufe zwischen dem Meister und den Jugendlichen. Mein Erleben sagt uns nun nicht nur etwas über mich und meine vielleicht deutlich werdende Leistungsorientierung aus, sondern auch darüber, a) wie dieser Meister mit anderen weiblichen Lehrlingen oder auch mit männlichen Lehrlingen, denen er nichts zutraut, möglicherweise umgehen würde und b) welche Reaktion dieses Verhalten bei den Jugendlichen auslösen könnte.

Während der Beobachtungszeit durchlaufen auch wir als BeobachterInnen eine Art von Sozialisationsprozess. Zu diesem gehört vor allem der Prozess des allmählichen Vertrautwerdens, die langsame Verwandlung der zunächst noch wahrgenommenen auffälligen Besonderheiten des untersuchten Feldes zu Selbstverständlichkeiten und damit die Herausbildung von Routinen und implizitem Wissen, derer wir uns im fortschreitenden Prozess der Teilnahme immer weniger gewahr sind:

> „Wie ein Kind, das den Sozialisationsprozess durchläuft, macht der Feldforscher eine zweite Sozialisation durch, wenn auch sehr abgekürzt und unvollkommen. Er lernt also; lernt die Sprachen, lernt die Regeln des Umgangs mit anderen Menschen, lernt seine physische und soziale Umgebung kennen, lernt bestimmte Fertigkeiten. ‚Teilnahme' bedeutet dabei nicht nur ‚Mitmachen', es bedeutet auch emotionale Bezogenheit." (Fischer 1988: 63)

Aufgrund des sich verändernden Erlebens des zu beobachtenden Alltags ist es von erheblicher Bedeutung, das eigene Erleben in den Feldnotizen bzw. Beobachtungsprotokollen zu vermerken und zu reflektieren sowie bei der Auswertung dieser Notizen und Protokolle sequenziell vorzugehen, d. h. sie gemäß und in der Reihenfolge ihrer Entstehung zu interpretieren.

4.4 Das Protokollieren der Beobachtungen und deren sequenzielle Auswertung

4.4.1 Beobachtungsprotokolle oder Memos zu den Beobachtungen

Im Vergleich zu elektromagnetischen oder mechanischen Aufzeichnungen stellen sich bei Beobachtungsprotokollen, die bei einer teilnehmenden Beobachtung nach der Beobachtung angefertigt werden, die Probleme der Zuverlässigkeit in verschärfter Form. Der Beobachter und die Beobachterin müssen ihre Beobachtungen, die an ihre Perspektiven gebunden und damit hochgradig selektiv sind, in eine sprachliche Darstellung übersetzen. Nicht nur, dass wir nur Ausschnitte der sozialen Wirklichkeit wahrnehmen, mit der sprachlichen Übersetzung unserer Erfahrungen geht auch vieles von dem verloren, was uns selbst nicht unmittelbar bewusst ist und was von uns nicht rasch sprachlich erfasst werden kann. Wir können diese Protokolle nicht als ein Abbild der sozialen Wirklichkeit verstehen. Jörg Bergmann (1985: 308) spricht von einer *„rekonstruierenden Konservierung"* im Gegensatz zur *„registrierenden Konservierung"* bei Video- oder Tonaufzeichnungen:

> „Diese rekonstruierende Form der Protokollierung stößt freilich rasch an ihre Grenzen: wir haben nur eine sehr beschränkte Erinnerungs- und Wiedergabefähigkeit für die amorphe Ereignismasse eines aktuellen sozialen Geschehens. Dem teilnehmenden Beobachter bleibt also gar keine andere Wahl als die, die sozialen Vorgänge, deren Zeuge er war, zumeist

in typisierender, resümierender, rekonstruierender Form zu notieren." (ebenda)

Ralf Bohnsack weist aufgrund dieser Problematik der teilnehmenden Beobachtung einen im Verhältnis zu anderen Verfahren nur ergänzenden Status zu. Er vertritt die Auffassung, dass teilnehmende Beobachtung „im Interesse der Zuverlässigkeit und Gültigkeit also immer um die Textinterpretation elektromagnetisch aufgezeichneter Kommunikationssequenzen aus Diskursen und (biographischen) Erzählungen ergänzt werden" soll (2003: 132). Nur dadurch sei der Rückgriff auf die „Originaltexte" möglich. Auch wenn ich ihm zustimme, dass Tonband- oder Videoaufzeichnungen, so weit diese im Kontext des zu untersuchenden „Feldes" überhaupt möglich sind, wichtige „Quellen" für die Analyse sind, bin ich dennoch der Ansicht, dass Bohnsack die Potenziale unterschätzt, die in der Teilnahme und dem sinnlichen und ganzheitlichen Erfassen durch die BeobachterInnen sowie in den sorgfältig angefertigten Protokollen und deren sequenzanalytischer Auswertung liegen, und damit einhergehend die Zuverlässigkeit von Aufzeichnungen überschätzt (vgl. Amann/Hirschauer 1997; Hirschauer 2001). Auch Tonbandaufnahmen und Videoaufnahmen sind kein Abbild der sozialen Wirklichkeit, sondern vielmehr je nach ihren spezifischen Restriktionen (hinsichtlich der nichthörbaren Komponenten oder der nicht im Aufnahmebereich der Kamera liegenden Anteile der Interaktion) ebenfalls selektiv. Allerdings, so wendet Ulrich Oevermann (2000: 85) ein, muss diese Art der Selektivität von der Selektivität der Feldnotizen oder Beobachtungsprotokolle unterschieden werden, da es sich bei der Aufzeichnung um eine „rein technische Prozedur ohne eigene interpretierende oder erkennende Subjektivität" handelt. Dabei sei jedoch darauf verwiesen, dass diese technischen Prozeduren ebenfalls von Menschen vollzogen werden. Aufzeichnungsgeräte müssen ein- und ausgeschaltet, Mikrophone und Kameraobjektive aufgestellt und fokussiert werden, etc.

Ähnlich wie Gerald Schneider (1987), der Beobachtungsprotokolle für seine Studie „Interaktion auf der Intensivstation" sequenzanalytisch im Sinne der Objektiven Hermeneutik auswertete, bin ich aufgrund meiner eigenen empirischen Erfahrungen von den Möglichkeiten eines fallrekonstruktiven Vorgehens bei der Auswertung von Beobachtungsprotokollen überzeugt. Diese Möglichkeiten der Auswertung sind jedoch gebunden an die Qualität und verlangen eine bestimmte Form der Protokolle. Wir benötigen Protokolle, die sich neben der Beschreibung des Gesamtgeschehens auf einzelne, minutiös beobachtete Situationen konzentrieren und diese so detailgetreu wie möglich und vor allem entsprechend dem zeitlichen Ablauf der Beobachtung wiedergeben. Dies bedeutet bereits bei der Beobachtung, dass aufgrund

zu. Sein Gesichtsausdruck und seine Körpersprache deuten auf einen bewusst provokativen Ausdruck hin. Seine Arme sind auf die Hüften gestützt, das Kinn ist vorgestreckt und er hat einen herausfordernden Blick. In dieser Position verweilt er einige Sekunden und dreht sich dann um, lässt die Arme sinken und geht auf die Gruppe zu. Er streckt zweien der männlichen Jugendlichen locker die rechte Hand entgegen, und nickt dem dritten zu. Zu den beiden Mädchen/Frauen beugt er sich ein wenig vor und küsst beide erst auf die rechte Wange ..."

In diesem Abschnitt des Protokolls haben wir zwar in schöner Weise das Kriterium einer detaillierten Beschreibung nonverbaler Verhaltensabläufe erfüllt, doch in dieser Sequenz des Protokolls beschränkt sich die Darstellung auf einen Jugendlichen. Es fehlen die Handlungen der anderen Jugendlichen und die Reaktionen auf ihn. „Der Jugendliche geht auf die Gruppe zu", schreibt der Protokollant und es stellt sich die Frage: Wie wendet sich die Gruppe ihm zu bzw. wie verhält sich die Gruppe? „Er streckt zwei der männlichen Jugendlichen locker die rechte Hand entgegen", heißt es im Protokoll weiter, doch wir erfahren nichts darüber, wie diese beiden Jugendlichen reagieren.

Aus dem restlichen Protokoll wird auf mehrere Weise deutlich, weshalb sich der Protokollant in seiner Beobachtung auf die Person A konzentrierte und weshalb die anderen Jugendlichen aus seinem Blick gerieten. Detailliert beschreibt der Beobachter, wie dieser Jugendliche A, der mit seinem auffällig gestylten VW Golf (u. a. mit einer Deutschland-Fahne im hinteren Seitenfenster) mit aufheulendem Motor und wiederholtem Ertönen eines „Signaltons" auf den Parkplatz gefahren war, auf dem sich die anderen Jugendlichen und die Beobachter seit bereits 30 Minuten aufhielten. Die Inszenierung von A auf dieser Bühne war dann auch insofern erfolgreich, als Unruhe bei der Gruppe der bereits anwesenden Jugendlichen aufkam. Diese Inszenierung beeindruckte jedoch auch den Beobachter, für den nun dieser Jugendliche im Fokus seiner Aufmerksamkeit stand und die anderen Jugendlichen damit aus seiner Perspektive verschwanden. Die Perspektivität des Beobachters wird durch diese detaillierte Beschreibung deutlich. Seine selektive Wahrnehmung wurde ihm auch selbst bewusst. So schreibt der Beobachter: „Dadurch, dass mit dem Erscheinen des Golfs eine Unruhe in die Gruppe gebracht wurde, geriet dieser Fahrer in meinen Beobachtungsfokus."

Während derselben Beobachtungseinheit geriet bei einem anderen Beobachter[6] ebenfalls dieser Jugendliche A in den Mittelpunkt seiner Beobachtung und dann auch der Darstellung des Geschehens in seinem Protokoll. Der zweite Beobachter konzentriert sich dabei jedoch auf die Interaktion von A mit

6 Das zweite Protokoll stammt von Kai Hasse.

einer jungen Frau. Während der erste Beobachter nur einen Beifahrer von A erwähnte, wird hier noch eine Beifahrerin eingeführt. Aus diesem Protokoll erfahren wir nun etwas über den interaktiven Ablauf. Die besonders detailliert beschriebene Szene in diesem Protokoll ist die folgende:

> „Nach etwa einer viertel Stunde redet er (A) oft mit der jungen Frau, die mit ihm in seinem Wagen auf den Parkplatz gekommen ist. Nachdem er zum dritten Mal die Musik geändert hat, gibt er beim Zurückkehren der jungen Frau einen Klaps auf den Po. Sie dreht sich um. Beide lächeln. Sie versucht jedoch, ihn zu schlagen. Er weicht mit dem Kopf aus und schafft es, ihre Handgelenke fest zu halten. Nach wenigen Sekunden Rangelei lassen sich beide wieder los. Die nächsten Minuten ist er in ihrer Nähe. Ein weiteres Mal fuchtelt er mit einer für mich nicht weiter identifizierbaren Schachtel vor ihrem Gesicht herum. Es scheint, dass er sie ihr vor die Stirn schlägt. Aber offenbar trifft er sie nie wirklich, sondern bremst seinen Schlag kurz vor ihr ab. Dabei klopft er mit der anderen Hand gegen die Schachtel, dass es einen pochenden Laut gibt. Sie redet auf ihn ein, ihre Stimme ist lauter als zuvor."

Die Beschreibung dieser Interaktionsszene ist detailliert genug, um daran eine sequenzielle Feinanalyse durchzuführen. Bevor ich auf die Möglichkeiten und Beschränkungen von Sequenzanalysen bei Beobachtungsprotokollen eingehe, nochmals zusammengefasst die Regeln für die Form der Protokollierung von Beobachtungen, die Voraussetzung für diese Form der Auswertung sind:

Leitlinien zur Protokollierung von teilnehmender Beobachtung

1. Angabe der wesentlichen „objektiven" Daten zu dem Ort, den anwesenden Personen, dem Zeitablauf und gegebenenfalls zur Organisation, in der die Beobachtung durchgeführt wurde.
2. Informationen über den Zugang zum Feld.
3. Grobe Niederschrift des Gesamtablaufs in der Abfolge des Geschehens. Da nicht alles erfasst und vor allem nicht memoriert werden kann, gilt die Bevorzugung der Fokussierung auf einzelne Interaktionsszenen und damit:
4. Detaillierte Beschreibung von ca. zwei beobachteten Situationen in der zeitlichen Abfolge des Geschehens und deren Einbettung in den Ablauf der Gesamtbeobachtung. Dies stellt den zentralen Teil des Protokolls dar.
5. Soweit möglich sollte zwischen beobachteten Handlungsabläufen und Interpretationen unterschieden werden. Einschätzungen sollten nach Möglichkeit anhand von Beobachtungen belegt werden. Diese Regel bedeutet jedoch keine Zurückhaltung bei der Niederschrift von Interpretationen!

6. Niederschrift und Reflexion der eigenen Position im Feld: der Gefühle, der Eindrücke und der Assoziationen während der Beobachtung (eingebettet in den Ablauf der erlebten Situationen), direkt danach sowie beim Schreiben des Protokolls.
7. Notieren von Überlegungen für weitere mögliche Beobachtungen.

4.4.2 Sequenzielle Auswertung der Beobachtungsprotokolle

Die oben zitierte Beobachtungssequenz der Interaktion zwischen einem jungen Mann und einer jungen Frau wurde im Kontext des Seminars, in dem diese Beobachtung durchgeführt worden war, in Anlehnung an das Vorgehen der Objektiven Hermeneutik feinanalytisch ausgewertet. Dabei wurde zunächst der äußere Kontext eingeklammert und Sinneinheit für Sinneinheit (getrennt nach einzelnen Handlungssequenzen) entsprechend dem abduktiv und sequenziell vorgehenden Verfahren (vgl. Kap. 2.5) interpretiert. Begonnen wurde mit der Einheit: „Nach etwa einer viertel Stunde redet er (A) oft mit der jungen Frau, die mit ihm in seinem Wagen auf den Parkplatz gekommen ist." Was dieser Textstelle vorausging, wurde bis zum Abschluss der Feinanalyse ebenfalls nicht zur Kenntnis genommen. Die beiden Beobachter waren während der Durchführung dieses Auswertungsschritts im Seminar angewiesen, keinerlei weitere Informationen einzuführen. Von Sinneinheit zu Sinneinheit verdichtete sich die Hypothese, dass es sich hier um eine Inszenierung oder um ein Eindrucksmanagement von beiden Personen handelt, das weiterer Zuschauer bedarf, bzw. um einen Handlungsablauf, der für Zuschauer zur Schau gestellt wird. Unsere gedankenexperimentell entworfenen Kontexte, in die diese Sequenz pragmatisch passen könnte, bezogen sich also zunehmend auf Situationen, in denen noch andere Personen anwesend waren, die sich von dieser Inszenierung einer „gespielten Gewaltszene" beeindrucken ließen. Am Ende dieser protokollierten Szene erfahren wir dann auch etwas, was dieser Lesart weitere Plausibilität verleiht: „Viele der Freunde sind in der Nähe, lächeln aber genau wie A (der im Fokus stehende Jugendliche)."

Gegen diese Feinanalyse könnte man nun einwenden, dass wir vom Bedarf der Selbstinszenierung des Jugendlichen A und dessen Wirkung bereits im ersten Protokoll erfahren haben; diese sequenzielle Feinanalyse könne also keine weiteren Erkenntnisse bringen. Dagegen ist einzuwenden, dass wir a) mit dieser Analyse einen weiteren Beleg für die Plausibilität dieser Interpretationen haben und b) aufzeigen können, mit welchen Mitteln diese Inszenierung in der Interaktion mit der jungen Frau praktisch hergestellt und nur durch die gemeinsame Herstellung überhaupt wirksam wird. Des Weiteren verdichtete sich bei der Auswertung noch eine weitere Lesart, und zwar, dass sich hinter dieser Inszenierung mehr an Aggression verberge, als es auf der Oberfläche erscheinen mag, diese Inszenierung also dem spielerischen Umgang mit vorhandenen Aggressionen geschuldet sei. Es bedürfte nun weiterer feinanalytischer Auswertungen von anderen Sequenzen, um diese Lesart überprüfen zu können.

Die Auswertung dieser Sequenz ging auch in eine andere Richtung als die Interpretation des Beobachters, die er weiter unten im Protokoll anmerkt:

> „Interpretation: Die Rangeleien sowie das ‚Schachtelboxen' sind offenbar zärtlich gemeint und nicht ernst. Er will sie vermutlich etwas ärgern, Körperkontakt auf spielerische Weise herstellen und ihre Aufmerksamkeit erregen …"

Interessant an dieser Interpretation ist, dass sie wiederum auf den Jugendlichen A konzentriert ist. Man gewinnt den Eindruck, als habe A allein den Ablauf der Sequenz initiiert und als ob allein seine Intentionen (die „zärtlich und nicht ernst gemeint" sind) die Bedeutung dieser Szene herstellen würden. Bei der Auswertung dieser Sequenz mit den Studierenden wurden die zitierte Interpretation des Beobachters und Protokollanten sowie seine Vernachlässigung der Perspektive und Intentionen der beobachteten Frau – insbesondere von den Studentinnen der Auswertungsgruppe – auf die geschlechtsspezifische Selektivität eines männlichen Beobachters zurückgeführt. Diese Erklärung konnte der Protokollant – aufgrund der erfolgten Feinanalyse – dann auch ohne weitere „Überzeugungsargumente" akzeptieren.

Für die Planung einer weiteren Beobachtung dieser Gruppe von Jugendlichen wären aus dieser Auswertung Konsequenzen zu ziehen. So wäre es beim nächsten Aufenthalt im Feld geboten, sich bei den Beobachtungen auch auf die Handlungen der anderen Jugendlichen und vor allem auch auf dieses Mädchen zu konzentrieren. Wenn die Möglichkeit besteht, diese Gruppe von Jugendlichen mehrmalig zu beobachten, eventuell auch Gespräche mit den Jugendlichen zu führen und damit auch aus der beobachtenden Rolle in eine stärker teilnehmende Rolle zu kommen, können die bei der Auswertung der Protokolle entwickelten Hypothesen immer wieder im Feld überprüft und zu diesem Zweck gezielt weitere Beobachtungen durchgeführt werden. Damit sei jedoch nicht empfohlen, erneute Feldaufenthalte im Sinne eines induktiven Vorgehens nur zur Suche nach Indizien für oder gegen einmal formulierte Hypothesen zu nutzen. Vielmehr bedarf es im gesamten Beobachtungs-

Bisher bin ich nur auf *sequenzielle Feinanalysen* einzelner Segmente eingegangen. Vor diesem Schritt der Auswertung können auch hier, wie bei der Auswertung von anderem Datenmaterial, entsprechend dem Vorgehen der Objektiven Hermeneutik (vgl. Oevermann u. a. 1980), die *„objektiven Daten"* bzw. die Ereignisdaten hinsichtlich der potenziellen Handlungsmöglichkeiten ausgelegt werden, die den beobachteten Personen bzw. dem beobachteten Interaktionssystem offen stehen (vgl. Kap. 6.2.2). So können zu den „objektiven" Rahmendaten des beobachteten Settings – Jugendliche auf einem Parkplatz an einem Samstagabend – Hypothesen darüber formuliert werden, welche Möglichkeiten diese Jugendlichen für die Gestaltung dieser Situation hatten. Zielt unsere Beobachtung dagegen auf ein länger bestehendes Interaktionssystem ab, von dem wir schon einige historische Daten kennen – im vorliegenden Beispiel über die Geschichte dieser Clique von Jugendlichen –, könnten wir vor der Analyse einer Beobachtungseinheit – wie hier der Samstagabend auf dem Parkplatz – diese Daten sequenziell auswerten. Ist die Fallebene eine Organisation oder eine Teileinheit einer Organisation – wie z. B. die Intensivstation eines Krankenhauses – bietet sich ebenfalls an, a) die objektiven Rahmendaten zur Situation dieser Station (Anzahl der ÄrztInnen, des Pflegepersonals, die Bettenkapazität, die Räumlichkeiten) auf die Handlungsmöglichkeiten der unterschiedlichen Akteure hin auszulegen und gegebenenfalls, d. h. je nach Fragestellung der Untersuchung, auch b) die historischen Daten dieser Station (welche Personen wann in die Station „eingetreten" sind, welche Veränderungen wann durchgeführt wurden etc.) sequenziell zu interpretieren. Bei der Fallebene – „Patient/in und die Gruppe des ihn betreuenden Pflegepersonals" –, wie sie z. B. Schneider für seine Studie definiert, wären dies Daten, die auf die jeweiligen Patienten und Patientinnen bezogen sind (wann kam sie/er auf die Station, in welcher Abfolge wurde sie/er von wem behandelt und betreut, in welcher Abfolge erhielt sie/er welche Behandlungen etc.).

Bei der Auswertung der einzelnen Beobachtungseinheiten, für die jeweils ein Protokoll geschrieben wurde, führen wir zunächst eine sequenzielle Analyse der „objektiven" Daten zum faktischen Geschehen durch.

Im gegebenen Fall wäre das erste auszulegende Datum die Ausgangssituation der Beobachtung, die ich aus den beiden vorliegenden Protokollen entnehme:

> „5 Jugendliche stehen mit zwei Pkws auf einem Parkplatz, aus einem Pkw dringt laute Hip-Hop-Musik, die drei männlichen Jugendlichen trinken Bier aus Dosen, die zwei Mädchen Sekt. Etwa 150 Meter vom Parkplatz entfernt steht an der Straßenecke vor McDonalds eine weitere Gruppe von Jugendlichen (4 männliche und 3 weibliche). Auf dem Parkplatz

kommt nun das Auto der beiden Beobachter hinzu, die aus ihrem Auto aussteigen."

Bei einer Analyse werden hier Hypothesen über den weiteren Fortgang formuliert, d. h. über die unterschiedlichen Möglichkeiten der Kontaktaufnahme zwischen den beiden bzw. den drei Gruppen (Jugendliche auf dem Parkplatz, Jugendliche an der Straßenecke und Beobachter). So ist es sowohl denkbar, dass die beiden Beobachter argwöhnisch beobachtet oder angemacht, als auch, dass sie ignoriert werden.

Folgende weitere Daten zur Vorgeschichte der zitierten, bereits feinanalytisch ausgewerteten Szene sind den zwei vorliegenden Protokollen zu entnehmen:

Die anwesenden Jugendlichen auf dem Parkplatz unterhalten sich, ein Jugendlicher telefoniert häufig mit seinem Handy.

- Ein Jugendlicher aus der Gruppe an der Ecke von McDonald's kommt auf den Parkplatz und begrüßt die Jugendlichen dort – die Männer mit Handschlag, die Frauen mit Kuss auf die Wange.
- Dieser Jugendliche unterhält sich kurz und geht dann wieder zu „seiner" Gruppe zurück.
- Es fahren immer wieder Jugendliche in ihren Autos am Parkplatz vorbei und beschleunigen stark vor dem Parkplatz.
- Nach ca. einer halben Stunde fährt ein Wagen (A und zwei Begleiter) auf den Parkplatz … (Beschreibung des Wagens und der Anfahrt).

Ohne hier nun die unterschiedlichen Hypothesen vorzustellen, wird vermutlich deutlich, dass dieser Analyseschritt in viel stärkerem Ausmaß, als es zunächst bei der Feinanalyse der Fall war, die zwei Beobachter in das Geschehen und damit in die Hypothesenbildung darüber einbeziehen würde. Aus dem beschriebenen Ablauf ergibt sich z. B. die Hypothese, dass die drei neu hinzukommenden Jugendlichen von jenem Jugendlichen, der öfters mit seinem Handy telefoniert, herbeitelefoniert wurden und dies vielleicht im Zusammenhang mit den anwesenden „fremden" Beobachtern steht.[7]

Die Einbettung der feinanalytisch ausgewerteten Szene über die Interaktion zwischen dem jungen Mann und der jungen Frau in diesen Kontext des faktischen Gesamtablaufs davor und deren bereits erfolgte Auslegung führt

7 Die Beobachter waren mit einer weißen Passat-Limousine auf dem Parkplatz. Jan Mielenhausen vermerkt in seinem Protokoll, „dieser PKW-Typ wird zumindest nach meinen Erfahrungen in Göttingen häufig als Zivilstreife genutzt", und er vermutet, „dass wir von den Jugendlichen als Zivilfahnder der Polizei wahrgenommen wurden".

dann zu weiteren Annahmen über die mögliche Bedeutung des „Schachtelboxens" als Inszenierung für die zwei „fremden" Männer auf dem Parkplatz oder als aufgrund der anwesenden Fremden „gehemmte Aggression" etc.

Ein Vorgehen, das darauf bedacht ist, die sequenzielle Struktur sozialen Handelns zu beachten und Phänomene in der Abfolge ihrer Entstehung zu rekonstruieren, wird dieses Prinzip neben der sequenziellen Analyse der Ereignisdaten zum faktischen Geschehen während einer Beobachtungseinheit, auch auf das gesamte Textmaterial zu einem Fall bzw. auf eine Teilmenge im Sinne einer zweiten theoretischen Stichprobe (vgl. Kap. 3) anwenden. Damit meine ich die sequenzielle Auswertung nicht nur eines Protokolls, sondern auch die aller oder mehrerer Protokolle bezogen auf einen Fall – sowie auch anderer Materialien über den Fall – in der Abfolge ihrer Entstehung bzw. in der Abfolge der Beobachtungen (vgl. Köttig 2004: 85 ff.). Bei einer längeren Feldforschung und einer großen Anzahl von Beobachtungsprotokollen kann eine sorgfältige Form der Auswertung sicherlich nicht bei allen Protokollen Anwendung finden. Hier empfiehlt sich vielmehr nach einer Globalanalyse der Protokolle eine gezielte zweite Stichprobenziehung von ausgewählten Protokollen aus unterschiedlichen Phasen des gesamten Feldaufenthalts.

In der Logik eines sequenziellen Vorgehens bietet es sich darüber hinaus an, nach der Auswertung eines Protokolls Hypothesen darüber zu formulieren, wie es in dem beobachteten Setting entsprechend den bisher formulierten Hypothesen weitergehen könnte bzw. welcher Fortgang die bisherigen Hypothesen belegen oder widerlegen könnte. Dabei geht es nicht nur um eine Hypothesenbildung im Sinne einer fortdauernden Reproduktion des beobachteten Settings oder sozialen Systems, sondern vielmehr auch um das Formulieren von Hypothesen darüber, was im vorliegenden Fall geschehen müsste, damit sich eine Strukturveränderung desselben ergeben könnte. Die bei einer Sequenzanalyse formulierten Prognosen sollten insbesondere zur Vermeidung von statischen Zuschreibungen bzw. mechanisch-deterministischen Fehldeutungen des Falles immer auch Ereigniskonstellationen angeben, unter denen grundlegende Transformationen möglich sein könnten.

Mit dem Verfahren einer sequenziellen Auswertung von protokollierten Beobachtungseinheiten in ihrer zeitlichen Abfolgeordnung wird es auch möglich, die sich im Lauf der Beobachtungen verändernde Perspektive des Beobachters und damit die Wandlungsprozesse von einem fremden zu einem mehr und mehr vertrauten Teilnehmer an der erforschten Lebenswelt zu rekonstruieren. Also dadurch, dass der Beobachtungsprozess selbst als ein strukturierter Prozess betrachtet wird, lässt sich der Tendenz entgegenwirken, dass die Selbstreflexion des Beobachters lediglich zu einer generalisierten Infragestellung von Forschungsergebnissen und einem forschungspraktisch sterilen Relativismus führt.

Ich plädiere bei der teilnehmenden Beobachtung ebenso wie Gerald Schneider oder Bruno Hildenbrand (1994) für eine am Einzelfall orientierte Vorgehensweise. Dabei gilt zunächst zu definieren, was der Fall bzw. die Fallebene ist (vgl. Kap. 6.3). Es muss vor der Analyse der Protokolle bestimmt werden, ob der Fall der einzelne Jugendliche ist oder die Gruppe der Jugendlichen oder – wie bei unserer Untersuchung im Berliner Jugendaufbauwerk – eine Werkstatt, zu der ein Meister und die darin auszubildenden Jugendlichen gehören, oder eine Organisation wie ein Krankenhaus oder eine „kleine Lebenswelt" wie die nächtlichen Besucher eines Parkplatzes. Schneider definierte bei seiner Untersuchung über die Interaktion auf einer Intensivstation die Fallebene wie folgt: „Dabei wird ein Fall jeweils durch einen Patienten und die Gruppe des ihn betreuenden Pflegepersonals gebildet" (1987: 94). Der Autor musste dann jedoch eingestehen, dass er aufgrund der Eigenschaften der aus einem größeren Forschungskontext[8] stammenden Protokolle gewissen Einschränkungen unterlag, da meist nicht genügend Beobachtungen auf einen bestimmten Patienten bzw. eine bestimmte Patientin bezogen vorlagen. Damit konnte die Analyse nicht „konsequent auf den Entwicklungsprozess einiger Fälle" (ebenda: 95) fokussiert werden. Es ist deshalb dringend erforderlich, vorab festzulegen, was der „Fall" sein soll, oder sich dafür zu entscheiden, dass die Definition der Fallebene selbst in den Entdeckungsprozess einbezogen werden soll, die Frage nach dem Fall also im Verlauf der Beobachtung zu beantworten ist. Eine solche Offenheit für die Klärung der Fallebene im Forschungsprozess könnte sich z. B. für die Beobachtungen auf jenem Parkplatz bei McDonalds in Northeim anbieten, der bei der „Suche" nach Jugendlichen auf öffentlichen Plätzen in Northeim „entdeckt" wurde. Vermutlich würde sich langfristig die „Bühne" dieses Parkplatzes, dessen „kleine Lebenswelt", als Fall anbieten oder die hier beobachtete Gruppe von Jugendlichen, die im Weiteren auch in anderen Settings beobachtet werden würde.

Leitlinien zur sequenziellen Auswertung der Beobachtungsprotokolle

A *Vor der Auswertung der Protokolle zu einem Fall*
Analyse der „objektiven" Rahmendaten und – je nach Fragestellung – sequenzielle Analyse der historischen Daten zum Fall

8 Die Protokolle entstanden im Rahmen des von Elmar Weingarten geleiteten Forschungsprojekts „Patientenorientierte Intensivtherapie und medizinische Technologie".

B Auswertung des Protokolls zu einer Beobachtungseinheit

1. Sequenzielle Analyse der „objektiven" Daten zum faktischen Geschehen, d. h. mit Bezug auf die zeitlich aufeinander folgenden einzelnen Phasen des Gesamtablaufs
2. Feinanalytische Auswertung der detailliert geschilderten Szenen
3. Einbettung der Szenen in den Gesamtablauf der Beobachtungseinheit und den Gesamtkontext des Falles (vgl. A)
4. Auf der Basis der bisherigen Hypothesen: Formulierung von Folgehypothesen über den weiteren Fortgang im Feld
5. Überlegungen zum Design von weiteren möglichen Beobachtungen anhand der Auswertung

C Auswertung von weiteren ausgewählten Protokollen gemäß der zeitlichen Abfolge der Beobachtungseinheiten

4.5 Analyse videographierten Datenmaterials (Nicole Witte, Gabriele Rosenthal)

Einleitung

Die Verwendung von Videomaterialien ist nach unserer Auffassung insbesondere für die Feinanalyse nonverbaler und verbaler Kommunikations- und Handlungsabläufe und für die Rekonstruktion von die Interaktion steuernden impliziten Wissensbeständen ausgesprochen nützlich. Dieser Nutzen erhöht sich unseres Erachtens nochmals, wenn wir die Videoanalyse in eine ethnographische Feldforschung oder eine teilnehmende Beobachtung einbetten. Mit anderen Worten: Wir plädieren für die Kombination der Verfahren, um damit die Vorteile beider Methoden optimal nutzen bzw. die Nachteile beider Verfahren reduzieren zu können. Auf die wesentlichen Vorteile wie Nachteile teilnehmender Beobachtung, die als fast spiegelbildlich zu denen videoanalytischer Verfahren betrachtet werden können, wurde im vorangegangenen Kapitel hingewiesen. Im Folgenden werden wir uns daher auf die Vor- und Nachteile videographierten Datenmaterials beschränken.

Videomaterialien sind innerhalb der interpretativen Sozialforschung mehr denn je in Mode, was bereits an der Vielzahl der in den letzten Jahren erschienenen Literatur in diesem Themenfeld abzulesen ist.[9] Setzte diese Tendenz schon in den 1980er Jahren durch die zunehmende Verbreitung von Videokameras und die Verbilligung der Geräte ein, so ist durch die Di-

9 In Bezug auf methodische Fragen siehe z. B. Bohnsack (2009); Fischer (2009); Friebertshäuser u. a. (2007); Knoblauch u. a. (2006); Raab (2008); Witte/Rosenthal (2007).

gitalisierung die Attraktivität audio-visueller Datenerhebung im Forschungsbetrieb nochmals gewachsen. Neben der Kostensenkung und verbesserten Verfügbarkeit erscheint uns insbesondere die vermeintliche Einfachheit der in dieser Art technikunterstützten Datenerhebung als der wesentliche Grund für den vermehrten Einsatz des Mediums Video. Diese vermeintliche Unkompliziertheit zeigt sich gerade in Relation zur zuvor dargestellten teilnehmenden Beobachtung, in der die Erstellung von Beobachtungsprotokollen (zunächst) als eine viel schwierigere und zeitaufwändigere Aufgabe erscheint, die darüber hinaus ständig den kritischen Fragen ausgesetzt ist, ob man bei der Beobachtung alles ‚gesehen', bei der Protokollierung wohl nichts ‚vergessen' oder auch in ‚falscher' Erinnerung habe. Wie viel einfacher mutet da eine Videoaufzeichnung an? Die Kamera registriert vermeintlich alles und die aufgezeichneten Daten sind theoretisch unendlich oft betracht- und analysierbar. Ohne die Diskussion aus dem Teilkapitel zur Erstellung von Beobachtungsprotokollen (4.4.1) hier wieder aufnehmen zu wollen, sei aber nochmals darauf verwiesen, dass sich die jeweiligen Vor- und Nachteile registrierender versus rekonstruierender Konservierung von Daten (Bergmann 1985: 308) spiegelbildlich darstellen und die Entscheidung für die eine oder die andere Art von Datenerhebung an den jeweiligen Untersuchungsgegenstand anzupassen ist. Die Videoaufzeichnung ist keineswegs als Königsweg einer Datenerhebung von Interaktionsverläufen zu betrachten. Trotzdem bieten audio-visuelle Datenmaterialien neben den methodischen Herausforderungen eine erhebliche Fülle von Möglichkeiten zur detaillierten Rekonstruktion von Interaktionsprozessen. Zur Nutzung der genannten Möglichkeiten bedarf es jedoch einer ausgearbeiteten Methodik, die die Herausforderungen oder auch Probleme, die das Medium Video bei seiner wissenschaftlichen Nutzung mit sich bringt, berücksichtigt und handhabbar macht.

Im Folgenden möchten wir anhand empirischer Beispiele aus einer Untersuchung der Erstautorin dieses Kapitels zur Arzt-Patient-Interaktion (Witte 2010) sowie einer von uns derzeit durchgeführten ethnographischen Forschung in Israel und den Palästinensischen Autonomiegebieten[10] jene

10 Das durch die DFG finanzierte Forschungsvorhaben *'Belonging to the Outsider and Established Groupings: Palestinians and Israelis in Various Figurations'* wird von einer Forschungsgruppe aus Deutschland, Israel und den Palästinensischen Autonomiegebieten durchgeführt. Leiter/-innen des Projektes sind Gabriele Rosenthal (Georg-August-Universität, Göttingen), Shifra Sagy (Ben-Gurion University of the Negev, Beer Sheva, Israel) und Mohammed S. Dajani Daoudi (Al Quds University, Palästinensische Autonomiegebiete). Weitere Informationen über diese laufende Forschung sind auf der Seite http://www.uni-goettingen.de/de/77993.html zu finden.

Forschungsfragen aufzeigen, die einen Einsatz von Videographie sinnvoll begründen können und die Herausforderungen etwas detaillierter darstellen, die diese Technik in der Praxis der Forschung mit sich bringt. Des Weiteren werden wir einen methodischen Vorschlag zum Umgang mit diesen Herausforderungen präsentieren.

Wann die Kamera einsetzen?

Welche Forschungsinteressen lassen sich mit dem Einsatz von Videographie verfolgen? Diese Frage lässt sich beantworten, wenn man sich die Vorteile des Mediums vor Augen führt. Es zeichnet neben der verbalen Kommunikation auch kleinste nonverbale sowie verbale Handlungs- und Verhaltensdetails auf und bietet den Forschenden die Möglichkeit, das Datenmaterial immer wieder aus neuen Perspektiven mit jeweils anderer Fokussierung zu untersuchen. Damit wird eine extensive Betrachtung einzelner spezifischer Handlungsbestandteile, wie zum Beispiel von Gesten des Zeigens bei Rednern (Schnettler/Knoblauch 2007; Knoblauch 2008),und die detailgetreue Rekonstruktion von Handlungs- und Verhaltensabläufen sowohl von einzelnen als auch von mehreren Akteuren möglich, die miteinander interagieren oder auch nur gleichzeitig auf dem aufgezeichneten Material zu sehen sind. Beispielhaft können hier die Arbeiten von Christian Heath und Kollegen (Luff/Hindmarsh/Heath 2000) genannt werden, die bereits seit den 1980er Jahren die Videokamera einsetzten und insbesondere Menschen an ihrem jeweiligen Arbeitsplatz allein oder in Interaktion mit anderen aufnahmen. Dabei ging es stets um die Rekonstruktion bestimmter Handlungsmuster oder -routinen innerhalb des betreffenden Handlungsfeldes.

Der mit dem Einsatz einer Kamera notwendige Fokus auf einen bestimmten Teil der sozialen Wirklichkeit setzt eine gewisse grundlegende Bekanntschaft mit der Sozialwelt voraus, aus der der Ausschnitt gewählt wird (Knoblauch 2001). Ein den Forschenden eher unbekanntes Feld bietet sich nach unseren Erfahrungen zum Einsatz des Mediums Video kaum an, da hier bereits die Selektivität der Ausrichtung der Kamera zu einem besonderen Problem wird. Kennt die Forschende das soziale Setting kaum, wird es ihr schwer fallen zu entscheiden, auf was sie den Fokus der Kamera ausrichten soll. Die Gefahr hierbei ist, dass ohne eine zielgerechte Fokussierung eine große Menge Material produziert wird, über das wir nur schwer den Überblick behalten können, und darüber hinaus vielfach von der mangelnden Aussagekraft der Aufnahmen enttäuscht werden. Hier ließe sich einwenden, dass ein solches Material zumindest als Gedächtnisstütze für den Forschenden dienlich sein könnte, doch sollte die produzierte Materialfülle und der benötigte Arbeitsaufwand zu deren Herstellung und Ordnung in einer ausgewogenen

Relation zum Ertrag stehen. Noch weit relevanter ist jedoch, dass die Kamera im faktischen und im übertragenen Sinn stets zwischen dem Forschenden und dem Forschungsfeld steht. Während die teilnehmende Beobachterin mit weit mehr Alternationen von unterschiedlichen Sinneswahrnehmungen und fokussierten Ausschnitten das Forschungsfeld erlebt, ist die Kamerafrau von vornherein zu einer fokussierten (visuellen zum Teil auch auditiven) Wahrnehmung und zu gezielter Aufmerksamkeit auf bestimmte Ausschnitte des Feldes angehalten. Vereinfacht formuliert, die Wahrnehmung eines Geruchs lässt sich bspw. ebenso wenig ohne besonderen (Inszenierungs-)Aufwand ins Bild bringen wie das Ertasten einer rauen Oberfläche. Und ohne gezielte Aufmerksamkeit auf einen bestimmten Bereich des Wahrnehmungsfeldes müsste die Kamerafrau – wenn sie bspw. mit Handkamera arbeitet – derart häufig die Kamera schwenken, dass die Analyse der Aufnahme sehr erschwert würde. Mit der Fokussierung der Kamera auf einen bestimmten durch sie erfassbaren Ausschnitt werden weitere Bereiche des wahrzunehmenden Kontextes nicht nur nicht auf das Bild gebracht, sondern entgehen auch der Wahrnehmung der Kamerafrau deutlich leichter, als würde sie ohne Kamera beobachten. Begebe ich mich als Forschende in ein mir unbekanntes Feld, so bietet es sich an, zunächst teilnehmend zu beobachten und/oder erste narrative Interviews zu führen und erst zu einem späteren Zeitpunkt die Kamera einzusetzen.

Darüber hinaus sollten sich die Forschenden vor dem Einsatz von Videoaufzeichnungen im Klaren darüber sein, wie viele und welche Personen in welchen Konstellationen durch die Kamera zu ‚verfolgen' sind. Obwohl dies eher ein technisches Erfordernis des Mediums ist, zeigen unsere Erfahrungen dessen erhebliche Bedeutung für die Brauchbarkeit der Videoaufnahmen bei der weiteren Analyse. Je mehr Personen und je mehr Bewegungen der Personen im Bild sind und je größer die räumliche Entfernung zwischen den Interagierenden ist, desto größer ist die Gefahr einer für die Analyse wenig geeigneten audio-visuellen Aufzeichnung.[11]

Um dies besser einschätzen zu können, bietet es sich an, sich zunächst als teilnehmende Beobachterin dem Feld zu nähern und auf der Basis der Analyse von Beobachtungsprotokollen Beobachtungseinheiten – d. h. klar abgegrenzte Handlungssituationen – auszuwählen. Was wir darunter verstehen, möchten wir anhand eines Beispiels aus einer gegenwärtig von uns durchgeführten Untersuchung zu alltäglichen Interaktionen von jüdischen Israelis

11 Bei Gruppengesprächen mit einer größeren Zahl von TeilnehmerInnen benötigen wir etwa auch ein Mikrophon mit ausreichender Empfindlichkeit, geeigneter „Charakteristik" und Ausrichtung.

thodologisch vertretbaren Gesichtspunkten können wir das Datenmaterial bewältigen, ohne zu kosten- und zeitaufwendig vorzugehen?

Im Folgenden möchten wir ein methodisches Verfahren beispielhaft vorstellen sowie detailliert ausführen und in Zusammenhang mit den einzelnen Verfahrensschritten jeweils die Herausforderungen des Materials anführen, denen wir mit dem jeweiligen Verfahrensschritt begegnen. Wir schlagen ein vierstufiges Vorgehen vor, wie im Kasten dargestellt.

Sequenzanalyse videographierter Interaktionen

1. Analyse der Kontextdaten
   a) Analyse der Daten des sozialen Milieus (‚äußerer' Kontext)
   b) Analyse des konkreten Handlungsraumes (‚innerer' Kontext)

2. Feinanalyse der Eröffnungssequenz
   a) Analyse der Aufzeichnungen ohne den Ton
   b) Analyse von Bild und Ton

3. Globale Analyse der gesamten Interaktion (Skriptanalyse)
4. Feinanalyse weiterer Sequenzen

Analyse der Kontextdaten

Eine zentrale Schwierigkeit, die oben bereits angedeutet wurde, die aber nicht nur bei der Analyse videographierter Datenmaterialien auftritt, sondern bei der Auswertung aller Formen von Daten zu lösen gilt, ist die Festlegung des Analysehorizontes bzw. des in die Analyse einzubeziehenden historischen, gesamtgesellschaftlichen und milieuspezifischen Kontextes. Neben der bei Videoaufnahmen möglichen systematischen Einbeziehung der konkreten räumlichen Gegebenheiten, in denen die aufgezeichnete Szene stattfindet (und die auf der Aufnahme zu sehen sind), und der Frage danach, wie sich diese auf den Verlauf der Interaktion auswirken, stellt sich darüber hinaus das Problem, wie weit der Analysehorizont über den sinnlich wahrnehmbaren Kontext hinaus zu erweitern ist, also auf das, was der Fokus der Kamera nicht erfasst hat. Welche Informationen über den ‚äußeren' Kontext einer Interaktion, über die institutionellen Rahmenbedingungen, über die historisch sich entwickelnde Figuration, in die die InteraktionspartnerInnen eingebettet sind, müssen in die Analyse mit einbezogen werden? Wie weit muss der jeweilige Auslegungshorizont sowohl historisch – in der Zeitdimension – als auch sozialstrukturell und räumlich ausgeweitet werden? Auf diese

Frage gibt es keine abschließende Antwort, sondern auch hier gilt es, den Analysehorizont so abzustecken, dass er dem Untersuchungsgegenstand, der Fragestellung und dem eigenen zeitlichen Budget oder anderer unserer Ressourcen angemessen bleibt.

Betrachtet man bspw. wieder die Arzt-Patient-Interaktion, die hoch institutionalisiert und ritualisiert ist und die darüber hinaus in den letzten Jahren Gegenstand verschiedener gesellschaftlicher Diskurse (z. B. im Rahmen der Veränderungen sozialer Sicherungssysteme) in der Bundesrepublik Deutschland war und ist, erscheint es uns sinnvoll, den Analyserahmen verhältnismäßig weit zu fassen. Dies wird z. B. nachvollziehbar, wenn man bedenkt, dass sich die Einführung der so genannten Praxisgebühr als Teil dieses ‚äußeren' Kontextes bis in die einzelne Arztpraxis auswirkt und damit – zumindest mittelbar – in der einzelnen Arzt-Patient-Interaktion bedeutsam werden kann. Der Patient der bspw. eine unschöne Diskussion mit der Arzthelferin über die zu zahlenden zehn Euro geführt hat und sich ärgert, geht mit anderen Ausgangsbedingungen in die Konsultation als ein Patient, der diese Diskussion zuvor nicht erlebte. Innerhalb des ersten Auswertungsschritts der Analyse der Kontextdaten versuchen wir diesen angeführten Herausforderungen zu begegnen. Wir beginnen mit der Auswertung des ‚äußeren Kontextes'.

Analyse der Daten des sozialen Milieus (‚äußerer' Kontext). Bei diesem Untersuchungsschritt, der wie auch weitere Analyseschritte im Vorgehen an die Objektive Hermeneutik Ulrich Oevermanns (1979) angelehnt ist, geht es zunächst darum, den strukturellen Kontextbedingungen Rechnung zu tragen, die jenseits der aktuellen konkreten Intentionen und Möglichkeiten der AkteurInnen liegen. Hier kann berechtigt eingewandt werden, dass alle Kontextfaktoren – auch makroskopische – stets innerhalb der Intentionen und Möglichkeiten der AkteurInnen lägen. Betrachten wir hier die beispielhaft angeführte Untersuchung zu Ärzten und Patienten, so begibt sich ein Mensch mit der Berufswahl Arzt willentlich als Akteur in das Gesundheitswesen hinein, auch kann er diesen Beruf jederzeit aufgeben und sich somit dem gesetzten Rahmen wiederum entziehen. Je weiter der Rahmen jedoch gesteckt wird, umso geringer werden die Veränderungspotenziale durch den einzelnen Handelnden, im Extrem bleibt dann – wie gerade erwähnt – nur die Wahl zwischen zwei Möglichkeiten. Je näher die Kontextgrenzen jedoch an die Interaktion mit physisch ko-präsenten Kooperationspartnern rücken, desto größer wird die Anzahl der Wahlmöglichkeiten und der Veränderungspotenziale der AkteurInnen. Dies legt u. E. die von uns vorgenommene Aufspaltung der Analyse von Daten des sozialen Milieus und des konkreten Handlungsraumes in zwei Teilschritte der Untersuchung nahe.[14] So begann die Erstautorin innerhalb ihrer Untersuchung zur Arzt-Patient-Interaktion diesen Auswertungsschritt mit der Betrachtung von Makro-Faktoren wie dem Gesundheitssystem in der Bundesrepublik Deutschland und der damit verknüpften Figuration zwischen ÄrztInnen und ihren Patienten. Die zu analysierenden Kontextfaktoren rücken im Fortgang der Analyse dann sukzessive näher an die konkrete Interaktionssituation heran.

Bei diesem Verfahrensschritt gilt es somit, Möglichkeitsräume der Interaktionspartner abzustecken. Dabei werden erste Hypothesen über strukturelle Regelmäßigkeiten der Auswahl von Handlungsoptionen durch die AkteurInnen formuliert. Im Bereich des Gesundheitswesens lassen sich hierzu einige Beispiele formulieren. So ist die Niederlassung von KassenärztInnen beschränkt. Es gibt eindeutige Regelungen, wie viele FachärztInnen in welchen Gebieten selbstständig tätig sein dürfen. Diese institutionell verankerten Bestimmungen gilt es bei der Analyse der geographischen Lage der Praxis einzubeziehen, denn sie begrenzen den Möglichkeitshorizont des jeweiligen Arztes deutlich. Mit der Sichtbarmachung der Begrenzungen, denen der einzelne Arzt in seinen Entscheidungen unterliegt, ergibt sich für die weitere Analyse eine dem Gegenstand angemessene Begrenzung der Hypothesenbildung.

In diesem ersten Auswertungsschritt wird somit aufgeschlüsselt, welche Handlungsspielräume für die Akteure offen stehen, welchen Begrenzungen sie in ihren Handlungen unterliegen und welche Handlungsmöglichkeiten sie auswählen. Darüber hinaus stellt sich die Frage, wer mit wem in welchem sozialen Setting in Interaktion tritt und welche Figurationen mit welchen Machtbalancen hier wirksam werden. Betrachten wir einerseits bspw. einen Arzt aus den alten Bundesländern, der sich in Mecklenburg-Vorpommern niederlässt, im Unterschied zu einem Arzt auf der Insel Sylt, so liegen hier höchstwahrscheinlich unterschiedliche Figurationen mit unterschiedlichen Machtbalancen vor, obwohl stets MedizinerInnen und PatientInnen aufeinander treffen. In Anlehnung an Norbert Elias (2009) sehen wir, wie bereits angemerkt, die miteinander interagierenden Individuen nicht in einem machtfreien Feld handeln, sondern eingebettet in den historisch sich ständig

14 Diese Entscheidungsmöglichkeiten sind auch für die PatientInnen gegeben, obwohl deren Wahlmöglichkeiten sowohl im äußeren als auch im inneren Kontext deutlich geringer sind. Sicher kann auch der Patient i. d. R. entscheiden, ob und wie er sich behandeln lassen möchte und wie er mit dem Arzt interagiert, jedoch ist sein Handlungsspielraum innerhalb der – aufgrund vielfältiger Ursachen – ungleichen Machtbalance in der Arzt-Patient-Figuration deutlich geringer als der des Arztes, zumal sich der Patient auch in vielen Fällen aufgrund einer vorliegenden Krankheit genötigt sieht, sich in diese Figuration hinein zu begeben.

(weiter-)entwickelnden – teilweise institutionalisierten – gesellschaftlichen Interdependenzgeflechten und davon in ihren Handlungsspielräumen bestimmt.

Die Kontextanalyse verbleibt nun – auch in der Logik der Objektiven Hermeneutik – nicht bei der Untersuchung des weiten ‚äußeren' Rahmens, sondern zieht immer engere Kreise um die zu betrachtende Interaktion. Dem folgend möchten wir einen zweiten Teilschritt der Kontextanalyse aufzeigen.

Analyse des konkreten Handlungsraumes (‚innerer' Kontext). Wie bereits im vorhergehenden Schritt ist das Ziel hier, den Möglichkeitsraum der Handelnden innerhalb der Interaktion aufzuspannen, und Strukturen von Auswahlprozessen innerhalb dieses Raumes zu rekonstruieren. Damit rekonstruieren wir über die einzelnen Akteure hinaus auch die für diese Art der Figuration typischen Muster. Anders als im vorhergehenden Verfahrensschritt gibt es für die Akteure hier desto mehr und differenziertere Wahlmöglichkeiten, je mehr wir uns dem Bereich der Handlungsbedingungen annähern, die sie selbst auch allein mehr oder weniger vollständig beeinflussen bzw. kontrollieren können. So entscheidet zum Beispiel ein niedergelassener Arzt nicht nur über die Einrichtung seines Konsultationsraumes, sondern er wählt bereits zuvor die zu beziehenden Praxisräume aus.[15] Zu beiden Wahlentscheidungen werden bei diesem Analyseschritt Hypothesen formuliert. Es sei hier nochmals betont, dass Akteure selbst in hoch institutionalisierten Kontexten nicht nur auf vorgegebene Strukturen oder innerhalb bestimmter Umstände reagieren, sondern im Handlungsverlauf jede Entscheidung und jede Aktion den Kontext für zukünftige Handlungsmöglichkeiten konstituiert.

Einerseits ist der Konsultationsraum eines Arztes – als Teil seines Handlungsraumes – damit Ausdruck von Handlungen des Arztes in der Vergangenheit – er hat die Räume gemietet, die Möbel gekauft und zueinander platziert. Andererseits definieren diese Handlungen die räumlichen Möglichkeiten, die dem Arzt und dem Patienten in der Interaktion zur Verfügung stehen. Beispielhaft können hier Hypothesen zu Fragen aufgestellt werden wie: Warum hat der Arzt keine Untersuchungsliege in seinem Konsultationszimmer aufgestellt, obwohl der Raum genügend Platz böte, sondern stattdessen einen sehr großen Schreibtisch in der Mitte des Raumes platziert? Untersucht man also den Kontext gegenwärtiger Handlungen, so betrachtet man einerseits die Ergebnisse von Entscheidungs- oder Handlungsmustern der Akteure in der Vergangenheit, was nach Abschluss dieses Untersuchungs-

15 Die Wahl der Praxisräume ist jedoch wiederum begrenzt durch das zugeteilte Niederlassungsgebiet, dessen Bedeutung im vorhergehenden Schritt zu analysieren war.

schrittes erste Hypothesen über die die Handlungen strukturierenden Muster zulässt. Andererseits begrenzt der von den Akteuren gewählte Handlungsraum deren Handlungsmöglichkeiten innerhalb der konkreten Interaktion, was auch die Hypothesenbildung während der Analyse begrenzt oder, anders gesprochen, erleichtert.

Feinanalyse der Eröffnungssequenz

Die detaillierte Analyse der Eröffnungssequenz dient uns – unter Einbeziehung der Ergebnisse der Kontextanalysen – zur Herausarbeitung der Prozessstruktur der aufgezeichneten Szene. Hans-Georg Soeffner begründet überzeugend die Notwendigkeit einer ausführlichen Analyse der Eröffnungssequenz: „Der von den Interaktionspartnern in den ersten Äußerungen eingesetzte Handlungsrahmen und der damit unterstellte Sinnhorizont für die Folgehandlungen enthalten bereits die Handlungsperspektive(n) des nachfolgenden Interaktionsprozesses. Dies bedeutet: die Eröffnungssequenzen einer Interaktion sind auch zu verstehen als Reaktion der Interaktionspartner auf ein im Vorhinein angenommenes Handlungsziel oder Handlungsresultat (vgl. Mead 1934: 187f.). Das in der Zukunft erwartete Ergebnis steuert die Aktionen in der Gegenwart. Die Struktur des Prozesses ist bereits in den ersten Interakten angelegt." (Soeffner 1989: 72).

Die Formulierung einer Strukturhypothese zum Interaktionsprozess beinhaltet ebenfalls die Möglichkeit einer Prognose über ihren weiteren Verlauf sowie für Hypothesen über Konstellationen, die zu einer Veränderung der Interaktionsstruktur führen können. Der weitere Ablauf rückt jedoch erst im nächsten Untersuchungsschritt – der Skriptanalyse – ins Zentrum der Aufmerksamkeit.

Wie gehen wir nun bei der Feinanalyse der Eröffnungssequenz konkret vor? Da uns die Erfahrung deutlich zeigte, wie schwer es fällt, gleichzeitig sowohl auf den Ton als auch auf das Bild zu achten, und wie sehr der Ton die Wahrnehmung des Visuellen dominiert, betrachten wir die Szene zunächst ohne Ton. Dabei analysieren wir (beginnend mit der Analyse von Standbildern insbesondere zur extensiven Auslegung des Handlungssettings, also zur Bedeutung der sichtbaren räumlichen Objekte) kurze bis kürzeste Abschnitte des Materials[16] stets innerhalb seiner gegebenen Sequenzialität.[17] Ferner konzentrieren wir uns zunächst auf die Formulierung von Hypothesen zu nichthörbaren temporalen Gestalten (vor allem Bewegungsabläufen) und zu räumlichen Gestalten (wie der Kleidung der Interaktanten). Es gelingt auf diese Weise viel leichter, diese Daten extensiv auszulegen, als wenn sie durch den Ton begleitet werden. In einem zweiten Teil wird die gesamte Eröffnungssequenz mit Ton und Bild untersucht, wobei Hypothesen zum gesamten Ablauf bzw. zur Gesamtgestalt der sich uns darbietenden Szene formuliert werden.

Wir orientieren uns dabei wiederum am Verfahren der Objektiven Hermeneutik. So wird zunächst die Szene de-kontextualisiert, d.h. unser Wissen über den Entstehungskontext und damit auch unsere aus dem ersten Auswertungsschritt gewonnenen Hypothesen werden eingeklammert, um gedankenexperimentell möglichst vielfältige kontrastierende Lesarten zu möglichen Kontexten entwerfen zu können, in denen das einzelne Standbild oder die konkrete Szene einen Sinn ergeben könnten (vgl. Oevermann et al. 1979: 415; Oevermann1983). Aus diesen abduktiv gewonnenen Hypothesen werden Folgephänomene deduziert; d.h. von jeder Hypothese wird auf mögliche, die Plausibilität der Hypothese verstärkende Anschlüsse im Fortgang der Interaktion geschlossen. Im dritten Schritt des abduktiven Schlussfolgerungsverfahrens erfolgt der empirische Test. Die Folgehypothesen bzw. die in ihnen begründeten Vorhersagen werden am konkreten Fall mit der nächsten Videosequenz kontrastiert und gewinnen entweder an weiterer Plausibilität oder müssen modifiziert oder verworfen werden. In der streng sequenziellen Rekonstruktion eines Ablaufs lässt sich so dessen individuelle Fallstruktur herausarbeiten.

Mit der Auswertung der Eröffnungssequenz versuchen wir – wie oben bereits anklang – insbesondere damit umzugehen, dass uns innerhalb des Videomaterials unterschiedliche Datenarten begegnen: Akustisches und Visuelles (Ton und Bild). Enthält der Ton ausschließlich zeitliche Objekte, so beinhaltet das Bild zeitliche und räumliche Objekte und eröffnet damit „eine

16 Eine ähnlich detaillierte Analyse so genannter „key scenes“ bis hin zur Auswertung von Standbildern schlagen Raab und Tänzler (2006: 87) vor: „on the micro-level it means, that these key scenes are interpreted step-by-step, i. e. picture-by-picture“. Diese Schlüsselszenen werden durch die Gruppe der Interpreten nach je spezifischen Kriterien ausgesucht.

17 Die Länge der jeweiligen zu analysierenden Teilsequenzen wird durch den sicht- und hörbaren Ablauf innerhalb der Videoaufnahme bestimmt. Kann im Bereich des Akustischen bspw. ein Sprecherwechsel als Ende einer Sequenz angenommen werden, so gilt es, beim Bildablauf abgeschlossene Bewegungszusammenhänge wie Gesten oder mimische Merkmale als Sequenzgrenzen zu markieren.

zusätzlich synchrone Zeitdimension" (Knoblauch 2004: 134). Nicht nur, dass wir jetzt auch nicht-hörbare zeitliche Gestalten wie lautlose Bewegungsabläufe als weitere Daten für die Analyse zur Verfügung haben, sondern darüber hinaus auch räumliche Dinge, die keine Zeitextension in sich enthalten bzw. während unserer Beobachtung keine sichtbaren Veränderungen erfahren, wie ein Schrank, ein Tisch, ein parkendes Auto etc. Erst die visuelle Wahrnehmung dieser verschiedenen Dinge, die sich aus vielen einzelnen Wahrnehmungen des Hinschauens zusammensetzt, ist ein temporaler Akt.[18] „Der Unterschied in der Wahrnehmung von räumlichen und temporalen Gestalten liegt [...] darin, daß das sich Darbietende als Ganzes einmal bereits besteht, während es sich das andere Mal im Prozeß des Entstehens befindet." (Rosenthal 1995: 32). Diese Unterschiede werden dann deutlich, wenn wir uns die Möglichkeiten des Standbildes beim Video vergegenwärtigen. Im Standbild ‚verschwinden' das Hörbare sowie die Bewegungsabläufe. Akustische Ereignisse sind wie alle Bewegungsabläufe überhaupt nur im Zeitablauf denkbar, d. h. in einer bestimmten Ordnung des Nacheinander. Auch wenn wir das Abspielen des Bandes fortsetzen und feststellen, dass bspw. zwei Personen zur selben Zeit sprechen oder zeitgleich andere Geräusche hörbar sind, bleibt trotz dieser Gleichzeitigkeit die sequenzielle Strukturiertheit der akustischen Daten stets erhalten.

Dabei ist davon auszugehen, dass bei der Betrachtung einer Bildabfolge die sequenziellen Daten tendenziell stärker in den Fokus der bewussten Aufmerksamkeit rücken als die unbewegten Objekte, die selbstverständlich dennoch unsere Wahrnehmung mitbestimmen. Der Fokus unserer Wahrnehmung als BeobachterInnen liegt zumeist auf dem Handlungsablauf und weniger auf der Wahrnehmung der stets ko-präsenten simultanen visuellen Informationen, innerhalb des betrachteten Settings. Halten wir das Abspielen der Aufnahme nun in einem Standbild an, erreicht eine Vielzahl dieser simultan vorhandenen Daten unsere Aufmerksamkeit. Damit eröffnet sich einerseits die Möglichkeit, diese in eine systematische Analyse mit einzubeziehen, andererseits erhöht dies die Gefahr sich in der „Unendlichkeit des Mannigfaltigen" zu verlieren, in der sich uns die empirische Wirklichkeit nach Max Webers Formulierung darbietet.

Darüber hinaus stellen sich mit der Untersuchung simultaner Informationen jedoch die Fragen, welche dieser Daten in welcher Reihenfolge von den in diesem Raum Handelnden überhaupt explizit oder implizit wahrgenom-

18 Zur Differenz zwischen der Wahrnehmung von Dingen und Zeitobjekten, d. h. Prozessen vgl. Husserl (1976: 382 ff.).

men und für die Interaktion bedeutsam wurden.[19] Doch diese Fragen können nur durch die weitere sequenzielle Analyse des Interaktionsablaufs und damit nicht vor Abschluss der Analyse beantwortet werden, da wir davon ausgehen müssen, dass die für die Handelnden relevanten Phänomene für die BeobachterInnen nicht ohne weiteres erkennbar sind (vgl. Knoblauch 2004: 135). Hierbei darf auch nicht übersehen werden, dass diese analytische Problematik mit den Wahrnehmungsprozessen im Alltag korrespondiert. In jedem und mit jedem Augenblick erfassen wir visuell eine Fülle von Eindrücken, aus denen wir auswählen müssen, welche ins Zentrum unserer Aufmerksamkeit rücken, welche thematisch ko-präsent sind und welche zum unthematischen ‚Rand' gehören. Je nach Modifikation der Aufmerksamkeit verändert sich, was zum Thema gehört und was nicht. Im Unterschied zu streng sequenziell auftretenden Sinneseindrücken erfordern simultan gegebene Informationen die Auswahl derjenigen, die zuerst und derjenigen, die später ins Zentrum der Wahrnehmung rücken, und dies produziert die sequenzielle Strukturierung des Wahrnehmens. Der Wahrnehmende selber erzeugt mit der temporalen Abfolge des Wahrnehmens Sequenzialität; die räumlichen Objekte nehmen von sich aus keine Sequenzialisierung vor. Dies bedeutet jedoch nicht, dass die Objekte in ihrer Konfiguration nicht auch eine bestimmte Wahrnehmung vorgeben oder zumindest nahe legen. Der sich der Wahrnehmung darbietende Raum gibt bereits eine Strukturiertheit vor und bestimmt die Art der Zuwendung. Umgekehrt bestimmt die Art der Zuwendung wiederum das sich der Wahrnehmung Darbietende. Der entscheidende Unterschied zu der bereits von sich aus gegebenen Sequenzialität des Sprechens oder Handelns ist der viel größere Möglichkeitshorizont der Sequenzialität, der sich durch die Reihenfolge der Wahrnehmung von sich simultan darbietenden Objekten ergibt und der den Analyseaufwand nochmals deutlich erhöht.

Eine weitere Schwierigkeit bei der Analyse videographierter Szenen, die ebenfalls durch den folgenden Schritt der Skripterstellung und -analyse handhabbar gemacht werden soll, ergibt sich aus der Möglichkeit, leibliche

19 Uns ist bewusst, dass auch olfaktorische Sinneseindrücke stets ko-präsent sind und die Wahrnehmung eines Handlungsraumes mitbestimmen. Die Aufzeichnung von ‚Geruchsdaten' ist jedoch bisher nicht handhabbar und wir müssen einräumen, dass es uns aus diesem Grund nicht möglich ist, Geruchsempfindungen von Handelnden systematisch in die Analyse von Interaktionen einzubeziehen. Diese können bisher nur auf ‚Umwegen' Beachtung finden, etwa über explizite Äußerungen (verbal und/oder leiblich) der Handelnden. Ähnliches gilt für haptische Wahrnehmungen, jedoch erscheint hier der ‚Umweg' kürzer, da auf dem Videomaterial in der Regel sichtbar wird, was die Handelnden berühren. Damit ist die Relevanz dieser Berührungen für den Handlungsverlauf deutlich einfacher in die Analyse einzubeziehen.

Kapitel 5
Vom offenen Leitfadeninterview zum narrativen Interview

5.1 Einleitung

Qualitative oder offene Interviews, die (wie im letzten Kapitel verdeutlicht) auch eine wichtige Rolle in der Feldforschung[1] spielen, sind sowohl international als auch in den unterschiedlichen sozialwissenschaftlichen Disziplinen die am häufigsten verwendete Form der sozialwissenschaftlichen Erhebung. So schätzte Charles Briggs bereits 1986, dass 90 % aller sozialwissenschaftlichen Untersuchungen auf Interviews beruhen. David Silverman spricht (1993: 19) von einer „interview society", in der Interviews eine zentrale Bedeutung in unserem Leben einzunehmen scheinen. In den unterschiedlichsten Bereichen der Gesellschaft und der Medien werden Informationen mit Hilfe von Befragungen eingeholt, Interviews zur Unterhaltung in Talkshows geführt und bekannte Persönlichkeiten befragt. So haben wohl die meisten Menschen in den modernen Gesellschaften verhältnismäßig differenzierte Vorstellungen darüber, wie Interviews geführt werden können, was daran angenehm und was eher unangenehm ist.

Für die Sozialwissenschaftlerin ist das Interview im Unterschied zur Beobachtung mit weit weniger zeitlichem, aber auch emotionalem Aufwand verbunden. InterviewerInnen gehen nur für kurze Zeit ins Feld, aus dem sie sich nach Abschluss der jeweiligen Befragung wieder zurückziehen können. Darüber hinaus ermöglicht das Interview mit Hilfe von Tonband- oder auch Videoaufnahmen recht unkompliziert die registrierende Konservierung (vgl. Bergmann 1985).

Während in der traditionellen Sozialforschung offene Interviews mit explorativem Anliegen im Rahmen von Pilotstudien mit dem Ziel einer späteren Fragebogenkonstruktion oder zusätzlich zu anderen Erhebungsformen eingesetzt werden, z. B. mit ExpertInnen, die über ein Fachwissen im Bereich des zu untersuchenden Feldes verfügen (s. w. u.), nehmen sie in der interpre-

1 Zum ethnographischen Interview in der Feldforschung siehe insbesondere Spradley 1979.

tativen Sozialforschung eine zentrale Rolle ein. Die Entscheidung, eine Form des offen geführten Interviews bei einer Untersuchung anzuwenden, ist hier dem Ziel geschuldet, das zu untersuchende Thema aus der Perspektive der Interviewten zu erfassen und darüber hinaus verstehen und erklären zu können, weshalb eine bestimmte Perspektive eingenommen wird, wie sich diese im Laufe des Lebens entwickelt hat oder auch wie diese im Interviewkontext erzeugt wird.

In der Bundesrepublik sind die verschiedenen Verfahren des offenen Interviews verbunden mit der in den 1970er Jahren verstärkt beginnenden Rückbesinnung auf die methodologischen Implikationen einer verstehenden oder interpretativen Soziologie. Neben den damals vorgestellten methodologischen und empirischen Arbeiten im Kontext der „Arbeitsgruppe Bielefelder Soziologen" wurden zu dieser Zeit u.a. von Christel Hopf (1978) und Martin Kohli (1976; 1978) wichtige Plädoyers für offene Interviews und eine konsequente Umsetzung eines offenen Vorgehens in der soziologischen Community gehalten, die weithin diskutiert wurden. Mit dem narrativen Interview stellte Fritz Schütze, ein Mitglied der Arbeitsgruppe Bielefelder Soziologen, ebenfalls Mitte der 1970er Jahre eine dezidierte und ausgefeilte Technik der offenen Interviewführung vor. Das narrative Interview hat sich mittlerweile in Deutschland und auch international – insbesondere in der soziologischen Biographieforschung – als Instrument der interpretativen Sozialforschung etabliert und wird weit über Schützes MitarbeiterInnenkreis hinaus angewandt. Es handelt sich dabei um eine Technik, bei der das „Prinzip der Offenheit" sowohl in der Gesprächsführung als auch bei den Möglichkeiten der Auswertung am konsequentesten umgesetzt wird. Des Weiteren lässt sich die narrative Gesprächsführung leicht auch auf andere Formen des Interviews – wie z. B. das fokussierte Interview – übertragen. Daher werde ich auf diese Interviewtechnik im Zusammenhang sowohl mit der Biographieforschung als auch mit anderen Forschungskontexten, wie z. B. bei Interviews mit ExpertInnen, später recht ausführlich eingehen (Kap. 5.3). Zunächst jedoch einige Ausführungen dazu, was unter dem Begriff „offen" bei einem Interview zu verstehen ist und welche verschiedenen Interviewformen in diesem Bereich anzutreffen sind.

5.2 Zum Ringen mit einem am jeweiligen Gesprächspartner orientierten offenen Vorgehen

Ein als offen bezeichnetes Interview zeichnet sich dadurch aus, dass im Unterschied zu einem Fragebogen oder einem standardisierten Interview dem Interviewten eine aktive Rolle im Gesprächsablauf ermöglicht wird. Während beim standardisierten Interview die vorformulierten Fragen eines Interviewleitfadens in einer spezifischen Reihenfolge gestellt werden, geht es beim offenen Interview um einen an den Äußerungen des Interviewten orientierten Gesprächsverlauf. Ganz im Unterschied zu einem standardisierten Vorgehen wird in der interpretativen Sozialforschung die Interaktion zwischen Interviewtem und Interviewer nicht als Störung angesehen, sondern selbst als ein wesentlicher Bestandteil des Forschungsprozesses (vgl. Kap. 2.2). Auf der Grundlage einer konstruktivistischen Perspektive wird das Interview nicht als eine Form verstanden, in der einfach Informationen abgeholt werden, sondern als eine Form der gemeinsamen sozialen Produktion sozialer Wirklichkeit durch Interviewer und Befragten. James A. Holstein und Jaber F. Gubrium (1995) sprechen in diesem Zusammenhang vom „active interview", in dem gemeinsam in der Interaktion Bedeutung hergestellt wird. Sie machen deutlich, dass das Interview nicht als „Pipeline" für einen dank „richtigen" Fragens unverfälschten Abfluss von bestehendem Wissen betrachtet werden kann, da in jedem Interview eine Form der sozialen Beziehung zwischen dem Interviewer und dem Befragten hergestellt wird. Das offene oder aktive Interview ermöglicht uns vielmehr, die interaktiven Prozesse der Herstellung von Bedeutung und Wissen aufzuzeigen (ebenda: 3). Je offener ein Interview geführt wird, umso größer ist die Chance, diese Prozesse transparent werden zu lassen. Als Regel für die Interviewführung kann gelten: Je niedriger der Grad der Standardisierung, je weniger starr also die vom Interviewer oder der Interviewerin vorgegebene Struktur des Gesprächs ist, umso mehr werden die Befragten ihre Perspektive entfalten können und umso mehr werden die interaktiven Prozesse der Situationsdefinition bzw. Rahmung deutlich werden. Christel Hopf bringt die Chancen der offenen Interviewführung komprimiert zum Ausdruck: „Durch die Möglichkeit, Situationsdeutungen und Handlungsmotive in offener Form zu erfragen, Alltagstheorien und Selbstinterpretationen differenziert und offen zu erheben, und durch die Möglichkeit der diskursiven Verständigung über Interpretationen sind mit offenen und teilstandardisierten Interviews wichtige Chancen einer empirischen Umsetzung handlungstheoretischer Konzeptionen in Soziologie und Psychologie gegeben" (Hopf 2000a: 350).

Was mit einer offenen Gesprächsführung genau gemeint ist bzw. wie weit diese Offenheit gehen kann, darüber gibt es eine lange und meiner Ansicht nach mittlerweile in Bezug auf ein *hypothesengenerierendes* Vorgehen überholte Auseinandersetzung. Bei Interviews, die im Unterschied zum narrativen Interview mit vorab formulierten Interviewleitfäden arbeiten, stellen sich z.B. folgende Fragen:

- Wie weit sollen die Interviewfragen in einem Leitfaden bereits ausformuliert sein?
- Soll nur eine Liste mit Stichpunkten zu einzelnen Themenbereichen formuliert werden, die im Lauf des Gesprächs behandelt werden sollen?
- Sollen die Fragen immer in der gleichen Reihenfolge gestellt werden?
- Müssen bei allen Interviewten alle Fragen aus dem Leitfaden gestellt werden?

Bei diesen Fragen zur Gestaltung eines Interviewleitfadens wird deutlich, dass sie sich noch an den Qualitätskriterien einer standardisierten Interviewführung und an der Überprüfung vorab formulierter Annahmen, bzw. anders formuliert, dem Testen von Hypothesen orientieren. Ein Themenkatalog für einen Leitfaden kann demnach nur dann erstellt werden, wenn die SozialforscherInnen über Annahmen verfügen, welche Themen bei einem bestimmten Themenfeld relevant sein könnten. Die Entscheidung zu einem Leitfaden-Interview setzt damit bereits sowohl eine Kenntnis des zu untersuchenden Feldes als auch theoretische Vorüberlegungen voraus. Zugespitzt wird dies von Barbara Friebertshäuser wie folgt formuliert: „Erst auf der Basis fundierter, theoretischer oder empirischer Kenntnisse lassen sich Leitfaden-Fragen formulieren" (1997a: 376).

Bei einem *hypothesenüberprüfenden* Vorgehen, das noch einen gewissen Raum zur Modifikation der Hypothesen geben soll, bietet sich ein Vorgehen mit einem Leitfaden an. Meist sind jedoch Überlegungen zur Gestaltung des Leitfadens in einem „offeneren" Untersuchungsdesign mit der Vorstellung verbunden, es sei zur Vergleichbarkeit der Interviews notwendig, allen Interviewten die gleichen Fragen und diese auch in der gleichen Reihenfolge zu stellen, da ihnen die gleichen Anreize gegeben werden müssten. Voraussetzung für diese Überlegung ist die Annahme, dass gleich gestellte Fragen gleiche Anreize für die Interviewten bedeuten, bzw. dass Menschen die Sprachsymbole, wenn sie richtig formuliert sind, mehr oder weniger einheitlich interpretieren. Die Zuschreibung von Bedeutungen wird jedoch erzeugt durch die subjektiven Perspektiven, die sowohl im lebensgeschichtlichen Prozess als auch in der Interviewsituation auf interaktive Weise entstanden sind (vgl. Kap. 2.2). Fragen mit gleichem Wortlaut können also sowohl für verschiedene Interviewte als auch für dieselbe Person in verschiedenen Lebens- und Interviewkontexten völlig Unterschiedliches bedeuten. Aaron Cicourel setzte sich mit diesem Problem in seiner für die Methodendiskussion in den 1970er Jahren so wichtigen Schrift „Methode und Messung in der Soziologie"[2] ausführlich auseinander. Er kommt zu der Folgerung, dass wir

2 Die englische Originalausgabe erschien bereits 1964 und die deutsche Erstausgabe 1970.

Konstanz nur dadurch erreichen können, wenn wir den Befragten verschiedene „Stimuli" anbieten, denen die gleiche Bedeutung zugeordnet wird:

> „… die gleichen Stimuli, die benutzt werden, um die Erfahrung und Bewusstwerdung irgendeines Objekts in einem Subjekt hervorzubringen, bringen nicht notwendig die gleiche Erfahrung und Bewusstwerdung in einem anderen Subjekt hervor. Deshalb offenbart eine Verteilung von Antworten auf identische Stimuli nicht notwendig die Natur von Objektkonstanz. Gleichwohl kann Konstanz erreicht, können die gleichen Bedeutungen zugeordnet werden, wenn verschiedenen Versuchspersonen verschiedene Stimuli angeboten werden." (Cicourel 1970: 310f.)

Konsequent offen geführte Interviews bedeuten, dass wir uns in unseren Fragen an den Sprachcodes der Interviewten und am Gesprächsverlauf orientieren. Damit bedarf es dann auch nicht wie bei einem Fragebogen oder standardisierten Interview Überlegungen darüber, wie bestimmte Phänomene sprachlich in konstanter Form gefasst werden können. Spricht zum Beispiel ein Zeitzeuge des Zweiten Weltkrieges vom „Zusammenbruch 1945", der andere vom „Kriegsende" und ein weiterer von „Befreiung", so kann ich als Interviewerin bei meinen weiteren Fragen diese mit ganz unterschiedlichen Konnotationen dieser historischen Phase verbundenen Formulierungen übernehmen. Die Strukturierung des Gesprächsverlaufs durch den Befragten im Unterschied zum Abhaken meiner vorab überlegten Themenbereiche bedeutet, sich auch auf die vom Interviewten gesetzte Themenabfolge und dessen temporale und thematische Sprünge einzulassen, auch wenn mir dies als Interviewerin zunächst nicht als plausibel erscheint. Wenn z.B. eine aus dem Libanon stammende Befragte in einem Interview zum Erleben des 11. September 2001 von der Beschreibung der einstürzenden Twin Towers in New York, die sie im Fernsehen gesehen hat, direkt auf ihr Kriegserleben im Libanon zu sprechen kommt, würde eine offene Gesprächsführung ein Eingehen auf dieses Kriegserleben und Fragen dazu bedeuten, während in einem anderen Interview eigene Kriegs- oder Gewalterfahrungen überhaupt kein Thema zu sein bräuchten.

Je stärker jedoch ein Interviewleitfaden ausformuliert ist, umso schwieriger wird es für die InterviewerInnen, sich davon zu lösen und die mühsam vorab entwickelten Formulierungen nicht einzusetzen oder all die für wichtig erachteten Themenbereiche nicht anzusprechen. Christel Hopf (1978) spricht in diesem Zusammenhang von Leitfadenbürokratie und verdeutlicht, dass der Leitfaden die Gefahr mit sich bringt, dass die InterviewerInnen sich gedrängt fühlen, alle Themenbereiche abzuhaken und damit Vertiefungsfragen zu unterlassen. Sie fordert dagegen von den InterviewerInnen die Flexibilität, gegebenenfalls vom Leitfaden abzuweichen und je nach Gesprächsverlauf eventuell Themen aufzunehmen, die nicht im Leitfaden enthalten sind. Meiner Ansicht nach sollte im Kontext eines Hypothesen und gegenstandsbezogene Theorien entdeckenden Vorgehens auf die *Ausformulierung* eines Leitfadens überhaupt verzichtet und eine Interviewform gewählt werden, die mit möglichst wenig vorab formulierten Fragen oder Themenbereichen auskommt und sich dagegen vor allem an dem durch die Interviewten selbst strukturierten Gesprächsverlauf orientiert. Die Aufgabe des Interviewers oder der Interviewerin ist, zu versuchen, die Bedeutungszuschreibungen, die Relevanzen und die Erfahrungen der Befragten transparent werden zu lassen. Hierzu ist es hilfreich, wenn sich der Interviewer in die Position eines Fremden begibt, der auch bei Antworten bzw. Themenentwicklungen, die ihm plausibel erscheinen, nicht vorschnell zu verstehen meint, sondern vielmehr durch Vertiefungsfragen die jeweiligen Bedeutungen von Aussagen aufzuklären versucht oder teilweise nur durch weiteres Zuhören und durch nonverbale Gesten den Interviewten zu weiteren Ausführungen motiviert.

Wir brauchen also eine Gesprächsführung, die es ermöglicht, „die Perspektiven der an dem Interview Beteiligten und die Kontextbedingungen möglichst deutlich sichtbar zu machen bzw. sichtbar werden zu lassen, damit sie in der Dateninterpretation gebührend in Rechnung gestellt werden können, d.h. abgeschätzt werden kann, was das Interview jeweils repräsentiert", schreibt Martin Kohli (1978: 6). Betrachtet man die Literatur zu offenen Interviews bzw. die empirischen Studien, die mit offenen Interviews arbeiten, dann fällt auf, dass, abgesehen vom narrativen Interview und der aus therapeutischen Settings entlehnten klientenzentrierten (Rogers 1951) oder psychoanalytisch orientierten Gesprächsführung, kaum systematisch oder theoretisch begründete Frage- bzw. Gesprächstechniken vorliegen. Überlegungen darüber, dass Fragen nicht zu umständlich oder zu lang formuliert werden und sich an der Alltagssprache der Interviewten orientieren sollten, sind keinen theoretischen Überlegungen und auch keiner bestimmten Gesprächsführung geschuldet. Auch gibt uns die Forderung nach offenen Fragen, die im Unterschied zu geschlossenen kein Antwortschema wie: „Ich bin für oder gegen die Todesstrafe" vorgeben (vgl. Lamnek 1995, Bd. II: 58f.), noch keine Hinweise darauf, nach welchen Überlegungen offene Fragen formuliert werden sollen. Siegfried Lamnek formuliert im Zusammenhang mit diesem Beispiel die Frage „Was halten Sie von der Todesstrafe?" (ebenda) und versteht dies als eine offene Frage. In seinen Ausführungen wird zwar leicht nachvollziehbar, wie geschlossene Fragen formuliert sein müssen, seine Hinweise für eine offene Gesprächsführung bleiben jedoch vage und – wie mit der zitierten „offenen" Frage deutlich wird – sie sind auch nicht überzeugend, da diese Frage wohl kaum zu einer längeren autonom strukturierten Antwort einlädt.

2001), und in Kombination mit einem jeweils mehr oder weniger konsequent offenen Vorgehen angewandt. Heide Appelsmeyer (1996), die eine vergleichende Analyse biographischer und literarischer Konstruktionen älterer Frauen durchführte, legte bei einem zweiten Gesprächstermin, der auf ein biographisch-narratives Interview folgte, den Frauen einen literarischen Text – „Zwei Frauen im Spiegel" von Gabriele Wohnmann – vor. Über ihr Vorgehen schreibt sie: „Eröffnet wurde das Gespräch im Allgemeinen durch die Frage: ‚Frau X, wie ist es Ihnen mit dem Text ergangen?', die verschiedene Erlebensqualitäten im Umgang mit dem Text ansprechen sollte." (Appelsmeyer 1996: 126)

Christel Hopf und ihre Mitarbeiter setzten das fokussierte Interview in einem Projekt zur „subjektiven Bedeutung filmischer Gewaltdarstellungen für Jugendliche" ein (Hopf 2000 a; 2001). Sie zeigten den Jugendlichen den „Spielfilm ‚Romper-Stomper', in dem es um eine gewaltorientierte Gruppe rechtsextremer Skinheads in Australien ging, und unmittelbar nach dem Betrachten des Films wurden die Befragten zu ihrem Filmerleben befragt" (Hopf 2001: 153). Die offene Gesprächsführung ermöglichte es dann auch, dass die Jugendlichen über eigene Gewalterfahrungen berichteten. Außerdem wurden bei einem zweiten Termin biographische Interviews mit „flexibel zu handhabenden Leitfäden" (ebenda) zur Medienbiographie der Jugendlichen geführt.

Struktur- oder Dilemma-Interview. Ein ganz ähnliches Vorgehen im Hinblick auf eine gemeinsame Gesprächsvorgabe findet sich beim Struktur- oder Dilemma-Interview, bei dem den Interviewten Geschichten über moralische Konfliktsituationen vorgelesen oder vorgelegt und sie aufgefordert werden, dazu Stellung zu beziehen, ihre Urteile zu begründen oder auch auszuführen, wie sie sich in einer ähnlichen Situation verhalten würden.

Während dieses in der Piaget-Kohlberg-Tradition entwickelte Verfahren noch oft mit einem relativ stark standardisierten Leitfaden zur Erfassung moralischer Urteile angewandt wird (vgl. Kohlberg 1976), können solche Interviews auch weit offener geführt und auf andere Fragestellungen übertragen werden (vgl. Aufenanger 1991; Döbert/Nunner-Winkler 1983; Hopf u. a. 1995; Litvak-Hirsch u. a. 2003; Nunner-Winkler 1989; Schuhler 1979). Vor allem können dabei ohne weiteres auch Konfliktsituationen aus dem Alltag der Interviewten vorgegeben werden, anstelle der in dieser Forschungstradition früher üblichen alltagsfernen Dilemmata – wie: „Heinz bricht in eine Apotheke ein und stiehlt für seine krebskranke Frau ein für ihn unbezahlbares Medikament" (Eckensberger u. a. 1975). So verwendeten Christel Hopf und ihre MitarbeiterInnen (1995) in ihrer Studie zur rechtsextremen Orientierung junger Männer Geschichten, in denen es um die Einhaltung moralischer Normen im Alltag von Jugendlichen geht. Stefan Aufenanger (1991) arbeitete in seinen Interviews mit LehrerInnen mit Situationen aus dem schulischen Alltag. Tal Litvak-Hirsch u. a. (2003) legten in Interviews mit jüdischen und palästinensischen Israelis moralische Dilemmata zum Konflikt zwischen beiden Gruppen vor. In unserer Untersuchung zu altruistischem Verhalten bei SchülerInnen arbeiteten Petra Schuhler und ich mit einer Situation aus dem Schulalltag eines Schülers oder einer Schülerin (Schuhler 1979; Rosenthal 1981). In der zuletzt genannten Untersuchung formulierten wir nach einer Phase offener Interviews, in der wir SchülerInnen nach von ihnen erlebten Konfliktsituationen in der Schule befragten, ein Dilemma in der Form, dass wir die SchülerInnen dazu aufforderten, sich selbst in folgende Situation und den damit verbundenen Entscheidungskonflikt hineinzuversetzen. Die Vorgabe lautete wie folgt:

> „Stell dir vor: Einer deiner Klassenkameraden ist in Mathematik ein sehr schlechter Schüler. Er sitzt bei der letzten Klassenarbeit vor der Versetzung neben dir und bittet dich, bei dir abschreiben zu können. Du gehst darauf ein und lässt ihn bei dir abschreiben. Nun schreibt er aber einige Zahlen falsch ab, so dass er falsche Zwischenergebnisse, aber dennoch ein richtiges Endergebnis hat. Daraus schließt nun der Lehrer, dass dein Mitschüler abgeschrieben hat und gibt ihm eine Sechs. Damit ist sein Schicksal besiegelt; dein Klassenkamerad wird sitzen bleiben. Als letzter Ausweg fällt ihm ein, dich zu bitten, zum Lehrer zu gehen und diesem auf Ehrwort zu versichern, du habest ihn nicht bei dir abschreiben lassen und du wüsstest, dass er seine Aufgaben allein gemacht hat." (Rosenthal 1981: 336)

Eingangsfragen für das nachfolgende Gespräch waren dann: „Was hältst du von dieser Geschichte?" und „Was würdest du in dieser Situation tun?" Des Weiteren wurden die SchülerInnen immer wieder aufgefordert, ihre Entscheidungen zu begründen.

ExpertInneninterviews. Ein einheitliches Verständnis von Interviews mit ExpertInnen oder gar ein einheitliches methodisches Vorgehen lässt sich in der Methodenliteratur nicht vorfinden. Auch sind die Überlegungen darüber, wer denn nun als Experte oder als Expertin zu gelten habe, recht divergent. Die Formen der Interviewführung reichen in diesem Bereich von einer geschlossenen bis hin zu dezidiert offenen oder gar narrativen Verfahren. In der Diskussion qualitativer Methoden spielt das ExpertInneninterview auch eine recht untergeordnete Rolle, obwohl es insbesondere im Rahmen industrie-, organisations- und bildungssoziologischer Arbeiten häufig angewandt wird. Meist nimmt es in diesen Kontexten jedoch einen eher explorativen Status ein, mit dem Ziel eine erste Orientierung und erste Hypothesen über das zu untersuchende Feld zu erhalten (Bogner/Menz 2002: 33). Einen zentralen Status im Untersuchungsdesign hat hingegen das offene ExpertInneninterview bei in dem in der Bundesrepublik prominenten Ansatz von Michael Meuser und Ulrike Nagel (1991). Alexander Bogner und Wolfgang Menz sprechen in diesem Zusammenhang vom theoriegenerierenden ExpertInneninterview und grenzen dies sowohl vom explorativen als auch vom systematisierenden Interview ab. Während das systematisierende ExpertInneninterview zur Informationsgewinnung dient, die von informierten ExpertInnen, die über Fachwissen verfügen, erfragt wird, wird das theoriegenerierende Interview zur Analyse von expliziten und impliziten Wissensbeständen und Deutungsmustern eingesetzt, „welche die Experten in ihrer Tätigkeit entwickeln und die konstitutiv sind für das Funktionieren von sozialen Systemen" (Bogner/Menz 2002: 38).

Meuser und Nagel (1991: 443) konzentrierten sich in ihren Forschungsfeldern auf diejenigen ExpertInnen, „die selbst Teil des Handlungsfeldes sind, das den Forschungsgegenstand ausmacht". Ausgehend von Überlegungen dazu, „wer in irgendeiner Weise Verantwortung trägt für den Entwurf, die Implementierung oder die Kontrolle einer Problemlösung" oder „wer über einen privilegierten Zugang zu Informationen über Personengruppen oder Entscheidungsprozesse verfügt" (ebenda: 443), wird in diesem Ansatz der Status des Experten von den ForscherInnen an bestimmte Personen verliehen. Bogner und Menz (2002: 41) problematisieren diese Vorab-Definition und empfehlen, entsprechend einem wissenssoziologischen Zugang, vielmehr empirisch zu rekonstruieren, wer in dem zu untersuchenden Interaktionsfeld „in irgendeiner Weise Verantwortung trägt" und wer und wie über „einen privilegierten Zugang zu Informationen" verfügt. Sie definieren die ExpertInnen nicht nur über ihr spezifisches ExpertInnenwissen, sondern auch durch ihre Wirkungsmächtigkeit bzw. durch die Machtchancen, über die sie aufgrund ihres Wissens oder ihrer Positionen in einem sozialen Feld verfügen. Untersuchen wir ein bestimmtes Interaktionsfeld zum ersten Mal, verfügen wir in der Regel nicht über dieses Wissen. Von daher ist es geradezu Ziel einer interpretativen Studie, zu rekonstruieren, wer im Feld über welche Wissensbestände verfügt und oft deshalb mehr Machtchancen als andere hat, mehr Möglichkeiten, sich im Konfliktfall durchzusetzen.

Ulrike Froschauer und Manfred Lueger (2002) unterscheiden zwischen feldinternen Expertisen, bei denen die Befragten im Untersuchungsfeld als AkteurInnen auftreten, und feldexternen Expertisen, die sich auf eine Gruppe beziehen, die „über fundiertes theoretisches Wissen über den Gegenstandsbereich (verfügt), den sie, gestützt auf Sekundärerfahrungen und Beobachtungen zweiter Ordnung, von verschiedenen Seiten und in verschiedensten (intra- und interdisziplinären) Facetten beleuchten kann" (ebenda: 228). Diese Differenzierung bedeutet des Weiteren, dass bei feldinternen Expertisen vorrangig das nur begrenzt explizierbare implizite Wissen von Interesse ist, während bei den feldexternen Expertisen das formulierbare explizite Wissen im Vordergrund steht. Damit sind für Froschauer und Lueger dann auch folgerichtig unterschiedliche Verfahren der Interviewführung und Auswertung verbunden. Während sie für die feldinternen Expertisen eine erzählgenerierende Gesprächsführung und eine rekonstruktiv und sequenziell vorgehende Interpretation vorschlagen, bietet es sich bei den externen an, mit offenen Leitfadeninterviews und dementsprechend mit Verfahren einer qualitativen Inhaltsanalyse (vgl. Kap. 7.2) zu arbeiten.

Meuser und Nagel grenzen sich, obwohl sich ihre Untersuchungen insbesondere auf feldinterne Expertisen beziehen, vehement gegen ein fallrekonstruktives und auch sequenzielles Vorgehen bei der Auswertung von ExpertInneninterviews ab und nutzen auch nicht die Chancen einer narrativen Gesprächsführung. Während Fritz Schütze im Kontext einer Untersuchung über Gemeindezusammenlegungen in den 1970er Jahren narrative ExpertInneninterviews mit verantwortlichen Gemeindepolitikern im Kontext dieser Interaktionsfeldstudie durchführte und diskutierte, ziehen Meuser und Nagel offene Leitfadeninterviews und eine, wie sie beanspruchen, an Glaser und Strauss orientierte Form der Inhaltsanalyse vor, bei der die Äußerungen der ExpertInnen themenbezogen miteinander verglichen werden. Sie begründen ihr Vorgehen damit, dass sich das ExpertInneninterview von anderen Formen offener Interviews dadurch unterscheide, dass hier nur der spezifische institutionelle oder organisatorische Zusammenhang, in dem sich der Befragte bewegt, von Interesse sei und nicht sein gesamter Erfahrungsraum. Gegenstand der Analyse sei, wie Meuser und Nagel es formulieren, nicht die „Gesamtperson". Vielmehr sind nach ihrer Vorstellung die mit der Funktion des Experten „verknüpften Zuständigkeiten, Aufgaben, Tätigkeiten und die aus diesen gewonnenen exklusiven Erfahrungen und Wissensbestände" die Gegenstände des ExpertInneninterviews (ebenda 1991: 444). Aufgrund dieser Überlegungen interessiere, so meinen sie, in diesem Ansatz nicht der Einzelfall, sondern das von den ExpertInnen gemeinsam geteilte Wissen. Meuser und Nagel folgern daraufhin weiter, dass es damit keiner sequenziellen Analysen und auch keiner detaillierten Transkription des Interviews bedarf. Sie nehmen vielmehr eine thematische Gliederung des Interviews vor: „Anders als bei der einzelfallinteressierten Interpretation orientiert sich die Auswertung von ExpertInneninterviews an thematischen Einheiten, an inhaltlich zusammengehörigen, über die Texte verstreuten Passagen – nicht an der Sequenzialität von Äußerungen je Interview" (ebenda: 453). Doch wie entscheidet der Interpret oder die Interpretin, „was inhaltlich zusammengehört"? Die Autoren implizieren bei ihren Ausführungen, dass bei Äußerungen von ExpertInnen vom Interpreten bestimmt werden kann, welche Passagen zu welchen Themen gehören bzw. was überhaupt die Themen sind. Provokant formuliert: Sie gehen davon aus, dass zur Entschlüsselung der Bedeutungen von ExpertInnenaussagen die Regeln eines hermeneutischen Verstehens nicht eingehalten werden müssen. Auch wenn der Anspruch nachvollziehbar ist, dass weder die Gesamtbiographie der ExpertInnen von Interesse ist, noch der einzelne Experte hier die Fallebene ausmacht, sondern der Fall vielmehr das zu untersuchende Interaktionsfeld ist, handelt es sich hierbei um eine vorschnelle Zurückweisung eines rekonstruktiven und vor allem sequenziellen Vorgehens. Meuser und Nagel machen m. E. mit dieser Zurückweisung die fragwürdige Voraussetzung, dass a) das hier interessierende ExpertInnenwissen kein an die konkrete Person gebundenes Wissen sei und b) Personen und ihre konkreten Qualitäten nicht zu den wesentlichen Komponenten des relevanten Interaktionsfeldes zählen. Diese beiden Annahmen sind aus der Sicht des interpretativen Paradigmas in Frage zu stellen (man denke an die Rolle von Betriebswissen, Dienstwissen, „Charisma", informellen persönlichen Beziehungen und ähnlichen an die konkrete Person gebundenen Qualitäten). Auch die Aussagen von ExpertInnen sind an deren individuelle Perspektiven gebunden, die es zu rekonstruieren gilt – um sie vor allem auch in ihren latenten Gehalten verstehen zu können. Ebenso erschließen sich die Bedeutungen der Aussagen von ExpertInnen – will man sie nicht vorschnell unter bestehende Kategorien subsumieren, sondern ihre Bedeutung im Entstehungskontext erschließen – wie bei anderen Texten durch die Gesamtgestalt des Textes sowie durch dessen sequenzielle Aufschichtung. Auch wenn es in ExpertInneninterviews nicht um die Gesamtbiographie der ExpertInnen geht, beruhen ihre Perspektiven über das zu untersuchende Feld ebenso wie ihre Handlungsmuster in diesem Bereich auf ihren individuellen Erfahrungen inner- und außerhalb des Interaktionsfeldes, welches das Untersuchungsthema bildet. Gerade wenn Meuser und Nagel selbst den Anspruch vertreten, „die entsprechenden Wissens- und Handlungsstrukturen, Einstellungen und Prinzipien theoretisch zu generalisieren", setzt dies doch zunächst den verstehenden Nachvollzug derselben im Erfahrungskontext des befragten Experten ebenso wie im Artikulationskontext des Interviews voraus. Auch für die Rekonstruktion der Erfahrungen von ExpertInnen bietet sich daher, ebenso wie in anderen Forschungskontexten, die narrative Gesprächsführung an, die zur Erzählung eigenerlebter Erfahrungen zu motivieren versucht und darüber hinaus vor allem die Chance bietet, implizite Wissensbestände aufzudecken, die nicht direkt abgefragt werden können (vgl. Froschauer/Lueger 2002).

Wie ich im Folgenden diskutieren werde, bieten uns Erzählungen eigenerlebter Erfahrungen vor allem die Möglichkeit, *handlungsorientierende* Wissensbestände und Einstellungen sowie deren Genese rekonstruieren zu können. Deshalb plädiere ich auch bei Interviews mit ExpertInnen, die im zu untersuchenden Feld selbst als Handelnde auftreten, und Untersuchungen, bei denen die Fallebene nicht die einzelne Biographie, sondern ein bestimmtes Interaktionsfeld oder ein bestimmter institutioneller Zusammenhang ist, sowohl für eine den Regeln des narrativen Interviews entsprechende Eingangsfrage, die zur Erzählung einer Lebensphase im zu untersuchenden Feld auffordert (s. w. u.), als auch für eine Gesprächsführung, die auch später immer wieder zur Erzählung selbst erlebter Ereignisse einlädt.

5.4 Narratives Interview und narrative Gesprächsführung

5.4.1 Zur Grundidee des narrativen Interviews

Das narrative Interview zielt auf die Hervorlockung und Aufrechterhaltung von längeren Erzählungen oder allgemeiner formuliert zu autonom gestalteten Präsentationen einer bestimmten Thematik – wie einer Ortszusammenlegung oder der Geschichte eines Vereins oder der Lebensgeschichte, die zunächst ohne weitere Interventionen von Seiten der InterviewerInnen produziert werden können. Erst im zweiten Teil des Interviews, dem Nachfrageteil, wird gezielt zu weiteren Erzählungen zu bereits angesprochenen Themen aufgefordert. In der letzten Phase des Interviews wird dann zu Erzählungen betreffend noch nicht erwähnter die ForscherInnen jedoch interessierende Fragen oder Themen motiviert. Die ForscherInnen verzichten entsprechend dem Prinzip der Offenheit konsequent auf eine hypothesengeleitete Datenerhebung und orientieren sich zunächst an den Relevanzen der GesprächspartnerInnen und deren alltagsweltlichen Konstruktionen. Die narrative Gesprächsführung bietet den Interviewten damit einen größtmöglichen Raum zur Selbstgestaltung der Präsentation ihrer Erfahrungen und bei der Entwicklung ihrer Perspektive auf das angesprochene Thema bzw. auf ihre Lebensgeschichte. Des Weiteren zielt das Hervorlocken von Erzählungen auf den möglichen Nachvollzug von Handlungsabläufen ab.

Da Erfahrungen sich am überzeugendsten in Erzählungen, der Textform für die Vermittlung selbst erlebter Ereignisse, darstellen lassen, griff Fritz Schütze (1976; 1977) Anregungen der Erzählforschung und Linguistik – insbesondere von William Labov und Joshua Waletzky (1973) – auf und entwickelte in den 1970er Jahren im Kontext einer Studie über Gemeindezusammenlegungen das Instrument des narrativen Interviews. Er plädiert dafür, bei derartigen Interaktionsfeldstudien die Technik des narrativen Interviews mit dem Ziel eines „ereignisspezifischen Kreuzvergleichs" zwischen den verschiedenen Erzählungen verschiedener Personen zu einem Handlungszu-

es kaum, die Interviewten zu längeren, selbst gesteuerten Passagen zu motivieren. Gelingt es dagegen, die Interviewten zum Erzählen zu motivieren, dann werden die so genannten *Zugzwänge des Erzählens* in Kraft gesetzt, die zum einen dazu führen, dass die Erzählenden mehr erzählen als sie zunächst vor der Erzählung vielleicht beabsichtigen, dass ihnen im Erzählvorgang auch mehr und mehr einfällt, und zum anderen, dass sie ihre Erzählungen aber auch beschränken müssen, um sich nicht völlig in allen möglichen Details zu verfangen. Die Zugzwänge des Erzählens lassen sich nach Schütze unterscheiden in den Zwang zur Gestaltschließung, zur Detaillierung und zur Kondensierung. Beginnen wir eine Geschichte zu erzählen, dann wird von uns erwartet, dass wir sie auch zu Ende erzählen. Damit unsere Erzählung für die ZuhörerInnen nachvollziehbar wird, ist nahe liegend oder erforderlich, dass der „Gesamtzusammenhang mit allen wichtigen Teilzusammenhängen“ von uns auch dargestellt wird (Schütze 1976: 224). Dieser „*Gestaltschließungszwang*“ treibt die Erzählenden dazu, wie es Kallmeyer und Schütze (1977: 188) formulieren, „begonnene kognitive Strukturen“ abzuschließen. Bei unvorbereiteten Stegreiferzählungen führt dies im Unterschied zu Anekdoten meist dazu, dass mehr erzählt wird, als es vom Erzählenden zunächst beabsichtigt war. Des Weiteren bedarf es für Zuhörerinnen, die beim Geschehen nicht anwesend waren, des Erzählens von genügend Details, um die Geschichte auch verstehen bzw. den Handlungsvorgang nachvollziehen zu können. Peter Alheit (1995: 4) beschreibt diesen *Detaillierungszwang* sehr nachvollziehbar: „Um in die ‚Welt‘ des Erzählers versetzt zu werden, braucht der Zuhörer jedoch mehr als das dürftige Gerippe des damaligen Geschehens. Er muss die Szene kennen, die Zeiträume, die durchlaufen wurden. Er muss sich Mitakteure und Kontrahenten vorstellen können. Er muss sich ein ‚Bild‘ machen von der Situation, auf die sich der Erzähler bezieht. Dazu sind Einzelheiten notwendig.“ Bei allen Details bedarf es jedoch einer Beschränkung. Zum einen steht dem Erzählenden nicht unbegrenzt Zeit und die unbegrenzte Aufmerksamkeit der ZuhörerInnen zur Verfügung und zum anderen würde die Sinnhaftigkeit einer Erzählung bedroht, wenn sich der Erzählende in für die Geschichte unwichtigen Details verlieren würde. Aufgrund dieses *Kondensierungszwangs* versucht der oder die Erzählende, das Geschehen auf die für den Nachvollzug der Geschichte wesentlichen Momente zu reduzieren. Was für das Geschehen als relevant erachtet wird und was nicht, steht dabei im Zusammenhang mit dem Relevanzsystem des oder der Erzählenden. Kondensierungen geben damit Hinweise darauf, was ihm oder ihr persönlich wichtig erscheint, und (implizit) auf die Kriterien, nach denen etwas als wichtig oder unwichtig betrachtet wird.

Mit der Einladung zu einer längeren Erzählung zu Beginn des Interviews und mit der Vermeidung von Zwischenfragen bzw. deren Verschiebung auf den Nachfrageteil des Interviews wirken diese Erzählzwänge in narrativen Interviews weit stärker als in Interviews, die stärker durch Fragen des Interviewers strukturiert werden. Darüber hinaus lässt sich bei längeren und ununterbrochenen Erzählungen von selbst erlebten Ereignissen deutlich beobachten, wie die Erzählenden zunehmend in einen Erzählfluss und damit auch Erinnerungsfluss gleiten, während die Erzählungen immer detaillierter und auch leibliche Erinnerungen aktiviert werden. Während die Erzählenden vielleicht am Anfang des Interviews noch überlegen, über welche Bereiche sie sprechen wollen, lässt mit einsetzendem Erzählfluss dieses Bemühen deutlich nach, die zur Sprache kommenden Themen zu beschränken und zu kontrollieren. Im Erinnerungs- und Erzählfluss tauchen zunehmend Eindrücke, Gefühle, Bilder, sinnliche und leibliche Empfindungen und Komponenten der erinnerten Situation auf, die zum Teil nicht in die Gegenwartsperspektive des Erzählenden passen und an die die ErzählerInnen schon lange nicht mehr gedacht haben. Dadurch ergibt sich bei den Erzählungen eine während des Erzählflusses zunehmende Nähe zur Vergangenheit und es zeigen sich ganz andere Sichtweisen als die Gegenwartsperspektive, die in den Argumentationsteilen oder auch in erzählten Anekdoten dominiert und deutlich wird. Mit dem ungehinderten Erzählen und Erinnern geht einher, dass die Erzählenden immer mehr aus der Interaktion mit den Zuhörenden heraustreten und immer mehr „bei sich“ sind. Dies manifestiert sich u. a. in dem nachlassenden Blickkontakt oder auch im plötzlichen Innehalten und Gewahrwerden, was und wem man etwas erzählt. Es fallen dann Bemerkungen wie „Was erzähle ich denn nun alles, interessiert Sie dies überhaupt?“ oder: „Jetzt habe ich ganz vergessen, dass Sie eine Westdeutsche sind.“

Die Chance zu solchen Prozessen wird vertan, wenn InterviewerInnen mit Zwischenfragen den Erinnerungsfluss unterbrechen und damit wieder zu einer Orientierung an ihren Relevanzen auffordern. Mit Detaillierungsfragen, wie „Wann war das?“ oder „Was haben Sie damals gefühlt?“ wird der Erzählende in die Interaktion mit dem Interviewer zurück- und aus dem Erinnerungsvorgang herausgeholt. Er wird aufgefordert, darüber nachzudenken, wann das Erlebte geschehen ist oder was er damals wohl gefühlt haben mag. Während im Erzählvorgang Gefühle oder auch Gedanken wieder gegenwärtig werden können, regen direkte Nachfragen zur Konstruktion aus der Perspektive der Gegenwart an, die sich prinzipiell von der in den vergangenen Situationen unterscheidet. Dies soll nicht bedeuten, dass keine Detaillierungs- oder Klärungsfragen gestellt werden können. Die Empfehlung bei einer narrativen Gesprächsführung lautet nur, dass man diese Art der Fragen zunächst – vor allem während der Haupterzählung – zurückstellt. Wie der Ablauf eines narrativen Interviews idealerweise von dem Interviewer oder

der Interviewerin gestaltet werden kann, soll im Folgenden detaillierter diskutiert werden.

5.4.3 Zur Technik des narrativen Interviews und den Regeln der Gesprächsführung

Wie bereits erwähnt, lässt sich ein narratives Interview in folgende Phasen einteilen:

1. Phase
Die Erzählaufforderung
Die autonom gestaltete Haupterzählung oder Selbstpräsentation

2. Phase
Erzählgenerierendes Nachfragen:
a) internes Nachfragen anhand der in Phase 1 notierten Stichpunkte;
b) externes Nachfragen

Interviewabschluss

Zur Konstruktion der Erzählaufforderung. Die Erzählaufforderungen sind je nach Forschungskontext und je nach Fallebene unterschiedlich – also je nachdem, ob wir an der einzelnen Biographie oder der Geschichte eines Milieus oder einer Organisation interessiert sind. Beginnen wir zunächst mit der geschlossensten Form einer Erzählaufforderung, die sich auf einen bestimmten Zeitabschnitt und einen bestimmten institutionellen Kontext oder eine bestimmte Thematik konzentriert. Würden wir z. B. – ähnlich wie Meuser und Nagel – eine Untersuchung zur Umsetzung von Gleichstellungsplänen an Universitäten mit Hilfe von Interviews mit ExpertInnen – wie z. B. Frauenbeauftragten – durchführen, könnte eine solche Erzählaufforderung wie folgt formuliert werden:

> „Wir sind an Ihren persönlichen Erfahrungen mit der Gleichstellungspolitik an dieser Universität/Fakultät interessiert. Vielleicht können Sie einmal erzählen, wie Sie zum ersten Mal in diesem Bereich tätig wurden und was Sie bis zum heutigen Tage damit erlebt haben."

Bei allen Formen der Erzählaufforderung wird des Weiteren eine Regieanmerkung gegeben, die etwa so lautet:

> „Sie können all die Erlebnisse erzählen, die Ihnen dazu einfallen. Sie können sich dazu so viel Zeit nehmen, wie Sie möchten. Ich werde Sie erst einmal nicht unterbrechen, mir nur einige Notizen machen und später noch darauf zurückkommen."

Entscheidend bei dieser Art der Erzählaufforderung ist es, dass wir einen zeitlichen Anfangspunkt für das Erzählte vorgeben und zur Erzählung des danach folgenden Ablaufs des Geschehens auffordern. Mit dieser temporalen Strukturierung, die bei der Aufforderung zur Erzählung der Lebensgeschichte implizit gegeben ist, helfen wir den Interviewten, in einen Fluss des Erinnerns zu gelangen. Er oder sie kann sich damit am zeitlichen Ablauf orientieren und muss sich nicht lange überlegen, welche Situationen erwähnenswert sind und welche nicht.

Da Erzählungen im Verlauf zunehmend detaillierter werden, sollte der vorgeschlagene Beginn sorgfältig geplant werden. Im genannten Beispiel wäre zu überlegen, ob dieser nicht weit früher liegen und auch offener formuliert werden könnte, z.B.: ... wie Sie zum ersten Mal von der Gleichstellung gehört haben, wie sie dann selbst in diesem Bereich aktiv wurden und ..."

Eine ähnlich eingeschränkte Erzählaufforderung ist in Kurzinterviews möglich, die zu bestimmten Themenbereichen sinnvoll oder erforderlich sein können. So führten StudentInnen eines von mir angebotenen Seminars im Herbst 2001 Interviews mit arabischen Frauen und Männern zum Erleben des 11. September. Die Erzählaufforderung lautete – hier zitiert aus einem der Interviews – wie folgt:

> „Wir sind eine Gruppe von Studierenden, die im Rahmen eines Seminars Interviews zum Erleben des 11. September durchführen. Wir interessieren uns für die ganz persönlichen Erlebnisse der Menschen im Zusammenhang mit den Angriffen auf New York, welche Erfahrungen sie damit gemacht haben. Wir haben uns das so vorgestellt, dass Sie erst einmal von der Situation erzählen, als Sie zum ersten Mal davon erfahren haben, was Sie da und in der folgenden Zeit erlebt haben und das so im Zeitraum bis heute, welche Erfahrungen sie da konkret, ja welche konkreten Erfahrungen Sie da halt gemacht haben."

In einem *biographisch-narrativen Interview* (d.h. einem Interview zu einem biographisch relevanten Themenbereich und der Fallebene der einzelnen Biographie) lässt man sich meist die gesamte Lebensgeschichte erzählen (vgl. Kap. 6.1). Die Erzählaufforderung kann dabei wie folgt formuliert werden:

> „Ich möchte Sie bitten, mir Ihre (Familien- und Ihre) Lebensgeschichte zu erzählen, all die Erlebnisse, die Ihnen einfallen. Sie können sich dazu so viel Zeit nehmen, wie Sie möchten. Ich werde Sie erst einmal nicht unterbrechen, mir nur einige Notizen machen und später noch darauf zurückkommen. Sollten wir heute nicht genügend Zeit haben, dann können wir auch gerne noch ein zweites Gespräch führen."

Hierbei handelt es sich um die offenste Form der Aufforderung zur Erzählung der Lebensgeschichte, die jede Themenbeschränkung vermeidet. Eine etwas geschlossenere Form der Erzählaufforderung verknüpft die Aufforderung zur Erzählung der Lebensgeschichte mit einem thematischen Schwerpunkt. Sie lautet in etwa:

> „Wir sind an der Lebensgeschichte von Menschen interessiert, die als Flüchtlinge nach Deutschland kamen (oder: die an einer chronischen Krankheit leiden). Ich möchte Sie bitten, mir Ihre Lebensgeschichte zu erzählen, also nicht nur von Ihrer Flucht (nicht nur über Ihre Krankheit), sondern über Ihre gesamte Lebensgeschichte. … (Regieanmerkung)"

Diese Erzählaufforderung eignet sich vor allem für Forschungskontexte, in denen wir aufgefordert sind, unser spezifisches Forschungsinteresse zu bekunden, und es nicht genügt, einfach nur auf unser Interesse an Lebensgeschichten hinzuweisen. Doch meist geschieht dies bereits bei der Kontaktaufnahme und muss zu Beginn des Interviews nicht unbedingt wiederholt werden. Im Gegenteil gilt es in manchen Kontexten, z. B. in Interviews mit Verfolgten und mit MigrantInnen, zu betonen, dass wir an der gesamten Lebensgeschichte interessiert sind. Menschen, die verfolgt und traumatisiert wurden, neigen dazu, ihre Biographie auf die Verfolgungszeit zu beschränken (vgl. Rosenthal 1995: 120 ff.) und MigrantInnen beginnen ihre Erzählungen häufig mit der Migration (vgl. Benecker 2002). Bei traumatisierten Menschen würden wir zudem die ihr Leben belastende Reduktion ihres Lebens auf das Verfolgtsein weiter verstärken, wenn wir uns von den anderen Lebensphasen nicht auch erzählen ließen.

Ist nun bei bestimmten Personengruppen bzw. bei biographisch nicht allzu relevanten Themen zu befürchten, dass diese Themen bei einer ganz offenen Erzählaufforderung nicht angesprochen werden, können wir mit dem zusätzlichen Hinweis auf unsere spezielle Thematik sicherstellen, dass die ErzählerInnen darauf eingehen. Dennoch lassen wir mit dieser Form der Erzählaufforderung, im Unterschied zur Aufforderung, z. B. nur die Berufsbiographie oder nur die Krankheitsgeschichte zu erzählen, immer noch genügend Raum zur Erzählung anderer biographischer Stränge. Die darauf antwortende Erzählung könnte verdeutlichen, welchen Stellenwert der Beruf (oder die Krankheit) im Leben der Biographen einnimmt, an welchen Stellen sie ihn (sie) mit anderen biographischen Strängen verknüpfen und wo sie versuchen, lebensgeschichtlich den Beginn z. B. ihrer Berufslaufbahn oder Krankheit zu lokalisieren. Dennoch gibt es Gründe, wenn möglich, auch hier die offenste Form zu wählen. So sind gerade Lebenserzählungen von chronisch Kranken, die zunächst nicht direkt auf ihre Krankheit angesprochen wurden und die diese Krankheit in ihrer Haupterzählung nicht thematisierten, von theoretischem Interesse. Dies kann u. a. Ausdruck dessen sein, dass sie ihre Krankheit nicht in die Biographie integrieren. Diese Problematik zeigte sich auch in Interviews mit chronisch Kranken, die auf das Forschungsthema „Lebensgeschichten von chronisch Kranken“[5] hingewiesen wurden. Einige reagierten darauf mit der Frage: „Über was soll ich nun erzählen, über meine Krankheit oder über meine Lebensgeschichte?“

Haupterzählung oder autonom strukturierte Selbstpräsentation.[6] Die auf die Erzählaufforderung folgende Phase wird nicht durch Detaillierungsfragen unterbrochen, sondern sie wird nur durch parasprachliche Bekundungen wie „mhm“ oder, bei Stockungen in der Erzählung, durch motivierende Aufforderungen zum Weitererzählen wie „Und wie ging es dann weiter?“, durch Blickkontakt und andere leibliche Aufmerksamkeitsbekundungen unterstützt. Nach der Aufforderung, über ein bestimmtes Thema oder die Lebensgeschichte zu erzählen, wird also nicht versucht, die Darstellung des Befragten durch weitere Interventionen zu steuern. Vielmehr gilt es, den Interviewten Raum zur Gestaltentwicklung zu geben – es ihnen zu überlassen, wie und mit welchen Themen sie sich präsentieren bzw. wie sie auf eine thematisch fokussierte Erzählaufforderung reagieren. Ganz unabhängig von der spezifischen Forschungsfrage und den die SozialforscherIn interessierenden Themen wird die Regie bei der Gestaltung in dieser Phase des Interviews den Befragten selbst überlassen. Die zweite Phase des Interviews eröffnet noch genügend Gelegenheit zu Fragen, die darauf Bezug nehmen. Folgen wir der Annahme, dass einzelne Sequenzen einer Präsentation, ob diese Sequenz nun die Erzählung einer Geschichte oder eine argumentative Sequenz ist, in

---

5 Die Interviews wurden im Rahmen eines von mir geleiteten Seminars im Sommersemester 2004 mit Frauen und Männern geführt, die nach ihrer Selbstdefinition an einer chronischen Krankheit leiden.

6 Es ist auch durchaus möglich, dass die auf die Eingangsfrage folgende Sequenz verhältnismäßig knapp ist und erst später im Interview eine längere Erzählung folgt. Ebenso kann in dieser Phase des Interviews in erster Linie die Argumentation oder Beschreibung als Darstellungsform gewählt werden. In diesen Fällen kann von autonom strukturierter Präsentation gesprochen werden.

ihrer manifesten und latenten Bedeutung für den Sprechenden durch ihre Verweisungen auf das sie umgebende thematische Feld (vgl. Kap. 6.2) erfasst werden können, müssen wir die Möglichkeit zur Gestaltung dieses Feldes geben. Die Bedeutung einzelner präsentierter Erlebnisse wird im *Wie* ihrer Positionierung rekonstruierbar. Durch Zwischenfragen würde die Darstellung der Erzählenden vom Interviewer und seinen Relevanzen mitstrukturiert und damit die Chance vergeben, zu sehen, ob, wie und an welchen Stellen die Interviewten von sich aus bestimmte Erlebnisse, Themen oder Details einführen.

Zu den Notizen. Während dieser vom Interviewten autonom gestalteten Präsentation, die in nur wenigen Minuten oder aber auch in mehreren Stunden erfolgen kann, hören wir aufmerksam zu und machen uns knappe Notizen (meist nur in Stichworten) zu den angesprochenen Erlebnissen und Themen. Damit entwickeln wir einen fallspezifischen, am Erleben und den Relevanzen des Interviewten orientierten Leitfaden für den Nachfrageteil des Interviews. Eine wichtige Hilfe für die Formulierung für spätere erzählgenerierende Fragen ist, dass die Notizen in der Sprache des Interviewten und nicht in unserer Sprache oder gar bereits vermischt mit Interpretationen vorgenommen werden. Erwähnt eine Interviewte z. B. zu Beginn ihrer Präsentation: „Ich hatte keine Geschwister", wird dies auch so notiert und nicht übersetzt in „Einzelkind" oder gar in eine mit einer Interpretation verbundene Frage, wie „Fühlte sie sich einsam?".

Notizen für spätere Fragen sind bei langen Zuhörsequenzen unbedingt vonnöten, da man sich beim aufmerksamen Zuhören weniger auf Erlebnisinhalte als auf ihre Bedeutung und die in der Gegenwart des Erzählens wieder aktualisierten Gefühle konzentriert. Versuche ich emotional nachzuvollziehen, was mir gerade erzählt wird, bin ich in einer völlig anderen Aufmerksamkeitshaltung als wenn ich versuche, das Angesprochene zu memorieren. So vergisst man im Laufe des Gesprächs Vieles, was für die Klärung seiner Bedeutung noch nachgefragt werden müsste. Außerdem lassen wir uns beim nachvollziehenden Zuhören auch auf die Abwehr unserer Interviewten ein und übersehen damit die Relevanz von manchem nur am Rande Erwähnten. Und so geschieht es nicht allzu selten, dass mir erst nach einem Interview auffällt, dass ich zu entscheidenden Details der Biographie keine Nachfrage gestellt habe. Auch deshalb ist es von großem Vorteil, wenn wir die Gelegenheit zu einem weiteren Gespräch haben. Im Interview jedenfalls helfen uns hierfür in erheblichem Maße unsere Notizen. Auch bei einer nur wenige Minuten dauernden Selbstpräsentation in der Form eines gerafften Berichtes sind sie für den Nachfrageteil wichtig. Wir können all die angesprochenen

Daten oder Ereignisse nochmals in der Reihenfolge der Darstellung aufgreifen und den Interviewpartner erneut zu Erzählungen auffordern.

Erzählgenerierende Nachfragen. Der Nachfrageteil des narrativen Interviews ist von erheblicher, aber häufig unterschätzter Bedeutung. Zum einen vermitteln wir den Interviewten damit unser Interesse und unterstützen sie bei weiteren, auch für sie bedeutsamen Klärungen des bereits Erwähnten.[7] Zum anderen sind bei der Auswertung die Ausführungen zu Nachfragen häufig notwendig, um Hypothesen zu Sequenzen der Haupterzählung bestätigen, widerlegen oder auch erweitern zu können.

Signalisieren die Interviewten, dass sie mit ihren Ausführungen zunächst am Ende sind – typischerweise, wenn sie mit ihrer Erzählung in der Gegenwart angelangt sind –, wird die zweite Phase des Interviews eingeleitet, zunächst mit erzählinternen Nachfragen zu bereits Angesprochenem. An dieser Stelle des Gesprächs bedanke ich mich zunächst für die bisherigen Ausführungen und erläutere den weiteren Fortgang des Interviews ungefähr wie folgt:

> „Ich habe mir, wie Sie ja gesehen haben, einige Notizen gemacht, zu denen ich noch gerne Fragen stellen möchte. Wenn es Ihnen recht ist, dann möchte ich ganz vorne, d. h. mit meiner ersten Notiz beginnen. So habe ich mir notiert, dass Sie erwähnten … Können Sie darüber noch etwas detaillierter erzählen?"

Entsprechend der Reihenfolge unserer während der Haupterzählung notierten Stichpunkte gehen wir nun auch im Nachfrageteil vor und orientieren uns damit in gewisser Weise wieder an dem vom Interviewten gestalteten thematischen Aufbau. Dies hat vor allem den Vorteil, dass ErzählerInnen sich oft mit der Beantwortung einer Frage wieder in die sequenzielle Gestalt ihrer Haupterzählung begeben und sich damit meist Fragen zu einigen weiteren Notizen erübrigen. Zunächst beschränken wir uns auf Fragen zu bereits Erwähntem. Wir verstehen diese von den Befragten eingeführten Themen bzw. biographischen Erlebnisse als eine Einladung zu Vertiefungsfragen und zensieren dabei nicht, ob es vielleicht zu peinlich oder zu schwierig sei, diese oder jene Stelle nochmals zu thematisieren. Handelt es sich dabei um schwierige Lebensbereiche, stellen wir unsere Fragen meistens im Konjunktiv wie: „Vielleicht könnten Sie über … noch etwas genauer erzählen?" oder „Darf ich Sie nach dieser Zeit, in der Sie …, fragen?"

---

7 Zu den unterstützenden bis eventuell heilenden Wirkungen der narrativen Gesprächsführung vgl. Rosenthal (2002 c).

müssen beim Zuhören auf die Vagheiten, Inkonsistenzen und Lücken achten, d.h. sensibel dafür sein, an welcher Stelle mit Vertiefungsfragen ein weiteres Verständnis abgesichert werden muss. Es bedarf einer Interviewführung, bei der Verstehen immer wieder überprüft wird und bei der durch Fragen bereits eine erste Hypothesenüberprüfung (am konkreten Einzelfall) vorgenommen wird. Dabei geht es mir nicht nur um den manifesten Gehalt von Aussagen, sondern gerade auch um Bedeutungen, die den Interviewten selbst nicht zugänglich sind. Um diese latenten Bedeutungen zu erfassen, bedarf es einer kompetenten Interviewführung, die durch erzählgenerierende Fragen, aber auch durch daran anschließende Vertiefungs- und Detaillierungsfragen Einblick in die Handlungs- und Deutungsstrukturen unserer GesprächspartnerInnen gibt. Dies erfordert, dass wir während der Gesprächsführung zunächst unsere Forschungsfrage einklammern und uns erst einmal unabhängig von ihr auf die Lebenserzählung einlassen, bevor wir Fragen stellen, die gezielt an unserem eigenen Relevanzsystem orientiert sind. Dazu ist es auch notwendig, sich nicht mit dem Nennen von Ereignissen oder Fakten zufrieden zu geben, sondern zu versuchen, mit Erzählaufforderungen Einblick in die damaligen Situationen und die Handlungsabläufe zu erhalten. Eine weitere Regel ist, schwierige Lebensbereiche und Erlebnisse nicht zu übergehen, die von den BiographInnen selbst in das Gespräch eingeführt und uns damit zum Nachfragen angeboten werden. Gehen wir auf schwierige und traumatische Erfahrungen nicht ein, die der Interviewte angedeutet hat, sondern ignorieren diese vielmehr, indem wir keine Fragen dazu stellen, geben wir damit unseren Gesprächspartnern das Gefühl, dass sie uns mit solchen Erlebnissen belasten, dass uns dies unangenehm ist und dass sie besser darüber schweigen sollen. Gerade bei traumatischen Erlebnissen kann das Abblocken eines Gesprächs zu einer Verstärkung der Traumatisierung bzw. zu einer sekundären Traumatisierung führen. Damit wird auch deutlich, wie das Gebot, man solle nicht intervenieren, leicht im Sinne einer schlechten Intervention umgesetzt werden kann. Würden wir dieses Gebot konsequent vertreten, dürften wir überhaupt keine Gespräche führen, da sowohl das Fragen als auch das Nicht-Fragen Einfluss auf den Interviewpartner hat.

5.5.2 Empirisches Beispiel: Welche Bedeutung hat der Tod der Mutter für unterschiedliche Forschungsfragen?

Anhand eines Beispiels aus einem Interview sollen im Folgenden die Möglichkeiten eines sorgfältigen Eingehens auf eine Befragte verdeutlicht werden. Dieses Interview mit einer 1921 geborenen Frau aus Ostdeutschland wurde von Bettina Völter und mir im Kontext unserer Untersuchung zu Drei-Generationen-Familien (Rosenthal 1997a) geführt. Frau Liebig, wie wir sie nennen, wurde 1949 geschieden. Gedankenexperimentell gehen wir einmal davon aus, wir hätten dieses Interview im Kontext einer Untersuchung über Scheidungsverläufe geführt. Ein weiterer Forschungskontext, in dem man dieses Interview verwenden könnte, wäre das Kriegserleben im Zweiten Weltkrieg. Ganz unabhängig von diesen beiden Forschungskontexten würde ich jedoch a) mit einer offenen biographisch-narrativen Erzählaufforderung das Interview führen, b) beim erzählinternen Nachfrageteil meine Forschungsfrage einklammern und auf alle von Frau Liebig genannten Themenbereiche und biographischen Erlebnisse eingehen. Erst der erzählexterne Nachfrageteil könnte noch andere gezielte Fragen im Zusammenhang mit meiner Forschungsfrage enthalten, die nicht von der Befragten selbst thematisiert wurden.

Elisabeth Liebig wurde von uns aufgefordert, ihre Familien- und Lebensgeschichte zu erzählen. Sie beginnt ihre Lebenserzählung wie folgt: „Nichts ist so, wie man sich's vorgestellt hat. Alles ist anders gekommen. Die große Jugendliebe mit 15 den Mann kennen gelernt, mit achtzehn verlobt und mit zwanzig geheiratet und mit 21 kam mein Sohn ((lachend)) das war denn schon das Jahr 42, als dann, schon Krieg war ...“ Danach spricht sie über ihre Ehe und ihr Leben während der Kriegsjahre, die Nachkriegszeit, die Rückkehr des Mannes aus der Kriegsgefangenschaft, ihre Probleme mit ihrem Mann, die Scheidung, ihre darauf folgende eigene Berufskarriere und spannt dann den Bogen bis in die Gegenwart. Nach ca. 15 Minuten beendet sie diese selbststrukturierte Präsentation und holt den Interviewerinnen erstmal Kaffee aus der Küche.

Wie kann es nun im Gespräch weitergehen? Bei den genannten Fragestellungen könnten wir nun einwenden, dass sowohl Interviewerinnen im Forschungskontext Scheidungsverläufe und auch jene mit der Thematik Kriegserleben ganz zufrieden mit dieser Eingangserzählung sein könnten und nun mit Vertiefungsfragen beginnen und entsprechend ihrer Fragestellung mit erzählexternen Fragen zum Scheidungsverlauf oder zum Kriegserleben fortfahren könnten. Bei der Interpretation dieser Haupterzählung oder biographischen Selbstpräsentation müssten wir uns allerdings fragen, weshalb Frau Liebig mit der großen Jugendliebe beginnt und weshalb sie die gesamte Lebenszeit davor gar nicht erwähnt. Hier lassen sich zunächst verschiedene Hypothesen formulieren, wie z.B.: Die Ehe und die Scheidung sind biographisch so relevant, dass sie in der biographischen Selbstpräsentation andere Themen in den Hintergrund drängen. Eine weitere mögliche Hypothese ist, dass die Lebenszeit vor dem Kennenlernen ihres Ehepartners der Erzählerin peinlich oder unangenehm ist. Würde im weiteren Interviewverlauf jedoch auf die Zeit vor dem 15. Lebensjahr nicht wieder eingegangen, könnten wir diese

Hypothesen kaum überprüfen. Am Text ließe sich gerade mal belegen, dass die von Frau Liebig als „gescheitert“ erlebte Ehe zentral für ihre Biographie war und ist. Doch ob diese hohe biographische Relevanz der gescheiterten Ehe bis hin zur Bedeutung der Jugendliebe im Alter von 15 etwas mit der Vorgeschichte zu tun hat oder ob es da Bereiche gibt, die ihr unangenehm sind und vielleicht für die Fallstruktur bestimmender sind als die gescheiterte Ehe, könnte nicht überprüft werden.

Um es vorwegzunehmen, die Bedeutung der Lebensgeschichte bis zum 15. Lebensjahr wird erst nach vier weiteren Interviewfragen deutlich. Zunächst, also nach der Kaffeepause, fragt eine der beiden Interviewerinnen Frau Liebig, ob sie auch noch etwas auf ihre Familiengeschichte eingehen könnte. Der darauf folgende Text mit Berichten über die Großeltern und vielen Beschreibungen zur Familiengeschichte ist bereits länger als die Eingangspräsentation. Diese zweite Haupterzählung enthält auch ein wichtiges biographisches Datum. Frau Liebig vermerkt gleich zu Beginn dieses Abschnittes, dass ihre Mutter an Multipler Sklerose litt, mehrere Selbsttötungsversuche unternahm, bis schließlich der letzte ihren Tod herbeiführte: „1933 ist ihr das gelungen, da war ich 12 Jahre alt.“ Die Erzählerin führt ohne Innehalten fort: „aber meine Ferien hab ich oft unten bei der Tante verbracht“, und beschreibt des Weiteren (13 Zeilen) ihre schönen Ferien bei der Tante. Anhand dieser Sequenz lassen sich nun mehrere Hypothesen formulieren. So können wir u. a. annehmen, dass Frau Liebig die emotionale Bedeutung des Suizids ihrer Mutter nicht nur in der Gegenwart des Interviews, sondern bereits als zwölfjähriges Mädchen abwehren musste, weil dieses Erlebnis für sie viel zu belastend und zu bedrohlich war. Wir können allerdings die heutige und damalige Bedeutung dieses Ereignisses keineswegs aus dieser Sequenz entschlüsseln. Zwar ist anzunehmen, dass die Selbsttötung einer Mutter bei einem zwölfjährigen Mädchen ein einschneidendes Erlebnis mit erheblichen Folgen für die weitere Biographie ist und Einfluss auf weitere Beziehungen haben wird, wie auch auf das spätere Erleben von Trennungen oder Scheidungen. Wie sich dieses biographische Ereignis jedoch auf das Leben von Frau Liebig auswirkte, lässt sich auf der Grundlage des bisherigen Textes nur mutmaßen. Das Studium einschlägiger Literatur zu den Folgen des Todes eines Elternteils in der Frühadoleszenz (vgl. Bowlby 1980) könnte uns den Hinweis geben, dass es bei den Folgen sehr auf die genauen Umstände des Todes, auf die Beziehung zur Mutter sowie auf die Familienkonstellation nach dem Tod der Mutter ankommt. Doch darüber wissen wir bisher noch nichts. Die LeserInnen mögen nun einwenden, dass dieses Wissen für die Interpretation des Erlebens der Scheidung und ihres Verlaufs womöglich hilfreich sein könnte, eine Interviewführung bei dieser Thematik auch generell auf Trennungs- und Verlusterfahrungen einzugehen habe, dieses Wissen jedoch für die Rekonstruktion des Kriegserlebens irrelevant sei.

Im Interview mit Frau Liebig orientierte sich die nächste Frage jedoch an der Regel, die Forschungsfrage zunächst einzuklammern und sich erst einmal auf die Lebenserzählung einzulassen und zu versuchen, die Geschichte der Befragten zu verstehen. Dazu ist es notwendig, sich nicht mit dem Nennen von Ereignissen wie die „Selbsttötung der Mutter im Jahre 1933" zufrieden zu geben, sondern zu versuchen, mit Erzählaufforderungen Einblick in die damaligen Situationen und Handlungsabläufe zu erhalten. Des Weiteren gilt es für eine kompetente, die Befragten unterstützende Gesprächsführung, schwierige, von den Interviewten in das Gespräch eingeführte Lebensbereiche nicht zu übergehen. Die Frage in diesem Interview lautete: „Vielleicht können Sie noch ein bisschen über ihre Mutter erzählen, was da für Situationen noch so in Erinnerung sind." Frau Liebig bleibt noch im Berichtstil und zählt einzelne biographische Details zu ihrer Mutter auf: dass sie ihren ersten Mann im Ersten Weltkrieg verloren habe, ein Kind aus dieser Ehe hatte, das ganz jung starb, 1919 dann den Vater kennen lernte und danach an MS erkrankte. Frau Liebig geht wieder auf die wiederholten Suizidversuche ihrer Mutter ein, berichtet, dass ihre Mutter einmal versucht habe, sich zu erhängen, die Polizei und die Feuerwehr zu Hause waren. Ein weiteres Mal habe der Vater einen Versuch verhindern können. Nach diesem Bericht wird Frau Liebig zur Krankheit ihrer Mutter gefragt. Es folgt jetzt – nach ca. einer halben Stunde Interview – die erste Erzählung einer Geschichte. Frau Liebig erzählt über ihre Einschulung ins Lyzeum, zu der sie allein gehen musste, weil die Mutter nur noch schlecht laufen konnte. Die Interviewerin geht daraufhin auf die Suizidversuche der Mutter ein und fragt: „Können Sie sich noch an einen dieser Selbstmordversuche erinnern?"

Bevor ich die Antwort von Frau Liebig berichte, möchte ich an dieser Stelle auf den möglichen und immer wieder formulierten Einwand eingehen, dass eine derartige Frage viel zu sehr auf einem traumatischen Bereich insistiere, wir nicht wissen können, was wir mit einer solchen Frage auslösen und die Erzählerin vielleicht in eine Krise bringen. Dazu ist zu vermerken, dass die Selbsttötungsversuche von Frau Liebig selbst als Thema wiederholt ins Gespräch eingeführt wurden. Gehen wir solchen Hinweisen auf belastende Erlebnisse in einem Gespräch nicht nach, sondern ignorieren sie vielmehr, indem wir keine weiteren Fragen dazu stellen, geben wir unseren GesprächspartnerInnen das Gefühl, dass sie uns mit diesen Hinweisen belasten, diese uns unangenehm sind und sie besser darüber schweigen sollten.

Frau Liebig reagiert nun auf die Frage mit einer ausführlichen Erzählung (30 Zeilen im Transkript) über jenen Tag, als ihre Mutter starb. Diese Erzählung ist weit detaillierter als die erste im Zusammenhang der Frage nach der

Krankheit der Mutter. Diese Textstruktur verdeutlicht die Erzählbereitschaft oder den Erzählbedarf der Biographin zu diesem Thema. Der Inhalt der Geschichte verweist auf eine sehr schwierige biographische Konstellation. Es war im Frühjahr 1933 und Frau Liebig erzählt, sie sei an jenem Tag „verspätet nach Hause gekommen", weil sie nach der Schule noch mit einer Freundin ins Kino gegangen sei. Sie habe gleich das Gas gerochen und die Mutter tot in der Küche aufgefunden. Sie habe den Gashahn zugedreht und ihren Vater von der Arbeit geholt. Die Textstelle verdeutlicht, dass Frau Liebig sich auf der manifesten Ebene als kompetentes Mädchen präsentiert. Auf der latenten Ebene wird dagegen ein abgewehrtes Schuldgefühl deutlich. Das zwölfjährige Mädchen fühlte sich schuldig am Tod der Mutter, weil es nicht rechtzeitig aus der Schule kam. Des Weiteren verdeutlicht die feinanalytische Auswertung dieser Textstelle, dass sich das Mädchen nach dem Tod der Mutter schuldig dafür fühlte, eine distanzierte Beziehung zur Mutter gehabt zu haben. Auffallend an dieser Erzählung ist, dass die Erzählerin ohne emotionale Beteiligung über dieses Erlebnis spricht. Die darauf folgende Interviewsequenz lässt vermuten, dass Frau Liebig bereits als zwölfjähriges Kind den Suizid ihrer Mutter anscheinend damit verarbeitete, indem sie ihre Gefühle abspaltete. Auf die Bemerkung – gemäß der Technik des aktiven Zuhörens – von Seiten der Interviewerin, dass es für Frau Liebig sehr schwer gewesen sein muss, als kleines Mädchen die Mutter tot aufzufinden, folgt die Antwort: „Na ja bloß, also einmal hab ich mehr an meinem Vater gehangen, das weiß ich *hinterher* und diese ganze Misere zuhause is ja alles sowieso nich schön ja und ich bin mit neun Jahren in den Turnverein." Ging die Erzählerin in einer früheren Sequenz unmittelbar nach dem Sprechen über den Suizid der Mutter auf die Ferien bei der Tante ein, leitet sie nun ebenso umstandslos zum Turnverein über. Die biographische Relevanz des Turnvereins wird im Gesamttext des Interviews und vor allem im Zusammenhang mit ihrem Ehemann sehr deutlich. Als sie mit 15 Jahren ihre große Jugendliebe, ihren späteren Mann, kennen lernte, war dieser ebenfalls begeisterter Sportler und Teilnehmer der Olympischen Spiele. Darüber hinaus versuchte auch er, ebenso wie Frau Liebig, Gefühle des Verlassenwordenseins durch sportliche Aktivitäten im Kontext einer Vereinsgemeinschaft biographisch zu bearbeiten. Die Auswertung des gesamten Interviews verdeutlichte, dass diese Biographin den Verlust der Mutter und ihre unbewussten Schuldgefühle stellvertretend am Thema ihrer gescheiterten Ehe bearbeitet. Dies zeigt sich u. a. daran, dass sie in ihrer biographischen Haupterzählung einen ausführlichen Argumentationsteil über die Gründe für ihre Scheidung einfügt.

Immer noch mag sich die Leserin fragen, wozu man diese Interpretationen über die Bedeutung des Suizids der Mutter benötigte, wenn dieses Interview im Kontext einer Forschung zum Kriegserleben durchgeführt worden wäre. Zunächst ganz allgemein formuliert: Bevor wir im Interview nicht verstanden haben, welche Bedeutung eine Aussage oder ein biographisches Erlebnis in diesem konkreten Einzelfall haben kann, können wir auch nicht darüber urteilen, ob diese Aussage oder dieses Erlebnis in irgendeinem Zusammenhang mit unserer Fragestellung steht. Wir können diesen Zusammenhang nur losgelöst vom konkreten Fall konstruieren und stehen damit in der Gefahr, den Text unter dem Gesichtspunkt möglicher Zusammenhänge oder möglicher getrennter Lebensbereiche zu interpretieren und die im konkreten Einzelfall miteinander interagierenden Lebensbereiche – und somit auch die Fallstruktur – zu verfehlen. Die grundsätzliche Forderung an eine rekonstruktive Auswertung ist jedoch, mögliche Zusammenhänge zwischen zwei Komponenten – wie Kriegserleben und Suizid der Mutter – am konkreten Einzelfall zu erschließen. Die Auswertung des Interviews mit Frau Liebig zeigte, dass sie in allen schweren Lebenslagen, so auch in den Kriegsjahren, ihre Gefühle abwehrt und dass Sport und Arbeit im Kontext einer Gemeinschaft für sie biographische Strategien sind, um mit ihrem Gefühl, allein gelassen worden zu sein, und ihrer abgewehrten Trauer darüber besser leben zu können.

Wie wenig ihr selbst die Bedeutung des Verlusts der Mutter bewusst ist und wie sie dies stellvertretend mit dem Thema Kriegserleben und vor allem dem der gescheiterten Ehe bearbeitet, wird u. a. deutlich bei der Antwort auf eine abschließende Frage im Interview: „Wenn Sie auf Ihr Leben zurückschauen, was würden Sie denn da sagen warn die *schlimmsten* und *schwierigsten* Zeiten für Sie?" Frau Liebig antwortet, dies seien die Kriegsjahre gewesen, und führt weiter aus: „**Zu schaffen** jemacht hat mir **wirklich** die, **jescheiterte Ehe** und dass ich an=un=für=sich mein Mann **so jeliebt** habe dass ich jahrlin- jahrelang nich davon **losjekommen** bin,/ nich also, det wirklich. bald **zwanzich Jahre** jedauert hat bis ich die **Scheidung überwunden habe ooch, ooch** innerlich, nech das is natürlich **nich schön**."[9]

Auf der Ebene der bewussten Selbstinterpretation sehen wir, dass für diese Biographin die gescheiterte Ehe und die Kriegsjahre zentrale und belastende Phasen sind. Dies zeigt sich bereits in ihrer Eingangserzählung. Hätten die Interviewerinnen keine Frage über die Zeit vor der Ehe gestellt, hätten sie vermutlich auch bei der Auswertung die latente Struktur dieses Falles verfehlt, d. h. dass die Umstände des Todes ihrer Mutter für die Biographin biographisch sehr entscheidend waren, ihre frühe Partnerwahl und das Erleben der Scheidung mitbestimmten, und die von ihr in diesem Zusammenhang erworbenen biographischen Strategien zur Abspaltung von Gefühlen auch in anderen Lebensbereichen überaus wirksam waren. Vermutlich hätten die In-

9 Zu den Transkriptionszeichen vgl. Kap. 3.2.3.

lotte und Karl Bühler am Psychologischen Institut der Universität Wien. Auf der Basis von empirischen Studien zu Kindheit und Jugend forderte Charlotte Bühler (1933) in ihrem bekannten Werk „Der menschliche Lebenslauf als psychologisches Problem“ die Analyse einzelner Handlungen im Gesamtrahmen der jeweiligen Lebensphase und vor allem eine Ausweitung der Entwicklungspsychologie auf die gesamte Lebensspanne. Sie schreibt: „Vielmehr erschien mir unbedingt erforderlich, aus dem Ganzen und vor allem vom Ende des menschlichen Lebenslaufs her zu erfassen, was Menschen eigentlich letztlich im Leben wollen, wie ihre Ziele bis zu diesem Letzten gestaffelt sind.“ (Bühler 1933, S. VII)

Als Beginn der soziologischen Biographieforschung wird die Migrationsstudie „The Polish Peasant in Europe and America“ von William Isaac Thomas und Florian Znaniecki (1918–1920) an der University of Chicago angesehen. Neben Dokumentenanalysen zum Migrationsprozess enthält das voluminöse Werk nur *eine* – auf Bestellung der Autoren geschriebene – Biographie eines polnischen Migranten. Die beiden Autoren waren, wie sie selbst schreiben, „sicher, dass persönliche Lebensberichte – so vollständig wie möglich – den perfekten Typ von soziologischem Material darstellen“ (Thomas/Znaniecki 1958, II 1832 f.). Nach ihrer Ansicht ermöglichen autobiographische Quellen den Zugang zu den subjektiven Erfahrungen und Einstellungen, und sie erreichen, wie sie schreiben, „die volle lebendige und aktive soziale Wirklichkeit unterhalb der formalen Organisation der sozialen Institutionen oder hinter den statistisch tabellierten Massenphänomenen“ (ebenda: 1835). Inspiriert durch diese Studie blühte in den 1920er Jahren in Chicago am dortigen soziologischen Department dank der Initiative von Ernest W. Burgess und Robert E. Park die biographische Methode auf (vgl. Kap. 1.3). Dabei wurden nicht nur die Vorteile der biographischen Fallstudie für die Erfassung der subjektiven Perspektive und des sozialen Handelns von Mitgliedern unterschiedlicher Milieus und von deren Entstehungsgeschichte, sondern auch bei der Rekonstruktion sozialer Lebenswelten überhaupt und deren Nützlichkeit für Anregungen für die soziale Praxis erkannt.

Die in der Soziologie ab den 1970er Jahren einsetzende Rückbesinnung auf die Arbeiten der Chicago School führte zu einem regelrechten Boom der interpretativen Biographieforschung – vor allem in der deutschsprachigen, aber auch der internationalen Soziologie. Der erste Sammelband zur Biographieforschung wurde unter dem Titel „Soziologie des Lebenslaufs“ 1978 von Martin Kohli herausgegeben. 1981 publizierte der französische Soziologe Daniel Bertaux den Reader „Biography and Society“ und Joachim Matthes, Arno Pfeifenberger und Manfred Stosberg gaben einen Tagungsband zum Thema „Biographie in handlungswissenschaftlicher Perspektive“ heraus. 1984 folgte, herausgegeben von Martin Kohli und Günter Robert, ein weiterer Band mit dem Titel „Biographie und soziale Wirklichkeit." Im selben Jahr publizierte Werner Fuchs seine Einführung in die Biographieforschung, die in überarbeiteter Fassung 2000 erschien.

Martin Kohli trug mit seinen programmatischen und empirischen Schriften wesentlich zur Institutionalisierung der Biographieforschung in der deutschen Soziologie bei (vgl. Kohli 1985 sowie Fischer/Kohli 1987). Mittlerweile erstreckt sich die Biographieforschung auf viele Bereiche der Soziologie. Einige Beispiele seien an dieser Stelle genannt: Es liegen Arbeiten zu berufsbiographischen Verläufen (Alheit/Dausien 1985; Brose 1986), zu Migrationsverläufen (Apitzsch 1999; Breckner 2005; Lutz 2000; Schulze 2006), zu Krankheit und Biographie (Fischer 1986; Hanses 1996; Hildenbrand 1983; Riemann 1988), zu Religion und Biographie (Wohlrab-Sahr 1995), zu Biographie und Geschlecht (Dausien 1996; 1999), zur politischen Sozialisation von rechtsextremen Jugendlichen (Inowlocki 2000; Köttig 2004) und schließlich zur biographischen Bedeutung des Nationalsozialismus oder des politischen Systems in der DDR (Alheit u. a. 2004; Miethe 1999; Rosenthal 1997; Völter 2003) vor.

Bis heute expandiert diese Forschungsrichtung auch in den anderen sozial- und humanwissenschaftlichen Fachdisziplinen. In den Erziehungswissenschaften (Alheit 1994; Krüger/Marotzki 1999) hat sie sich ebenfalls mittlerweile als eine Teildisziplin mit einem allgemeinen theoretischen Anspruch etabliert. In den Geschichtswissenschaften hat die Oral History ebenfalls erhebliche Bedeutung, deren VertreterInnen biographische Interviews als weitere Quelle bei der Untersuchung jüngerer historischer Epochen nutzen und meist auch mit narrativ-interpretativen Methoden arbeiten (vgl. Bornat 2004; Sieder 1999; Thomson 1992; v. Plato 1998).

Auch die Psychologie entdeckt in den letzten Jahren das Biographiekonzept neu. In der Bundesrepublik sind insbesondere die Arbeiten von Gerd Jüttemann zu nennen, der zusammen mit Hans Thomae zwei Sammelbände herausgab (1987; 1998). Jüttemann (1998) fordert mit seinem Konzept der komparativen Kasuistik, psychologische Phänomene in ihrer Entwicklung zu untersuchen und sie in ihrem Entstehungs- und Verursachungszusammenhang zu verstehen und zu erklären. Auf internationaler Ebene haben die Arbeiten von Dan Bar-On (1995; 2004) oder Jerome Bruner (1990), George C. Rosenwald und Richard L. Ochberg (1992) oder Dan McAdams (1993) – um nur einige zu nennen – zu einer Rückbesinnung auf eine verstehende Psychologie und vor allem zu einer mit narrativen Methoden arbeitenden Biographieforschung geführt. Die amerikanische Psychologin Ruthellen Josselson und die israelische Psychologin Amia Lieblich gaben von 1993 bis 1999 das Jahrbuch „The Narrative Study of Lives" heraus, das Arbeiten der narrativen biographischen Forschung in der akademischen Psychologie vorstellt. Zu den wenigen Vertretern in Deutschland gehört Jürgen Straub (1993).

Theoretische Vorannahmen. Die VertreterInnen der interpretativen Biographieforschung verwenden biographische Methoden nicht nur bei bestimmten Fragestellungen, die offensichtlich auf die Lebensgeschichte von Menschen bezogen sind, sondern sie formulieren vielmehr unterschiedlich bereichsspezifische Fragestellungen in biographischer Form. Dies beruht auf bestimmten grundlagentheoretischen Vorannahmen, die ich im Folgenden verdeutlichen werde. Dazu möchte ich in der Form eines Gedankenexperiments zwei unterschiedliche empirische Forschungsprojekte durchspielen. Nehmen wir einmal an, wir wollten das Krankheits- und das Gesundheitserleben von Menschen erforschen, die an Multipler Sklerose (MS) leiden. Ein weiteres Projekt hätte das Ziel, die Erfahrungen von sozial benachteiligten Jugendlichen in berufsvorbereitenden Bildungsmaßnahmen[3] zu rekonstruieren. In beiden Fällen könnte man sich bei der Erhebung und Auswertung auf die jeweiligen Fragestellungen konzentrieren und die uns interessierenden Phänomene in den Mittelpunkt der Aufmerksamkeit rücken. So könnten wir uns in beiden Fällen für Leitfadeninterviews entscheiden. In einem Fall könnten wir gezielt Fragen zum Gesundheits- und Krankheitserleben stellen oder uns – bereits in Anlehnung an die Methode des narrativen Interviews – die Geschichte der Erkrankung von der ersten Diagnose bis zur Gegenwart erzählen lassen. Im anderen Fall könnten wir Fragen zu den Erfahrungen in den jeweiligen Bildungsmaßnahmen stellen und dies vielleicht mit einer teilnehmenden Beobachtung des Ausbildungsalltags verbinden. Dagegen würde ich in beiden Forschungsprojekten einen biographietheoretischen Zugang bevorzugen – mit den entsprechenden Methoden der Erhebung und Auswertung, wie dem biographisch-narrativen Interview bzw. der biographischen Fallrekonstruktion. So würde ich mir sowohl von den Personen, die an MS erkrankt sind, als auch von den Jugendlichen die gesamte Lebensgeschichte erzählen lassen und diese zunächst in ihrer Gesamtheit zu rekonstruieren versuchen. In beiden Fällen könnte dies auch mit einer teilnehmenden Beobachtung kombiniert werden. Ich würde mich nur darum bemühen, den beobachteten Alltag der Jugendlichen in der jeweiligen Maßnahme vor dem lebensgeschichtlichen Hintergrund der jeweiligen Jugendlichen zu interpretieren.

---

3 Eine derartige Studie wurde unter meiner Leitung von Michaela Köttig, Nicole Witte und Anne Blezinger im Auftrag der Stiftung Jugendmarke durchgeführt (Rosenthal u. a. 2006).

Diese methodischen Entscheidungen sind nun nicht einfach darin begründet, dass ich Biographieforscherin bin und ein Interesse an den Lebensgeschichten von Menschen habe. Sie beruht vielmehr auf grundlagentheoretischen Vorannahmen. Diese Vorannahmen führen dazu, dass bei sozialwissenschaftlichen oder historischen Fragestellungen, die sich auf soziale Phänomene beziehen, die an die Erfahrungen von Menschen gebunden sind und für diese eine biographische Bedeutung haben, die Bedeutung dieser Phänomene im Gesamtzusammenhang ihrer Lebensgeschichte interpretiert wird. Die Notwendigkeit der Rekonstruktion sowohl von biographischen Verläufen als auch von gegenwärtigen biographischen Konstruktionen sehe ich, wie viele KollegInnen in der Biographieforschung, sowohl bei der Untersuchung von Gesundheits- und Krankheitserleben als auch bei der Erforschung des Erlebens der Ausbildungs- und Berufswelt als auch bei der Analyse von Einstellungen zum Gesundheitssystem oder zum Ausbildungssystem.

Die grundlagentheoretischen Vorannahmen, die diese Notwendigkeit begründen, sind im Einzelnen:

1. Um soziale oder psychische Phänomene verstehen und erklären[4] zu können, müssen wir ihre *Genese* – den Prozess ihrer Entstehung, Aufrechterhaltung und Veränderung – rekonstruieren.
2. Um das Handeln von Menschen verstehen und erklären zu können, ist es notwendig, sowohl die Perspektiven der Handelnden als auch die *Handlungsabläufe* selbst kennen zu lernen. Wir wollen erfahren, was sie konkret erlebt haben, welche Bedeutung sie ihren Handlungen damals gaben und heute zuweisen und in welchen biographisch konstituierten Sinnzusammenhang sie ihre Erlebnisse und Handlungen stellen.
3. Um die Aussagen eines Interviewten/Biographen über bestimmte Themenbereiche und Erlebnisse seiner Vergangenheit verstehen und erklären zu können, ist es notwendig, sie eingebettet in den *Gesamtzusammenhang seines gegenwärtigen Lebens* und in seine daraus resultierende Gegenwarts- und Zukunftsperspektive zu interpretieren.

Was bedeuten diese Vorannahmen für unsere möglichen Forschungsfragen? Um ein gegenwärtiges oder vergangenes Phänomen wie das Leiden an Multipler Sklerose, die Situation der Mitteilung der medizinischen Diagnose oder

4 Verstehen und Erklären werden hier im Sinne Max Webers verstanden. Wie bei Weber besteht die Aufgabe der Forscherin oder des Forschers darin, zunächst den subjektiv gemeinten Sinn des Handelnden (m. a. W.: seine Situationsinterpretationen und Handlungsintentionen) zu verstehen und dadurch sein Handeln und die Folgen seines Handelns in der Interdependenz mit dem Handeln Anderer zu erklären.

den Alltag eines Jugendlichen in einer Bildungsmaßnahme verstehen und erklären zu können, benötigen wir Einblick in die Geschichte der Personen, in ihre Biographie. Wir fragen danach, welche Erfahrungen den uns interessierenden Phänomenen in welcher Reihenfolge vorausgingen und welche diesen folgten. Es geht darum, das uns interessierende Phänomen, wie etwa das Krankheitserleben, im Prozess des Werdens zu rekonstruieren. Das betrifft sowohl Prozesse der Entstehung und der Reproduktion von etablierten Strukturen als auch Prozesse der Veränderung. Daher rekonstruieren wir die Genese eines Phänomens nicht nur bei der Interpretation des *gegenwärtigen* Erlebens einer Krankheit oder eines Berufsalltags bis in die Gegenwart des Erzählens, sondern auch bei der Frage nach dem Erleben einer Diagnose oder einer Ausbildung in der Vergangenheit. Die Erzählungen oder Argumentationen über die Diagnose oder die Bildungskarriere konstituieren sich ebenso wie der Erinnerungsprozess aus der Gegenwart des Sprechens in einer konkreten Interaktionssituation. Diese Gegenwart wiederum wurde geschaffen sowohl durch die Vergangenheit während der Diagnosestellung oder Ausbildung als auch durch die biographischen Prozesse und Erfahrungen in der Zeit davor und danach. Biographische Fallrekonstruktionen können uns nicht zuletzt entscheidende Wendepunkte verdeutlichen – so genannte Interpretationspunkte (Fischer 1978) – die zu einer Reinterpretation der Vergangenheit und Gegenwart, aber auch der Zukunft führten. Diese Interpretationspunkte können sowohl durch den öffentlichen Diskurs und die gesellschaftliche Entwicklung als auch durch Veränderungen im Familiensystem oder biographische Wendepunkte hervorgerufen werden. Sie mögen beispielsweise durch Wandlungen der öffentlichen Diskussion über die Ursachen und Heilungschancen von MS oder über die Auswirkungen der Zusammenlegung von Sozial- und Arbeitslosenhilfe oder auch durch den Tod eines Elternteils, durch eine schwere Krankheit der Schwester oder durch das Kennenlernen eines neuen Lebenspartners ausgelöst werden.

In der soziologischen Biographieforschung nehmen daher – vor allem in der Bundesrepublik – die meisten VertreterInnen die gesamte Lebensgeschichte sowohl in ihrer *Genese* als auch in ihrer *Konstruktion* aus der Gegenwart des Erzählenden heraus in den Blick. Daher wird zunächst bei der Erhebung und Auswertung erzählter Lebensgeschichten keine Einschränkung auf Teilaspekte oder einzelne Phasen der Biographie vorgenommen. Die Analyse einzelner Lebensbereiche oder einzelner Lebensphasen – wie das Erleben des Arbeitsalltags oder der Prozess der Migration – soll erst dann erfolgen, wenn die Struktur bzw. die Gestalt der gesamten Lebensgeschichte und der gesamten Lebenserzählung erfasst worden ist.

Erlebtes – Erinnertes – Erzähltes. Doch wie lassen sich nun Aussagen über die Vergangenheit machen, erhalten wir unsere Informationen über sie doch aus Erzählungen in der Gegenwart? Die Beantwortung dieser Frage bedarf einiger theoretischer Überlegungen zum Verhältnis zwischen Erleben, Erinnern und Erzählen. Auf der Basis der phänomenologischen Diskussion über die Gestalttheorie von Aron Gurwitsch (1974) habe ich versucht, diesem Verhältnis in seiner Dialektik nachzugehen (Rosenthal 1995: 27–98).

Erzählungen über die Vergangenheit sind an die Gegenwart des Erzählens gebunden. Die gegenwärtige Lebenssituation bestimmt den Rückblick auf die Vergangenheit bzw. erzeugt eine jeweils spezifische erinnerte Vergangenheit. Werde ich z. B. unerwartet von meinem behandelnden Arzt mit der Diagnose einer chronischen Krankheit wie der Multiplen Sklerose konfrontiert, verändert sich die Art und Weise, wie ich auf meine Vergangenheit blicke. Ich beginne verstärkt über das Thema Gesundheit und Krankheit nachzudenken; dieses Thema wird nun dominant und ich wende mich in meiner Erinnerung ganz anderen Erlebnissen als in der Zeit vor der Diagnose zu. Durch diesen Akt der Zuwendung – den Edmund Husserl als *Noesis* bezeichnet – werden jedoch nicht nur andere Erlebnisse aus dem Gedächtnis vorstellig, sie bieten sich mir auch anders dar. Es entsteht damit ein anderes *Erinnerungsnoema*, wie Husserl das sich in der Erinnerung Darbietende nennt.[5] Plötzlich sehe ich zurückliegende Alltagssituationen, in denen mir etwas aus der Hand fiel, nicht mehr als kleine Ungeschicklichkeiten an, sondern als erste Anzeichen meiner Krankheit. Ich bette diese Erlebnisse in einen anderen Sinnzusammenhang ein und damit sind andere Erlebnisse als zuvor kopräsent. Das Thema des Erlebens hat sich verändert und damit – wie Gurwitsch es formuliert – auch das *thematische Feld*. Das Erlebnis ist nicht mehr eingebettet in das thematische Feld „Ungeschicklichkeiten", sondern in das Feld „Symptome meiner Krankheit". Vielleicht fallen mir, nachdem ich mich über die unterschiedlichen Symptome meiner Krankheit informiert habe, nun auch Situationen ein, in denen ich den Eindruck hatte, schlechter sehen zu können. Zudem sehe ich jetzt diese mit Sehschwierigkeiten verknüpften Situati-

5 Das sich dem Bewusstsein Darbietende – ob nun in der unmittelbaren Wahrnehmung, in der Erinnerung oder der Vorstellung – bezeichnet Husserl als Noema. Dementsprechend unterscheidet Husserl zwischen Wahrnehmungsnoema, Erlebnisnoema und Erinnerungsnoema. Während es bei der Noesis um das Wie der Zuwendung zu Etwas geht, geht es beim Noema um das Wie der Darbietung von Etwas. Unter dem Noema ist nicht der Gegenstand (oder das Geschehen) schlechthin gemeint, sondern der „Gegenstand im Wie seines Vermeintseins, de(r) Gegenstand so – genauso, aber nur so – wie er in dem in Rede stehenden Akt des Bewusstseins sich darstellt, wie er in diesem Akt aufgefasst und intendiert ist, den Gegenstand in genau der Perspektive, Orientierung, Beleuchtung und Rolle, in der er sich darbietet" (Gurwitsch 1959: 426).

der Life-Event-Forschung –, sondern aus dem Gesamtzusammenhang der erzählten Lebensgeschichte wird rekonstruiert, welche Erlebnisse für die Befragten selbst biographisch relevant sind, wie sie diese Erlebnisse damals und heute deuten und wie sie versuchen, ihr Leben in einen Sinnzusammenhang einzubetten, d. h. in ein Konstrukt, das wir Biographie nennen. Biographie wird hier als eine Konstruktionsleistung des Subjekts verstanden (vgl. Alheit 1993; Fischer/Kohli 1987; Rosenthal 1995). Die Biographieforschung konzentriert sich dabei notwendigerweise zunächst auf das Verstehen und Erklären einzelner Biographien und verwendet daher interpretative Verfahren.

Die Konzentration der Biographieforschung auf den einzelnen Fall und dessen Geschichte hat immer wieder dazu geführt, dass ihr Vorgehen mit dem der Psychoanalyse verglichen wird. Daher einige Anmerkungen zu den Unterschieden. Einmal abgesehen davon, dass sich die Fragestellungen und die durch sie bestimmten Konzeptbildungen in der soziologischen Biographieforschung von der Theoriebildung in der Psychoanalyse unterscheiden, die auf die Psychodynamik des Individuums abzielt, gibt es auch gewisse Unterschiede beim Verstehen des einzelnen Falles. Andreas Hanses, der eine biographieanalytische Untersuchung über Menschen durchführte, die an Epilepsie erkrankt sind, diskutiert den Unterschied zwischen einem psychoanalytianalytischen und einem biographietheoretischen Vorgehen. Hanses geht davon aus, dass in der Psychoanalyse der Zusammenhang von schichte und Krankheit als die Verbindung von „zwei punktförmigen Ereignissen" formuliert wird: Das Auftauchen eines Krankheitssymptoms im „Hier" „steht in Beziehung mit einem ‚Dort' der früh angelegten Konfliktverarbeitung in der Kindheit. ... Die Frage drängt sich allerdings auf, wie die Zeit zwischen der Strukturbildung in der Kindheit und dem Ausbruch der Krankheit zu interpretieren ist" (Hanses 1996: 83). Ich denke, diese Vorstellung psychoanalytischer Diagnostik ist etwas überpointiert und deckt sich nicht mit dem Selbstverständnis jener PsychoanalytikerInnen, die vor allem nach dem in der Realität Erlebten fragen (wie das auch in der Biographieforschung geschieht) und die sich nicht nur auf die Ebene der Phantasien konzentrieren. Dennoch können wir davon ausgehen, dass biographische Forschung im Unterschied zur psychoanalytischen Diagnostik gezielt den ständig fortschreitenden Prozess des Werdens bestimmter Phänomene – wie Krankheit und Gesundheit – untersucht und dabei eine Einbettung dieser Phänomene in die Gesamtbiographie anstrebt, die ihrerseits in einer wechselseitigen Konstitutionsbeziehung von Individuum und Gesellschaft zu verstehen ist. Dabei ist der Forscher oder die Forscherin bemüht, den Gebrauch pathologischer Kategorien so lange wie möglich zu vermeiden und stattdessen die Rationalität bestimmter Phänomene zu rekonstruieren. Ein weiterer wesentlicher Unterschied besteht darin, dass man sich bei biographischen

Analysen auf die Rekonstruktion der *Bedeutung* von einzelnen Phänomenen *in ihrem Entstehungszusammenhang* konzentriert. Dagegen neigt die psychoanalytische Diagnostik viel stärker dazu, Phänomene selektiv nach den Kriterien ihrer Theorie wahrzunehmen und unter deren vorgeprägte Begriffe zu subsumieren.

Die Rekonstruktion des gesamtbiographischen Prozesses des Werdens, der Aufrechterhaltung und der Transformation bestimmter Phänomene bedeutet nun z. B. bei der Analyse der Erkrankung an Multipler Sklerose, neben der Rekonstruktion des Krankheitsverlaufs sowohl das Erleben von Gesundheit als auch die Rekonstruktion der Reinterpretationen des bisherigen Gesundheits- und Krankheitserlebens nach der Diagnosestellung und nach weiteren Erfahrungen mit Krankheit und Gesundheit zu analysieren. Ebenso rekonstruiert die Biographieforscherin bei Biographien von sozial auffallenden Jugendlichen mit einer gescheiterten Bildungskarriere die Prozesse dieser Karrieren genauso wie die alltägliche Aufrechterhaltung bzw. die immer wieder erneute handlungspraktische Herstellung des Soseins als sozial auffallender Jugendlicher; und sie ist darum bemüht, diese als Teile in dem gesamtbiographischen Zusammenhang zu begreifen. Dabei folgen wir nicht dem der klassischen Mechanik entlehnten Modell von Kausalzusammenhängen bzw. einer Beziehung zwischen Ursache und Wirkung, sondern wählen „einen historisch-rekonstruktiven Ansatz vom Typ einer ‚Wie es dazu kam, dass'-Erzählung" (Dausien 1999: 228). Wir suchen nach der Wechselwirkung zwischen biographischen Erfahrungen und ihrer Konfiguration in der biographischen Konstruktion (Rosenthal 1995).

Bei biographischen Analysen geht es zudem nicht nur um eine Betrachtung der biographischen Selbstdefinitionen von Individuen, sondern auch um die Analyse von Zuschreibungen, die von anderen Personen ausgehen. Im Falle eines Jugendlichen in der Ausbildung ist z. B. zu fragen, welchen Zuschreibungen durch andere Menschen er im institutionellen Zusammenhang der Ausbildung und in anderen Lebensbereichen ausgesetzt ist und wie sich diese sowohl auf seine Handlungen als auch auf seine biographischen Konstruktionen auswirken. Oder nehmen wir das Beispiel von Krankheitsverläufen: Hier stellt sich nicht nur die Frage, was man selbst als krank oder gesund definiert, sondern auch, wie man von anderen definiert wird und wie sich der öffentliche bzw. dominante Diskurs über Krankheit und Gesundheit im Lauf des individuellen Lebens verändert hat. Biographische Forschung löst also konsequent den Anspruch einer interaktionistischen Sozialisationstheorie ein, die Wechselwirkung zwischen Fremddefinition und Selbstdefinition oder allgemeiner zwischen Allgemeinem und Individuellem und die Auswirkungen dieser Wechselbeziehung, z. B. auf den Verlauf einer Krankheit, zu erfassen (vgl. Hurrelmann 2000: 69 f.). Sie wird damit im Unterschied zu vielen sozialisationstheoretischen Ansätzen der Annahme einer lebenslangen Sozialisation des Individuums im Wechselverhältnis zwischen Sozialem und Individuellem (vgl. Hurrelmann 1998) empirisch gerecht.

Biographische Erlebnisse sind ebenso wie die Kommunikation über diese Erlebnisse in unterschiedliche soziale Rahmungen eingebettet. So können wir unterscheiden zwischen den Rahmungen in informellen alltäglichen Zusammenhängen, wie einer Familie oder einem Freundeskreis, und den Rahmungen in formal organisierten Kontexten, wie z. B. einer Parteiversammlung oder eines Gesprächs im kirchlichen Bereich oder eines therapeutischen Gesprächs im medizinischen Bereich (vgl. Fischer-Rosenthal 1999: 37). Diese sozialen Rahmungen sind in modernen Gesellschaften verknüpft mit funktionalen Teilbereichen der Gesellschaft wie z. B. dem Rechtssystem, dem Gesundheitssystem, dem Ausbildungssystem oder der Wissenschaft. Welche Bedeutung biographischen Erlebnissen seinerzeit zugeschrieben wurde, wie sie in den Erfahrungsvorrat der Biographin oder des Biographen eingeordnet wurden, ist ebenso wie deren Präsentation in der Gegenwart des Erzählens von diesen sozialen Rahmungen und den damit zusammenhängenden kulturellen Regeln abhängig. Bei der Analyse sozialwissenschaftlicher Interviews gilt es zu berücksichtigen, dass die jeweiligen Rahmungen Regeln für die Artikulation biographischer Erlebnisse vorgeben und dieser Umstand – vermittelt über die je subjektive Definition der Situation – das Thematisierte wie das Nichtthematisierte in einem Interview mitbestimmt. Die Definition der Situation kann sich von Interviewtem zu Interviewtem erheblich unterscheiden. Definieren die einen das Interview in erster Linie im wissenschaftlichen Kontext, so definieren es andere als ein therapeutisches Gespräch oder als Klatsch oder auch im Kontext von Interviews in den Massenmedien.

Gesellschaftliche, institutionelle und gruppenspezifische Regeln bzw. die Regeln unterschiedlicher Diskurse[6] geben vor, *was, wie, wann* und in welchen Kontexten thematisiert werden darf und was nicht. Der für die jeweilige Ausbildungseinrichtung spezifische Diskurs, aber auch der öffentliche Diskurs über Jugendliche und ihre Chancen auf dem Arbeitsmarkt in der weiteren Gesellschaft wird wesentlichen Einfluss auf die Lebenserzählung eines Jugendlichen in der Ausbildung haben. Das Gleiche gilt für die divergenten und sich ebenfalls im Lauf des Lebens verändernden medizinischen Diskurse in

6 Diskurs sei hier verstanden im Sinne Michel Foucaults (1969/1988: 156), der darunter „Praktiken" des Sprechens und Schreibens versteht, „die systematisch die Gegenstände bilden, von denen sie sprechen". Diese Praktiken umfassen die Ermächtigung wie auch den Ausschluss von SprecherInnen, und sie geben Regeln darüber vor, was und in welchem Kontext gesprochen oder geschrieben werden darf und was nicht. Zur Diskursanalyse vgl. Kap. 7.4.

Bezug auf die Lebenserzählung eines an Multipler Sklerose erkrankten Menschen. So ist zum Beispiel zu beachten, dass MS in der Zeit des Nationalsozialismus als eine Erbkrankheit angesehen und geächtet wurde. Für eine Biographieforschung, die dem Wechselverhältnis zwischen Individuen und Gesellschaft gerecht werden will, gilt es, die hinter dem Rücken der Akteure wirksamen Regeln der Diskurse und deren Wandel in den Lebenserzählungen aufzuspüren. Biographieanalyse ist in diesem Sinn immer auch eine Form von Diskursanalyse.[7] Einerseits werden je nach Fragestellung sequenzielle Analysen von Texten in Tagebüchern, Briefen, Printmedien u.a. vorgenommen und andererseits macht der kontrastive Vergleich von Lebenserzählungen den spezifischen Diskurs in der befragten Gruppe von Personen oder in ihrer Generation[8] deutlich. Über den kontrastiven Vergleich wird sichtbar, über welche Themen gesprochen werden darf, über welche Erfahrungen man berichten kann und über welche nicht, wie man diese Erfahrungen zu interpretieren hat und welche Argumentationsfiguren sich etabliert haben. Mit zusätzlich durchgeführten Gruppendiskussionen können diese Ergebnisse noch weiter empirisch fundiert werden (vgl. z.B. Miethe 1999).

Die soziologische Rekonstruktion biographischer Arbeit im Sinne des „*Erleben(s) und der Interpretation* des gelebten Lebens seitens des psychischen Systems“ (Fischer-Rosenthal 1999: 36) verdeutlicht damit nicht nur die Besonderheit des Falles, sondern zeigt vielmehr Gesellschaftliches in seiner Wirkung und Entstehung im Handlungsvollzug auf. Mittels der Analyse von erzählten Lebensgeschichten wird es möglich, dass Sozial- und HumanwissenschaftlerInnen das Wechselverhältnis zwischen Individuen und Gesellschaft sowie die gegenwärtige Relevanz kollektiver Vergangenheiten nicht aus den Augen verlieren. Die individuelle Geschichte eines Menschen und die kollektive Geschichte, die subjektiven und die kollektiven Wirklichkeiten, durchdringen sich wechselseitig. Die Lebensgeschichte ist sowohl in ihrer Entwicklung als auch im gegenwärtigen deutenden Rückblick der BiographInnen immer beides zugleich: ein individuelles und ein soziales Produkt.

---

7 Zur Verknüpfung von Diskurs- und Biographieanalyse vgl. Völter (2003: 34 ff.); Schäfer/Völter (2005).

8 Diese Diskurse stellen neben den konstitutiven Erfahrungen einer Generation eine wesentliche Komponente für eine empirisch geerdete Rekonstruktion von sozialen Generationen dar (vgl. Rosenthal 1997 b).

6.2 Biographische Fallrekonstruktionen am Beispiel

6.2.1 Erlebte und erzählte Lebensgeschichte

Aus den bisher diskutierten theoretischen Vorannahmen folgen bestimmte Erfordernisse an die Methoden der Erhebung und der Auswertung. Sie sollten einen Einblick in die Genese und die sequenzielle Gestalt der Lebensgeschichte geben sowie die Rekonstruktion von Handlungsabläufen in der Vergangenheit und des damaligen Erlebens ermöglichen und eben nicht nur die Deutungen der untersuchten Personen in der Gegenwart offen legen. *Das biographisch-narrative Interview* wird, wie ich in Kapitel 5.4 verdeutlicht habe, diesen Erfordernissen in besonderem Maße gerecht und von den meisten BiographieforscherInnen in der Bundesrepublik bei der Erhebung eingesetzt. Das von mir vorgestellte Verfahren biographischer Fallrekonstruktionen (Rosenthal 1987; 1995) setzt diese Art der Erhebung für die Auswertung voraus. Es ist vor allem dem Anliegen geschuldet, in analytisch getrennten Auswertungsschritten sowohl die Gegenwartsperspektive als auch die Perspektiven des Handelnden in der Vergangenheit zu rekonstruieren.

Dieses Verfahren stellt eine Verknüpfung der von Fritz Schütze (1983) vorgestellten Textanalyse mit der strukturalen Hermeneutik von Ulrich Oevermann (Oevermann u. a. 1979) und der thematischen Feldanalyse (Fischer 1982, angeregt durch Gurwitsch 1974) dar. Mit einer Verbindung von Textanalyse und Objektiver Hermeneutik arbeiten auch etliche andere KollegInnen (vgl. Hildenbrand 1991 a; Wohlrab-Sahr 1995).

Gemeinsam ist den verschiedenen Verfahren ihr rekonstruktives und sequenzielles Vorgehen. Mit „rekonstruktiv" ist gemeint, dass nicht, wie etwa bei der Inhaltsanalyse, mit vorab definierten Kategorien an den Text herangegangen wird, sondern dass vielmehr die Bedeutung einzelner Passagen aus dem Gesamtzusammenhang des Interviews erschlossen wird. Unter „sequenziell" wird hier ein Vorgehen verstanden, bei dem der Text bzw. kleine Texteinheiten entsprechend ihrer sequenziellen Gestalt, also in der Abfolge ihres Entstehens, interpretiert werden (vgl. Kap. 2.5). Das von mir vorgestellte Verfahren biographischer Fallrekonstruktionen zeichnet sich durch ein sequenzielles Vorgehen aus, bei dem die zeitliche Struktur sowohl von *erzählter* als auch von *erlebter* Lebensgeschichte analysiert wird. Dies bedeutet: Es werden nicht nur einzelne Textstellen sequenziell feinanalytisch nach dem Verfahren der Objektiven Hermeneutik (Oevermann u. a. 1979) sowie die gesamte Haupterzählung nach dem Verfahren der thematischen Feldanalyse in ihrer sequenziellen Gestalt analysiert, sondern auch die erlebte Lebensgeschichte. Neben der Frage, in welcher Reihenfolge und in welchen Textsorten die BiographInnen ihre biographisch relevanten Erlebnisse oder ihre Lebenserzählung präsentieren, wird auch untersucht, wie sich die einzelnen biographischen Erfahrungen in der erlebten Lebensgeschichte chronologisch aufgeschichtet haben. Bei der Rekonstruktion der Fallgeschichte versuchen wir also, die Genese der erlebten Lebensgeschichte zu klären und bei der Analyse der biographischen Selbstpräsentation die Genese der Darstellung in der Gegenwart zu entschlüsseln, die in ihren thematischen und temporalen Verknüpfungen prinzipiell von der Chronologie der Erlebnisse differiert.

Wie gesagt, nach dieser Vorgehensweise wird sowohl die sequenzielle Gestalt der erzählten als auch die der erlebten Lebensgeschichte rekonstruiert. Dabei ist es entscheidend, zunächst in getrennten Analyseschritten den beiden Ebenen der erzählten und der erlebten Lebensgeschichte nachzugehen. Das heißt: Ziel der Rekonstruktion ist, sowohl die biographische Bedeutung des in der Vergangenheit Erlebten als auch die Bedeutung der Selbstpräsentation in der Gegenwart zu entschlüsseln. Wird bei der Rekonstruktion der Fallgeschichte nach der biographischen Bedeutung einer Erfahrung zur damaligen Zeit gefragt, so stellt sich bei der Rekonstruktion der Lebenserzählung, bei der so genannten Text- und thematischen Feldanalyse, die Frage nach der Funktion der Darstellung des Erlebens für die interviewte Person in ihrem gegenwärtigen sozialen Kontext.

Entscheidend bei diesem Vorgehen, wie generell bei einem Verfahren in der Tradition der Objektiven Hermeneutik, ist die vorläufige Zurückstellung der Forschungsfrage, die je nach Disziplin der ForscherInnen in unterschiedliche Richtungen der Verallgemeinerung und Modellbildung weist. Die einen rekonstruieren eine Biographie mit dem Ziel einer Modellbildung unterschiedlicher politischer Generationen, die anderen für einen Vergleich bezüglich unterschiedlicher Perspektiven zu historischen Ereignissen und wiederum andere, um Spätfolgen von Traumatisierungsprozessen zu erforschen. Zunächst geht es jedoch um die Rekonstruktion der Fallstruktur (vgl. Kap. 2.5) und damit wird es möglich, dass VertreterInnen unterschiedlicher Disziplinen zunächst gemeinsam ein Interview mit der gleichen Vorgehensweise auswerten können. Gerade die interdisziplinäre Zusammenarbeit bei Fallrekonstruktionen schützt uns vor einseitigen Betrachtungen und Fehldeutungen.

Die aufeinander folgenden *Auswertungsschritte* bei den Fallrekonstruktionen sind:

Biographische Fallrekonstruktionen

1. Analyse der biographischen Daten (Ereignisdaten)
2. Text- und thematische Feldanalyse
   (Analyse der Textsegmente – Selbstpräsentation/erzähltes Leben)
3. Rekonstruktion der Fallgeschichte (erlebtes Leben)
4. Feinanalyse einzelner Textstellen (kann jederzeit erfolgen)
5. Kontrastierung der erzählten mit der erlebten Lebensgeschichte
6. Typenbildung

Im Folgenden werde ich diese einzelnen Schritte zunächst beschreiben und dann ansatzweise anhand eines empirischen Beispiels das Vorgehen demonstrieren. Ich werde mich hierbei auf das Interview mit Galina, wie ich sie nenne, beziehen. Es handelt sich dabei um eine 1968 in Sibirien geborene Frau, die zum Zeitpunkt des Interviews 1992 als sozialwissenschaftliche Mitarbeiterin an der historischen Fakultät einer Universität in Russland arbeitete (vgl. Rosenthal 2000).

6.2.2 Sequenzielle Analyse der biographischen Daten

Bei der *sequenziellen Analyse der objektiven oder biographischen Daten* (vgl. Oevermann u. a. 1980) werden zunächst die kaum an die Interpretation der Biographin gebundenen Daten (z. B. Geburt, Anzahl der Geschwister, Ausbildungsdaten, Familiengründung, Wohnortswechsel, Krankheitsereignisse etc.) in der zeitlichen Abfolge der Ereignisse im Lebenslauf analysiert. Diese Daten werden aus dem transkribierten Interview wie aus allen anderen zur Verfügung stehenden Quellen (Archivmaterial, Interviews mit anderen Familienmitgliedern, Arztberichten, behördlichen Akten, z. B. Gerichtsakten) entnommen. Historische bzw. gesellschaftspolitische Daten, die für den vorliegenden Fall relevant sein könnten, werden ebenso in diese Liste der Daten aufgenommen wie die biographischen Daten in den jeweiligen historischen Kontext eingebettet. So war z. B. beim Interview mit Galina die Entwicklung der Liberalisierung in der Sowjetunion, der Verlauf der Perestroika, mit zu berücksichtigen. Neben der historischen Kontextualisierung bestimmter biographischer Erlebnisse gilt es des Weiteren, die jeweilige Lebensphase im sozialisationstheoretischen bzw. entwicklungspsychologischen Kontext zu betrachten. So hatte die Perestroika für eine Studentin der Geschichtswissenwissenschaften im Unterschied zu einem Kind im Vorschulalter nicht nur eine ganz andere Auswirkung auf den Lebensalltag, sondern wurde von ihr aufgrund ihrer unterschiedlichen kognitiven und emotionalen Entwicklung auch anderes erlebt. Für die Hypothesenbildung ist es daher auch im heuristischen Sinne erforderlich, jeweils gegenstandsbezogenes theoretisches und empirisch fundiertes Wissen über die Auswirkungen bestimmter Lebensereignisse während eines bestimmten Lebensalters mit einzubeziehen.

Jedes einzelne biographische Datum wird zunächst noch unabhängig vom Wissen über die Selbstdeutungen und Erzählungen der Interviewten zu diesem Datum wie auch unter Ausblendung unseres Wissens über den weiteren biographischen Verlauf ausgelegt. Der Kontext für ein Ereignis, mit dem der Biograph oder die Biographin konfrontiert war, wird rekonstruiert, die Handlungsprobleme, die daraus resultierten, sowie die Alternativen, die ihnen in der Situation zur Verfügung standen, werden gedankenexperimentell entworfen. Es wird danach gefragt, welche Handlungsmöglichkeiten der Biograph oder die Biographin in einer bestimmten Situation hatte, oder wie Ulrich Oevermann und seine KollegInnen (1980: 23) es formulieren, was eine Person „vernünftigerweise, d.h. nach Geltung des unterstellten Regelsystems ... in einem spezifizierten Kontext bei Konfrontation mit einem spezifizierten Handlungsproblem tun könnte oder tun sollte". Bei der Auslegung eines jeden Datums werden entsprechend dem abduktiven Vorgehen immer wieder Folgehypothesen über den möglichen, anschlussfähigen Fortgang entworfen. Entscheidend hierbei ist, dass dabei auch überlegt wird, was im Leben des Biographen oder der Biographin geschehen könnte, damit Veränderungen für diese möglich werden. Die Prognosen über den weiteren Verlauf beziehen sich also nicht nur auf Reproduktionen der sich in der Analyse bereits andeutenden oder hypothetisch entworfenen Strukturen, sondern auch auf Möglichkeiten für Transformationen. Es wird also gezielt darauf geachtet, nicht von einer frühen und unveränderbaren Determination des Individuums oder seiner Lebensgeschichte auszugehen, sondern vielmehr mögliche Veränderungen zu entwerfen.

Auf die Auslegung eines Datums folgt die Auslegung des nächsten, das den InterpretInnen angibt, welchen Weg die BiographInnen tatsächlich eingeschlagen haben. Wiederum werden gedankenexperimentell Prognosen entworfen, die sich aus der dadurch erzeugten neuen Lebenskonstellation ergeben. Während sich zu Beginn der Analyse noch ein großer Horizont der Möglichkeiten eröffnet, wird mit Fortschreiten der Analyse dieser Horizont meist immer enger, so dass bei Abschluss der Analyse nur noch einige Hypothesen zur Verlaufsstruktur der jeweiligen Biographie als wahrscheinliche übrig bleiben, die dann für die weitere Interpretation als fallspezifische Fragen dienen. Das vorläufige Ergebnis dieses Auswertungsschrittes, der *nur* zur Vorbereitung der späteren Analyse dient, ist von Fall zu Fall jedoch sehr unterschiedlich und auch abhängig von der Dichte der vorhandenen Daten. Manchmal weisen die Daten bereits deutlich auf eine bestimmte Verlaufsstruktur hin, d. h. auf die systematische, immer ähnlich erscheinende Wahl aus Handlungsmöglichkeiten, während man bei anderen Fällen am Ende der Analyse eher vor einer noch nicht in eine Struktur zu bringenden Anzahl von weiterhin als plausibel erscheinenden Hypothesen und auch Fragen steht. Wichtig ist mir zu betonen, dass wir ohne den Text, d. h. ohne die Selbstaussagen unserer Interviewten, nur erste Hypothesen gewonnen haben, der „Fall" damit noch nicht erschlossen ist und die weitere Analyse häufig noch zu etlichen Entdeckungen führt.

Dieses sequenzielle und abduktive Vorgehen bedarf – wie auch bei den weiteren Auswertungsschritten – einiger methodischer Disziplin; d. h. wir müssen unser Wissen über den Fall ständig einklammern. Dies wird von Kritikern immer wieder als uneinlösbar zurückgewiesen. Die Erfahrung zeigt jedoch, dass dies nicht nur möglich ist, sondern wir in der Regel weder die genaue Abfolge der Daten noch die dazugehörigen Interviewausschnitte im Detail memorieren können. Oft gewinnen biographische Daten erst durch die begonnene Analyse an Bedeutung und befinden sich von daher bei der Auslegung der ersten Daten meist noch überhaupt nicht im Horizont der Aufmerksamkeit bzw. werden in ihrer Bedeutsamkeit noch nicht wahrgenommen. Dennoch ist bei dieser Vorgehensweise die Interpretation in Gruppen, in denen die MitinterpretInnen den Text des Interviews nicht kennen, von großem Vorteil. Insbesondere bei diesem Analyseschritt, bei dem wir die jeweiligen gesellschaftlichen Kontexte recherchieren oder uns psychologisches Fachwissen zu bestimmten Lebensereignissen aneignen müssen, ist zudem eine interdisziplinäre Zusammensetzung der Auswertungsgruppen von großem Vorteil.

Eine weitere kritische Frage an dieses Verfahren lautet: Weshalb sollen wir uns denn alle möglichen Lesarten zu einem Datum überlegen, wenn die Interviewte oder der Interviewte doch selbst dazu Aussagen macht und damit die Bedeutung erschlossen werden kann? Hier kann entgegnet werden: Zum einen konstituieren sich die Selbstdeutungen der Interviewten aus deren Gegenwart und dagegen versuchen wir, auch die Bedeutungen des Erlebten in der Vergangenheit zu erfassen. Zum anderen streben wir als SozialwissenschaftlerInnen insbesondere die Rekonstruktion von latenten Sinnstrukturen an, also der Bedeutungsgehalte, die den Befragten selbst nicht zugänglich sind. Gerade hierzu ist es von großem Vorteil, sich zunächst (noch) nicht auf die Selbstdeutungen der Befragten und deren Plausibilität einzulassen, sondern zuallererst auch andere mögliche Bedeutungen zu entwerfen. Wenden wir uns mit diesen möglichen Bedeutungshorizonten in dem späteren dritten Auswertungsschritt der *Rekonstruktion der erlebten Lebensgeschichte* dem Text zu, werden uns weit mehr zwischen den Zeilen liegende Bedeutungsmöglichkeiten zugänglich sein.

Die Analyse der biographischen Daten dient damit einer Vorbereitung für diesen dritten Analyseschritt, bei dem wir unsere Hypothesen zu den einzelnen biographischen Daten mit den dazu vorliegenden Aussagen des Biographen kontrastieren. Vor diesem Analyseschritt, der weiterhin zur Rekonstruktion der Perspektiven in der Vergangenheit dient, macht es in einem Auswertungsschritt dazwischen Sinn, sich zunächst auf die Rekonstruktion der Gegenwartsperspektive des Befragten zu konzentrieren. Dieser Analyseschritt der Text- und thematischen Feldanalyse soll uns zu einem quellenkritischen Blick verhelfen, damit wir nicht die Befriedigung eines bestimmten Darstellungsbedarfs in der Gegenwart oder die durch die Gegenwart neu konstituierte Perspektive auf die Vergangenheit naiv als Abbildung des Erlebens in der Vergangenheit verstehen. Wissen wir z. B. am Ende der Text- und thematischen Feldanalyse, dass die vermutlich hinter dem Rücken der Biographin wirksam werdende Gestaltung einer biographischen Selbstpräsentation im thematischen Feld „Ich lebe ein von meiner Familie unabhängiges und autonomes Leben" dazu dient, die Bindung an die Familie und das Leiden an ihr nicht thematisieren zu müssen, oder aber vielleicht auch Ausdruck einer sozial eingeforderten Selbstdarstellung ist, sind wir offen für andere Lesarten auf der Ebene der erlebten Lebensgeschichte.

Die Analyse der biographischen Daten *vor* der Text- und thematischen Feldanalyse dient dagegen als Kontrastfolie für die Analyse der biographischen Selbstpräsentation. So können wir sehen, welche biographischen Daten bzw. Lebensbereiche und -phasen in der Haupterzählung erzählerisch ausgebaut werden, welche überhaupt nicht erwähnt werden und in welcher temporalen Abfolge sie präsentiert werden.

Bevor ich auf diesen weiteren Auswertungsschritt eingehe, möchte ich zunächst, wenigstens in Ansätzen, das Vorgehen bei der Analyse der biographischen Daten demonstrieren. Ich beziehe mich dabei auf das Interview mit Galina, das ich 1992 in englischer Sprache geführt habe. Galina führte danach selbst biographisch-narrative Interviews mit ihrer Großmutter väterlicherseits und ihren Eltern. Die Transkriptionen dieser Interviews liegen mir übersetzt vor.

Das erste Datum, das bei der Analyse ausgelegt wird, ist das Datum der Geburt und der dazugehörende gesellschaftliche und familiale Kontext. All die familienbezogenen und gesellschaftlichen Daten, die uns Aufschluss über das soziale Setting geben, in das die Biographen hineingeboren wurden, werden bei der Hypothesenbildung mit berücksichtigt. In Galinas Fall sind dies – komprimiert – folgende Informationen:

Erstes Datum

1\.
Galina wird 1968 in einem kleinen Ort nahe Krasnojarsk in Sibirien geboren. Sie lebt mit Olga, ihrer Großmutter väterlicherseits, und mit Vera, der Mutter Olgas, zusammen. Vera und Olga sprechen mit Galina ukrainisch, die Eltern vermutlich russisch. In dieser Zeit arbeiten und leben Galinas Eltern, nach ihrem abgeschlossenen Hochschulstudium, in Krasnojarsk. Die Mutter stammt aus dem mittleren Wolgagebiet, wo ihre Eltern und die meisten ihrer Familienangehörigen leben. Die Familie von Galinas Vater kommt aus der Ukraine. Olga, eine überzeugte ukrainische Nationalistin, war bis 1943 in der Ukraine als Lehrerin für Ukrainische Sprache und Literatur beschäftigt, somit auch während der deutschen Okkupationszeit ab 1941. Als die Rote Armee 1943 die Ukraine zurück eroberte, wurde Olga verhaftet und wegen Kollaboration mit den Nationalsozialisten des Hochverrats nach Artikel 58 des damaligen Strafgesetzbuches der Russischen Sozialistischen Föderativen Sowjet-Republik angeklagt und zu zehn Jahren Gefängnis mit anschließender Verbannung nach Sibirien verurteilt. Nach diesem Artikel wurden in der Sowjetunion damals Menschen recht willkürlich verurteilt. Ihr Sohn Wassili, Galinas Vater, war damals ungefähr fünf Jahre alt. Zunächst lebte er bei seiner Großmutter Vera, nach dem Krieg zog er mit ihr zu seinen Großeltern väterlicherseits in das mittlere Wolgagebiet. Sein Vater blieb als Soldat vermisst. Erst nach 1956, als Wassili die Schule abgeschlossen hatte und zu studieren begann, folgte die Familie Olga nach Sibirien. 1956 war auch das Jahr, in dem Olga rehabilitiert wurde; dies stand vermutlich im Kontext der vielen Rehabilitierungen, die während der politisch liberaleren Periode nach dem Zwanzigsten Parteitag der KPdSU und Chruschtschows Geheimrede im Februar 1956 erfolgten.

Auf der Basis dieser hier (konzentriert auf die Familie väterlicherseits) knapp dargestellten familiengeschichtlichen Daten, die nicht nur aus dem Interview mit Galina stammen, bilden wir nun alle möglichen Hypothesen darüber, in welche Familienkonstellation Galina 1968 hineingeboren wurde und wie sich dies auf sie und auf ihr weiteres Leben auswirken könnte. Von den einzelnen Hypothesen folgern wir dann auf einen familien- und vor allem lebensgeschichtlichen Verlauf, der die jeweilige Hypothese überprüfbar bzw. weiter plausibel oder unplausibel machen könnte.

Bei der Hypothesenbildung in diesem konkreten Fall gilt zu berücksichtigen, dass Olgas Vergangenheit auch noch 1968 im öffentlichen Diskurs in der Sowjetunion massiv tabuisiert war. Je nachdem, wie offen die Familie mit dieser Vergangenheit umgeht, wird dieser Umstand sehr unterschiedliche Auswirkungen auf die Biographie der Enkelin haben. In meiner stark gekürzten Darstellung will ich vorwegnehmen, dass Galina in ihrer Kindheit auf der manifesten Ebene über die Vergangenheit der Großmutter nichts mitgeteilt wurde. Es kann jedoch überlegt werden, wann Galina anfangen wird, sich oder ihre Familie zu fragen, woher die Familie kommt bzw. weshalb ihre ukrainische Großmutter und ihre Urgroßmutter in Sibirien leben etc. Stellt Galina diese Frage nicht explizit an ihre Familienangehörigen, deutet dies darauf hin, dass sie gelernt hat, dieses Tabuthema nicht anzusprechen.

Es würde den Rahmen dieses Kapitels sprengen, wenn ich alle Hypothesen vorstellen würde, die ich bei diesem Auswertungsschritt formuliert habe. Ich konzentriere mich daher hier auf zwei Hypothesen zur Frage nach Galinas Beziehung zur Großmutter und zu deren Vergangenheit:

1.1
Da Galina bei der Großmutter und Urgroßmutter aufwächst, wird sie zu diesen beiden Frauen eine stärkere Bindung aufbauen als zu ihren Eltern. Vermutlich wird Olga ihr gegenüber die Mutterrolle einnehmen. Daher wird deren Vergangenheit, auch wenn sie nur latent an die Enkelin tradiert wird, von erheblicher biographischer Relevanz für Galina sein und zunehmend in ihrem Leben an Bedeutung gewinnen. Es muss hier auch die Vorgeschichte von Olga und Vera bezüglich ihrer ab 1943 veränderten Rollen als Bezugspersonen für Olgas Sohn Wassili bedacht werden. So ist es möglich, dass es zwischen den beiden Frauen hinsichtlich der elterlichen Bezugsrolle gegenüber Galina Kompetenzstreitigkeiten gibt.

Auf der Basis dieser Hypothese können wir nun mehrere Folgehypothesen darüber ableiten, wie sich dies auf den weiteren Lebenslauf von Galina auswirken kann:

1.1.a
Wenn sich Galina in erster Linie mit ihrer Großmutter Olga identifiziert, wird sie sich in ihrem späteren Leben, wenn sie etwas von deren Verurteilung erfährt, mit deren Vergangenheit auseinander setzen und dabei auf die Phasen des Leidens ihrer Großmutter und weniger auf deren Lebenszeit vor der Verhaftung und die Zeit während der deutschen Okkupation konzentrieren.

1.1.b
Aufgrund ihrer Identifikation mit der Großmutter wird sie eine distanzierte Haltung zum Sozialismus einnehmen und z. B. versuchen, sich der

staatlichen Jugendorganisation (ab dem 9. Lebensjahr bei den Pionieren, ab dem 14. Lebensjahr bei der Komsomol) so weit wie möglich zu entziehen.

1.1.c
Galina wird in ihrem späteren Leben versuchen, diese Familienvergangenheit durch ihre biographischen Wahlentscheidungen – z. B. in ihrer Berufs- oder Partnerwahl – zu bearbeiten. Diese Hypothese beruht auf empirischen Befunden bei ähnlichen Fällen in früheren Untersuchungen (vgl. Rosenthal 1997a).

Als Gegenhypothese könnte man formulieren:

1.2
Galina wächst – vielleicht u. a. verursacht durch Spannungen zwischen Vera und Olga – mit der Sehnsucht nach der Mutter oder den Eltern auf und träumt von einem schöneren Leben bei ihnen in der Stadt. Sie entwickelt zunehmend eine Aversion gegen das dörfliche Leben mit Olga und Vera.

Hier sind wiederum mehrere Folgehypothesen möglich. So zum Beispiel:

1.2.a
Galina versucht mit allen Mitteln, die Aufmerksamkeit der Eltern auf sich zu ziehen. Möglichkeiten hierfür könnten häufige Erkrankungen oder später erhebliche Probleme in der Schule bieten.

1.2.b
Sie wird versuchen, so bald wie möglich aus dem Haus der Großmutter auszuziehen.

1.2.c
Da sie auf Distanz zur Großmutter geht, wird sie sich in ihrem erwachsenen Leben, wenn sie von deren Verurteilung Kenntnis erhält, eher mit deren Zeit vor der Verhaftung auseinander setzen und sie vielleicht auch wegen des Verdachts der Kollaboration mit den Deutschen ablehnen. In diesem Zusammenhang könnte sie sich auch – in Abgrenzung zur Großmutter – ab ihrem Schuleintritt zunehmend mit dem Sozialismus identifizieren und sich in den staatlichen Jugendorganisationen engagieren. Dies könnte auch dazu führen, dass sie die Rechtmäßigkeit der Verurteilung Olgas zunächst nicht anzweifeln wird.

Nach der Bildung aller möglichen Hypothesen zu den möglichen Auswirkungen dieser Familienkonstellation auf die Lebensgeschichte von Galina, mit dem Versuch, dabei die Folgehypothesen auch auf mögliche weitere überprüfbare biographische Daten zu beziehen (wie z. B. einem Engagement in der Jugendorganisation) wenden wir uns dem nächsten Datum zu und sehen, wie es in Galinas Lebensgeschichte weitergeht. Ich füge hier, aufgrund der gebotenen Kürze, zwei Daten zusammen:

Zweites Datum

2.

Als Galina fünf Jahre alt ist, zieht sie gemeinsam mit ihrer Urgroßmutter und ihrer Großmutter in die Region von Bataisk, und zwar in die Nähe der ukrainischen Grenze. Eine Rückkehr in die Ukraine wurde ihnen aufgrund gesetzlicher Regelungen verwehrt. Die Eltern beabsichtigen nachzukommen und folgen ein Jahr später. Die vier Generationen leben nun zusammen in einem Haushalt. Die Eltern sprechen russisch mit Galina. Dies ist auch die Zeit, in der Galina 1974 in die Schule kommt.

Wieder bilden wir alle uns möglichen Hypothesen und folgern dann auf die weitere Entwicklung des Familiensystems, auf deren Auswirkungen auf das Erleben von Galina und ihre weitere Lebensgeschichte. Bei diesem Datum sei zunächst daran erinnert, dass Galina nun in dem Alter ist, das dem Alter ihres Vaters zu der Zeit entspricht, als ihre Großmutter die Entwicklung ihres Sohnes nicht weiter miterleben und sie ihn für viele Jahre nicht sehen konnte. Aus der Perspektive des Vaters formuliert ist Galina nun in dem Alter, in dem ihm die Mutter für viele Jahre genommen wurde und zudem sein eigener Vater als vermisst galt. Wir können vermuten, dass diese Phase der Familienvergangenheit – auch durch die geographische Nähe zur Ukraine, die ja vermutlich nicht zufällig gewählt wurde – jetzt in der Familie wieder virulenter wird. Es ist auch zu vermuten, dass das Zusammenleben der vier Generationen in einer völlig veränderten Umgebung nicht völlig konfliktfrei verlief. Für Galina veränderte sich jedenfalls in diesem Jahr sehr viel.

Vereinfacht können u. a. folgende Hypothesen formuliert werden:

2.1

Galina kommt in einen erheblichen Loyalitätskonflikt. Sie wird sich fragen müssen: Wer ist nun meine „Mutter“, d. h. meine wichtigste weibliche oder mütterliche Bezugsperson, an wem orientiere ich mich? Hier gibt es entsprechend der Überlegungen zum ersten Datum verschiedene Möglichkeiten:

2.1.a

Aufgrund der bisherigen Nähe zur Großmutter (vgl. 1.1) wird sie die Mutter ablehnen und sich weiterhin an Olga orientieren. Eine Auswirkung davon könnte sein, dass sie sich, auch verstärkt durch Erfahrungen im außerfamilialen Kontext, etwa in der Schule, mit der Position einer Außenseiterin zu identifizieren beginnt.

2.1.b

Sie wird glücklich sein, die Mutter endlich bei sich zu haben (vgl. 1.2) und wird sich dieser nun verstärkt zuwenden. Dies kann auch mit der im Schulalter zu erwartenden zunehmenden Orientierung an Gleichaltrigen und dem sich verstärkenden Bedürfnis nach sozialer Anerkennung einhergehen.

2.1.c

Sie versucht, sich dem Loyalitätskonflikt zu entziehen, und orientiert sich mehr am Vater oder auch an der Urgroßmutter oder sie beginnt, sich mehr und mehr in sich selbst zurückzuziehen und sich an Personen außerhalb der Familie zu orientieren.

Des Weiteren lässt sich bei diesem Datum die Hypothese (2.2) formulieren, dass Galina aufgrund des Umzugs und dann auch mit Beginn ihrer Schulzeit anfangen wird, nach der Familiengeschichte zu fragen. Wie sich diese Hinwendung oder vermehrte Aufmerksamkeit gegenüber der politischen Vergangenheit Olgas gestaltet, wird wiederum abhängig davon sein, welche von den zuvor gedankenexperimentell entworfenen Möglichkeiten sich realisieren.

Ich überspringe die Daten ihrer schulischen Karriere und ihrer Laufbahn bei den Pionieren, wo sie „Führerin" wird, und betrachte zum Abschluss ein sehr wichtiges Datum im Zusammenhang der Familiengeschichte. Bis zum Alter von 13 Jahren hat Galina auf der manifesten Ebene kein Wissen über die Verurteilung ihrer Großmutter. Mit 13, also 1981, findet sie ein Dokument, aus dem hervorgeht, dass ihre Großmutter 1943 zu zehn Jahren Haft verurteilt und 1956 rehabilitiert wurde.

Selbst wenn wir nur diese Information betrachten, können wir bereits davon ausgehen, dass dieses Erlebnis für Galina eine beträchtliche biographische Bedeutung hat. Zum einen ist mit dieser Entdeckung die Frage im Raum, was wohl die konkreten Umstände und Gründe für die Verurteilung waren und zum anderen die Frage nach der Rechtmäßigkeit dieser Verurteilung. Des Weiteren ist für Galina mit der Entdeckung die Frage verbunden, weshalb ihr diese Vergangenheit, die ja auch ihren Vater in erheblicher Weise betrifft, bisher verheimlicht wurde. Je nachdem, welche Beziehung Galina zur

Großmutter hat und auch in welchem Verhältnis sie zur sowjetsozialistischen Gesellschaft steht, wird diese Entdeckung von ihr sehr unterschiedlich erlebt werden. So greifen wir hier wieder auf die eingangs formulierten Hypothesen (1.1.a, 1.1.b und 1.2) zurück. Es stellt sich somit die Frage, ob sie eher empathisch oder eher kritisch auf die Verfolgungsvergangenheit der Großmutter reagiert oder ambivalent zwischen beiden Möglichkeiten pendelt oder auch jedes Nachdenken darüber abwehrt und ob sie sich für diese Familienvergangenheit vielleicht schämt und sie zu verleugnen versucht.

Galina hat nach Abschluss der Schule ab 1986 Geschichte studiert und war zum Zeitpunkt des Interviews Assistentin an der historischen Fakultät einer Universität. Der Beginn ihres Studiums fiel damit zeitlich mit dem Beginn der Perestroika zusammen, die mit dem 25. Parteitag der KPdSU 1986 und Gorbatschows Programm einer politischen und ökonomischen Umstrukturierung der Sowjetunion einsetzte. Galina forschte im Bereich der „Oral History" und führte Interviews mit Menschen, die in den früheren Jahren der ehemaligen Sowjetunion verfolgt wurden. Hier können wir die Annahme formulieren, dass dies u. a. einer stellvertretenden Bearbeitung der Familienvergangenheit diente. Auch bei der späteren Partnerwahl lässt sich die Hypothese einer biographischen Bearbeitung verfolgen. Circa ein Jahr nach unserem Interview lernte sie ihren späteren Mann kennen. Er ist ein US-Amerikaner und stammt aus einer jüdischen Familie aus der Ukraine.

6.2.3 Text- und thematische Feldanalyse

Ich überspringe nun die weitere Arbeit an diesem ersten Auswertungsschritt und komme zur *Text- und thematischen Feldanalyse.* Bei diesem Analyseschritt habe ich versucht, die theoretischen Ausführungen von Aron Gurwitsch (1964) zur thematischen Feldanalyse und deren methodische Umsetzung durch Wolfram Fischer (1982) sowie die von Fritz Schütze (1983) ausgearbeitete Methode der Textanalyse in die Logik eines sequenziellen und abduktiven Vorgehens zu übersetzen (siehe ausführlich Rosenthal 1995). Das Ziel dieses Analyseschrittes ist es, die Regeln für die Genese der in der Gegenwart des Interviews präsentierten biographischen Erzählung bzw. allgemeiner der Selbstpräsentation herauszufinden. Im Unterschied zur Analyse der biographischen Daten und zur späteren Rekonstruktion der erlebten Lebensgeschichte, bei der die im ersten Schritt gewonnenen Hypothesen mit den Selbstaussagen der BiographInnen verglichen werden, wird hier nicht nach dem Erleben zum Zeitpunkt eines Ereignisses gefragt. Vielmehr konzentriert sich die Analyse in diesem Schritt auf die Frage, weshalb sich ein Biograph oder eine Biographin – ob nun bewusst intendiert oder latent gesteuert – so und nicht anders darstellt.

Würde z.B. Galina das Interview mit einer ausführlichen Erzählung über die Entdeckung des Geheimnisses ihrer Großmutter beginnen, würden wir Hypothesen darüber formulieren, weshalb sie damit in der Gegenwart des Interviews ihre Selbstpräsentation beginnt, welche Funktion dieser Anfang hat, welches Image sie damit vermitteln will und weshalb sie diesen Bestandteil ihrer Biographie ausführlich erzählt. Es geht bei diesem Analyseschritt also darum herauszufinden, welche Mechanismen die Auswahl der präsentierten Themen und deren Gestaltung, die temporalen und thematischen Verknüpfungen der einzelnen Teile der erzählten Lebensgeschichte oder auch einer niedergeschriebenen Autobiographie steuern. Wie empirische Analysen immer wieder zeigen (vgl. Rosenthal 1995) können wir davon ausgehen, dass die erzählte Lebensgeschichte nicht aus einer unverbundenen Ansammlung einzelner Teile besteht, sondern dass die einzelnen Sequenzen in irgendeiner Weise miteinander in Beziehung stehen. Offener formuliert heißt dies, wir stellen hier, wie auch bei allen anderen Arten von längeren, vom Produzenten selbst gestalteten Textpassagen, die Frage an den Text, ob die einzelnen Sequenzen im Sinne einer Gestalt angeordnet sind, in der die einzelnen Teile in einem Beziehungszusammenhang stehen, oder ob es sich hierbei um eine beliebige Anhäufung einzelner Teile handelt. In Anlehnung an Aron Gurwitschs thematische Feldanalyse geht es um die Frage, ob die einzelnen Bestandteile eines von einem Autor oder einer Autorin selbst gestalteten Textes Elemente eines oder mehrerer thematischer Felder sind. Gurwitsch diskutiert in seiner gestalttheoretischen Betrachtung und Weiterentwicklung der Analysen von Edmund Husserl die dialektische Beziehung zwischen Thema und thematischem Feld. Unter Thema versteht er das, was uns in einem gegebenen Augenblick beschäftigt und im Zentrum unserer Aufmerksamkeit steht. Themen sind jeweils in ein thematisches Feld eingebettet. Das thematische Feld definiert Gurwitsch (1974: 4) als „die Gesamtheit der mit dem Thema kopräsenten Gegebenheiten, die als sachlich mit dem Thema zusammenhängend erfahren werden und den Hintergrund oder Horizont bilden, von dem sich das Thema als Zentrum abhebt". Die nur zeitlich kopräsenten Gegebenheiten gehören dagegen in dieser Terminologie zum Rand. Das thematische Feld ist nun keine beliebige Anhäufung von Beständen, sondern diese sind in einer bestimmten Anordnung gegeben und stehen in einer sachlichen Beziehung zum Thema. Die Verbindung der Themen ist eine Gestaltverbindung. Diese bedeutet: Das Feld bestimmt das Thema und das Thema das Feld. Mit dem Wechsel eines Themas von einem Feld in ein anderes modifiziert sich das Thema, ebenso wie sich mit der Einbettung eines Themas in ein spezifisches Feld dieses Feld modifiziert. Mit diesen Überlegungen geht einher, dass sich die Bedeutung der einzelnen Bestände einer biographischen Präsentation in deren Gesamtgestalt erschließt und dabei auch die temporale Abfolge eine nicht unbedeutende Rolle spielt. Würde zum

Beispiel auf die Erzählung über die Entdeckung des Geheimnisses eine Sequenz über das Studium der Geschichte von stalinistischen Verfolgungen folgen, würde die erste Sequenz in einem anderen Feld verortet sein, also „in einem anderen Licht erscheinen“, als wenn z.B. eine Sequenz über die gute Beziehung zur Urgroßmutter folgen würde. Bei jeder Sequenz geht es damit um das Auffinden der inhärenten Verweisungen auf mögliche thematische Felder und um den hypothetischen Entwurf der jeweils anschlussfähigen weiteren Sequenzen. Im Fortgang der Analyse zeigt sich dann, welche thematischen Felder vom Biographen ausgestaltet werden, welche sich potenziell anbietenden Bestände dieser Felder nicht entwickelt bzw. nur andeutend thematisiert werden, und ebenso wird klar, welche Felder vermieden werden. Es wird deutlich, a) welche Themen nicht thematisiert werden, obwohl sie kopräsent sind – und zwar unabhängig von den Selbstdeutungen des Autobiographen, und b) wie der Autobiograph seine Erlebnisse systematisch nur in spezifische Felder einbettet und andere, den Erlebnissen inhärente mögliche Rahmungen vermeidet.

Bei der Formulierung von Hypothesen über die jeweilige Bedeutung der einzelnen Textsequenzen wird die jeweilige Textsorte mit berücksichtigt, in der die BiographInnen ihre Erlebnisse präsentieren (vgl. Kap. 5.4). Diese Überlegungen gehen auf Fritz Schütze zurück (1983). Ausgehend von der Annahme, dass die Wahl einer bestimmten Textsorte für die kommunikative Darstellung einer Erfahrung nicht zufällig ist und Erfahrungen sowohl mit einer ausführlichen Erzählung oder einem knappen Bericht oder in der Form einer Beschreibung oder einer Argumentation präsentiert werden können, lassen sich am je konkreten Fall Hypothesen über deren Funktion formulieren. So wird danach gefragt: Weshalb wählte die Biographin für diese Sequenz und dieses Thema diese Textsorte? Dabei gehen wir von der Arbeitshypothese aus, dass die Wahl der Textsorte sowohl etwas mit der Interaktion zwischen Interviewer und Interviewtem als auch mit der jeweiligen biographischen Erfahrung zu tun hat. Es ist gerade bei diesem Analyseschritt gezielt darauf zu achten, inwiefern die Wahl sowohl der Textsorte als auch der präsentierten Inhalte bzw. Themen dem Interaktionsprozess zwischen Interviewten und Interviewer geschuldet ist. So wird von Sequenz zu Sequenz der Frage nachgegangen, ob sich die Interviewten mehr an dem Relevanzsystem orientieren, das sie den InterviewerInnen zuschreiben, oder mehr an ihren eigenen Relevanzen.

Zur Vorbereitung der Analyse wird der gesamte Interviewtext gemäß seiner zeitlichen Abfolge in der Form eines stichwortartigen Überblicks sequenziert, d.h. in Analyseeinheiten gegliedert. Kriterien für die Sequenzierung, d.h. für die Definition, wann eine Sequenz beginnt und wann sie endet, sind: Redewechsel, Änderungen der Textsorte und inhaltliche Modifikationen. Es wird vermerkt, an welchen Stellen im Interview, bei welchen Inhaltsbereichen und biographischen Zeitpunkten der Biograph argumentiert, beschreibt oder erzählt.

Betrachten wir die ersten Sequenzen des Interviews mit Galina:

Sequenzierung des Interviews mit Galina		
1/1[9]	Eingangsfrage:	Familiengeschichte – eigene Lebensgeschichte
1/7	Beschreibung:	Urgroßmutter – von Vaters Seite: Ukrainerin, war 92, als sie starb
1/16	Argumentation:	Sie hatte eine tragische Geschichte Ihre glückliche Kindheit wurde durch irgendetwas unterbrochen; sie liebte es, die Familiengeschichte zu erzählen
1/23	Bericht über die nicht selbst erlebte Familiengeschichte	Schwester des Großvaters erzählte die Geschichte Großvater wurde vermisst Großmutter kam nach der Besetzung ins Gefängnis Sie war zehn Jahre im Lager, erzählte es aber nie
1/37	Argumentation:	Mutter erzählte über ihre Familie nicht viel Galina lernte ihre Großeltern mütterlicherseits erst kennen, als sie in der dritten Klasse war.
1/43	Beschreibung:	Lebte mit der Urgroßmutter und der Großmutter Ihre erste Sprache ist Ukrainisch in einem kleinen Ort in der Nähe der Stadt, in der ihre Eltern lebten
1/51	verdichtete Situation:	*„Wenn ich mich weigerte zu essen"* Großmutter erzählte von Situationen mit Galinas Vater, in denen er als Kind nicht essen wollte, nein, es muss über den Großvater gewesen sein, da der Vater als Kind im Krieg nie genug zu essen hatte. Sie erzählte auch lustige Geschichte darüber, dass der Vater es liebte, Worte zu erfinden …
	Evaluation	*„Ich habe diese Geschichten sehr geliebt"*
2/18	Argumentation:	Vergangenheit der Großmutter ist nicht klar, dies produziert eine psychologische Barriere
2/29	nonverbale Aufforderung zum Sprecherwechsel	
2/30	Interviewerin:	komm zu deiner eigenen Lebensgeschichte
2/33	biographische Globalevaluation: Beschreibung	*sie ist sehr lang und sie ist sehr kurz* geboren in Krasnojarsk in Sibirien Eltern lebten da, Vater war in der Ukraine geboren, Mutter kam aus dem mittleren Wolgagebiet. Großmutter lebte im Exil. Mutter kam wegen ihrem Studium nach Sibirien
Ende der Haupterzählung auf Seite 13 des Transkripts		

Diese Sequenzierung, die bei der späteren Analyse auch als eine Art Inhaltsverzeichnis verwendet wird, wird nun wiederum einer sequenziellen Analyse unterzogen. Wie bereits erläutert, geht es bei diesem Arbeitsschritt um die

9 Die erste Ziffer bezieht sich auf die Seite des Transkripts und die zweite auf die Zeile.

Frage, weshalb etwas so und nicht anders präsentiert wird. Wir orientieren uns bei der Hypothesenbildung dabei an folgenden Unterfragen:

1. Weshalb wird dieser Inhalt an dieser Stelle eingeführt?
2. Weshalb wird dieser Inhalt in dieser Textsorte präsentiert?
3. Weshalb wird dieser Inhalt in dieser Ausführlichkeit oder Kürze dargestellt?
4. Was könnte das Thema dieses Inhalts sein bzw. was sind die möglichen thematischen Felder, in die sich dieses Thema einfügt?
5. Welche Lebensbereiche und welche Lebensphasen werden angesprochen und welche nicht?
6. Über welche Lebensbereiche und Lebensphasen erfahren wir erst im Nachfrageteil und weshalb wurden diese nicht während der Haupterzählung eingeführt?

Betrachten wir die erste Sequenz in Galinas Interview. Auf die Aufforderung, ihre Familien- und Lebensgeschichte zu erzählen, beginnt Galina eine Beschreibung über die Urgroßmutter mit dem Hinweis auf deren ethnische Zugehörigkeit und Lebensalter. Wir können uns hier fragen: Weshalb dieser Beginn? Haben Alter und vor allem Ethnizität für Galina vielleicht heute – nachdem die Ukraine gerade ein Jahr vor dem Interview unabhängig geworden ist – eine hohe Relevanz? Träfe diese Hypothese (1.1) zu, würden wir im weiteren Fortgang erwarten, dass diese beiden oder eines der beiden Themen auch später immer wieder genannt werden bzw. konstitutive Themen für das thematische Feld dieser Haupterzählung sind. Auch hier formulieren wir also Folgehypothesen über mögliche Versionen für einen passungsfähigen Fortgang des Textes.

Ebenso ist zu überlegen, ob Galina vielleicht deshalb mit der ethnischen Zugehörigkeit der Familie beginnt, weil sie annimmt, dies könnte die deutsche Interviewerin besonders interessieren (1.2). Eine weitere Hypothese (1.3) ist: Die Urgroßmutter ist für Galina von hoher biographischer Relevanz und sie wird im Folgenden noch sehr viel über sie erzählen. Eine ganz andere Hypothese (1.4) könnte sein: Galina beginnt mit einem Familienmitglied, das nicht so sehr mit Tabuthemen behaftet ist. Zum Beispiel könnte sie die Urgroßmutter für den Anfang ihrer Präsentation der Familiengeschichte wählen, weil sie die Vergangenheit der Großmutter nicht thematisieren möchte.

Wie wir sehen, ist auch die zweite Sequenz der Urgroßmutter gewidmet. Sie wird unter Verwendung der Textsorte Argumentation mit ihrer Leidensgeschichte eingeführt. Man kann sich fragen, ob hier ein Legitimationsbedarf besteht und u. a. die Hypothese (2.1) formulieren: Galina hat den Bedarf, ihre Familiengeschichte als Leidens- oder Opfergeschichte zu präsentieren, vielleicht um damit andere Anteile an der Familiengeschichte zu rechtfertigen.

Wenn diese Hypothese zutrifft, wird sie dann auch die Großmutter Olga in diesem thematischen Feld einführen? Es folgt ein knapper Bericht von 15 Zeilen. Galina gibt die wesentlichen Informationen über die Geschichte der Großeltern väterlicherseits: Der Großvater blieb nach dem Zweiten Weltkrieg vermisst und die Großmutter wurde für zehn Jahre inhaftiert. Dies habe sie von der Schwester des Großvaters erfahren, während ihre Großmutter nie darüber gesprochen habe.

Bisher werden die schwierigen Anteile der Familiengeschichte eingeführt (vgl. 2.1). Neben der Leidensgeschichte deutet sich in dieser Sequenz jedoch auch das Thema an: „Wer hat über die Familiengeschichte gesprochen und wer nicht?“ Diese Thematik wird in der folgenden Argumentation noch deutlicher, der zufolge die Mutter wenig über ihre Familie erzählt habe. Nach einer nur 4-zeiligen Beschreibung über ihr Leben mit der Großmutter und der Urgroßmutter folgt eine längere Sequenz von 24 Zeilen. Es handelt sich dabei um eine verdichtete Situation, d. h. um eine Beschreibung einer immer wieder erlebten Situation. Bei dieser Sequenz verwechselt Galina die Generationen. Zunächst meint sie, dass in Situationen, in denen sie nicht essen wollte, ihre Großmutter von der Kindheit ihres Vaters und seiner wiederholten Verweigerung der Nahrungsaufnahme erzählte. Sie muss sich korrigieren und meint, der Vater hätte wegen des Krieges nie genug zu essen gehabt. Sie folgert daraufhin, dass dies wohl Erzählungen über den Großvater als Kind gewesen sein müssen. Trifft dies zu, dann wird wohl eher die Urgroßmutter als die Großmutter darüber erzählt haben. Diese Sequenz ist für den nächsten Auswertungsschritt der Rekonstruktion der erlebten Lebensgeschichte von erheblicher Bedeutung, da es dann wieder um die Frage nach der wichtigsten elterlichen Bezugsperson bzw. der Trägerin der Mutterrolle in Galinas ersten fünf Lebensjahren geht. Darauf komme ich später zurück. An dieser Stelle bleibe ich zunächst noch beim Auswertungsschritt der thematischen Feldanalyse. Des Weiteren führt Galina ein, dass ihr die Großmutter lustige Geschichten über den Vater erzählt habe, der es als Kind liebte, Wörter zu erfinden. Diese Sequenz gibt einen weiteren Hinweis darauf, dass das thematische Feld dieser biographischen Selbstpräsentation etwas damit zu tun hat, wer was über die Vergangenheit erzählt hat und wer nicht. Dazu passt dann auch die nächste Sequenz, in der Galina argumentiert, dass die unaufgeklärte und verschwiegene Vergangenheit der Großmutter eine „psychologische Barriere“ zwischen ihnen produziert habe. Damit klagt sie indirekt die Großmutter für deren Schweigen und damit für den Aufbau dieser Barriere zwischen ihnen an. Auffallend ist an dieser Passage, dass Galina nach dieser Erläuterung der Unterstützung von Seiten der Interviewerin bedarf. So kann man die Annahme formulieren, dass das verschwiegene Thema über die Vergangenheit der Großmutter auch eine Barriere in der weiteren Textgestaltung bzw. für die weitere Erzählung der eigenen Lebensgeschichte produziert. Im weiteren Verlauf zeigt die Analyse bei diesem Auswertungsschritt dann deutlich: Die biographische Selbstpräsentation von Galina ist durch zwei Themen bestimmt: „Die unklare und verschwiegene Vergangenheit meiner Großmutter“ und „Mein eigenes Leben“. Diese Konkurrenz dieser zwei Themen macht es Galina schwer, ihre eigene Lebensgeschichte zu erzählen, und bestimmt damit das thematische Feld, das man ungefähr wie folgt formulieren kann: „Mein eigenes Lebens ist belastet und behindert durch die unbekannte Vergangenheit meiner Großmutter.“ Dieses thematische Feld verdeutlicht die latente biographische Gesamtsicht von Galina; sie ist sich darüber selbst nicht bewusst. Dieses Feld manifestiert sich ganz deutlich in der Textstruktur der autonom gestalteten Präsentation. Galina benötigt mehrmals die Unterstützung der Interviewerin, um von der Familiengeschichte zu ihrer eigenen Biographie überleiten zu können. Galinas Gegenwart und ihr Zukunftshorizont sind bestimmt von ihrem Bedürfnis, sich selbst von der belastenden Familienvergangenheit und der damit verbundenen Familiendynamik zu befreien. In den Interviewpassagen, in denen sie über ihre Lebensgeschichte erzählen kann, konzentriert sie sich ganz auf ihre Schul- und Ausbildungskarriere. Die Analyse verdeutlicht, dass in Galinas Selbstpräsentation das Bedürfnis, ein eigenes Leben zu führen, das dominante Thema ist.

6.2.4 Rekonstruktion der erlebten Lebensgeschichte und sequenzielle Feinanalysen

Doch weshalb hat Galina dieses Bedürfnis bzw. welche biographischen Erfahrungen haben dieses Bedürfnis so bestimmend werden lassen? Dies setzt offenbar eine immer noch bestehende starke Bindung an die Familiengeschichte und überhaupt an die Familie voraus. Es stellt sich somit die Frage, auf welche Art und Weise Galina an die Familienvergangenheit gebunden ist. Darauf kann uns der weitere Analyseschritt der *Rekonstruktion der erlebten Lebensgeschichte* eine Antwort geben. Bei diesem Analyseschritt wenden wir uns nun wieder der biographischen Bedeutung einzelner Erlebnisse in der Vergangenheit und vor allem wieder der sequenziellen Struktur der erlebten Lebensgeschichte, ihrer temporalen Gestalt zu. Wir greifen dabei auf die Analyse der biographischen Daten zurück und kontrastieren diese mit den Selbstaussagen der Biographin. Haben wir uns bei der Text- und thematischen Feldanalyse dem Text mit der Frage zugewandt: „Weshalb präsentiert die Biographin dies in der Gegenwart des Interviews so und nicht anders?“, befragen wir den Text nun wieder nach den Spuren der Perspektiven in der Vergangenheit der jeweiligen Erlebnisse. Die im ersten Analyseschritt aufgestellten Hypothesen werden dabei anhand der Analyse des Interviewtextes falsifiziert oder belegt oder es werden weitere und neue Lesarten gewonnen. Um das Vorgehen nochmals deutlich zu beschreiben: Wir gehen in der Logik der sequenziellen Analyse in der Chronologie der erlebten Lebensgeschichte von biographischem Erlebnis zu Erlebnis und betrachten dabei jeweils die Interviewpassagen, in denen die Biographin darüber spricht. Dabei werden wir auch im Text weitere biographische Erlebnisse auffinden, die wir bei der Analyse der biographischen Daten noch nicht berücksichtigt hatten.

Beim Analyseschritt der Rekonstruktion der erlebten Lebensgeschichte zeigte sich bei Galina: Bis zum sechsten Lebensjahr hatte sie eine sehr enge Beziehung zu ihrer Urgroßmutter Vera und nicht so sehr zu ihrer Großmutter Olga. Das Interview verdeutlicht, dass Galina sich ab dem sechsten Lebensjahr zunehmend an der Mutter und auch am Vater orientierte. Beim Zusammenziehen mit den Eltern geriet das Mädchen verstärkt in Loyalitätskonflikte, vor allem weil ihre Mutter und ihre Großmutter sich nicht besonders gut verstanden. Die Rolle der Urgroßmutter in dieser Konstellation, die noch bis zum 16. Lebensjahr von Galina lebte, kann nur erahnt werden. Wahrscheinlich bezog sie nicht Position für Olga.

Galina erlebte in den Konflikten ihre Mutter als die Schwächere und begann, sich zunehmend auf ihre Seite zu stellen. In der Gegenwart des Interviews meint sie, dass sich damals die psychologische Barriere zwischen ihr und ihrer Großmutter zu entwickeln begann. Hier zeigt sich, dass die in der Gegenwart präsentierte Begründung für diese Barriere – also die im Dunkeln liegende Vergangenheit der Großmutter – nicht die einzig mögliche ist bzw. es vermutlich in der Vergangenheit noch andere Gründe dafür gab. So deutet sich in Galinas Erzählungen auch an, dass diese Entwicklung im Bindungsverhalten Galinas etwas mit der Zeit vor dem sechsten Lebensjahr und mit einer konfliktreichen Beziehung zwischen Olga und Vera zu tun hat, in der sich das Kind bereits mit Vera gegen Olga verbündet hatte. Dafür gibt es im Text und im familiengeschichtlichen Hintergrund etliche Belege. Des Weiteren erzählt Galina, dass sich die Großmutter in Sibirien in einem Kreis, der hauptsächlich aus ebenfalls verbannten Deutschen und Litauern bestand, viel wohler gefühlt hatte und dass es ihr nach der Umsiedlung in die Region von Bataisk psychisch sehr schlecht ging und sie mit Suizidabsichten spielte. Als Grund für die Umsiedlung wurde Galina von ihrer Familie vermittelt, dies sei aufgrund von Galinas schwachem Gesundheitszustand geschehen. Hier eröffnet sich z. B. eine in der Familie vermittelte Deutung, die mir bei der Analyse der biographischen Daten nicht in den Sinn gekommen war. Aufgrund der Präsentation von Galina, dass sie ihren Eltern viele Probleme gemacht habe, weil sie oft kränkelte, könnte man diese Begründung nun vorschnell als die wesentliche Motivation für den Umzug annehmen. Wir können jedoch auch die Hypothese bei der weiteren Auswertung verfolgen, dass mit dieser Begründung eine mit der Familienvergangenheit verknüpfte Motivation verdeckt wurde. Jedenfalls führte die Begründung gegenüber dem Kind zu einer recht problematischen Dynamik für Galina. Sie fühlte sich, wie die Analyse zeigte, sowohl für die Probleme der Großmutter als auch für die der Mutter, die nach dem Umzug mit Olga zusammenleben musste, mitverantwortlich und schuldig. Wenden wir uns nun der Entdeckung des gut gehüteten Familiengeheimnisses zu und sehen, wie die damals dreizehnjährige Galina diese erlebte. Hier sei vermerkt, dass die Erzählung darüber erst im Nachfrageteil erfolgte. Und dies, obwohl sich diese Erzählung sehr gut als Bestandteil in das thematische Feld, wer was über die Vergangenheit erzählte und wer nicht, einfügt. Die Erzählung fügt sich allerdings nur auf den ersten Blick in das Feld „die unklare Vergangenheit der Großmutter" ein; da gerade in der erzählten Situation wichtige Momente der verheimlichten Vergangenheit der Großmutter „klar" wurden, die sie in ihrer Gegenwart als Historikerin noch weiter aufklären könnte. Doch dazu später.

Zu der Zeit dieser Entdeckung war sie bereits eine Verbündete ihrer Mutter. Und so können wir auch entsprechend unseren Lesarten bei der Analyse der biographischen Daten annehmen, dass sie mit dem Einblick in die Vergangenheit der Großmutter nicht nur Empathie für deren Verfolgungsgeschichte entwickelt, sondern diese auch aus kritischer Perspektive zu sehen beginnt. Betrachten wir die genauen Umstände der Entdeckung: Galina lernte in der Schule Englisch und wollte etwas in dem zu Hause stehenden Russisch-Englisch-Wörterbuch nachschlagen. Dabei fand sie im Einband des Buches versteckt die Rehabilitationsurkunde der Großmutter, in der nur stand, dass Olga aufgrund des „Paragraphen 58" verurteilt worden war und nun rehabilitiert sei. Galina liest dies und ist mit der Frage beschäftigt, was dieser Paragraph wohl zu bedeuten habe:

> „I was very surprised and I couldn't understand. Why? How? My grandma? I know her and she was convicted of … what crime? It was so strange because there was only the number of the article. And with this sheet of paper I ran to my father." (Galina, 1992: 19)

Mit der Hilfe der Interviewerin, die Galina im szenischen Erinnern unterstützt, erinnert sie sich, welche Phantasien über die „Taten" der Großmutter ihr damals beim Lesen in den Sinn kamen. Sie meint: „When I read this number I connected her guilt with her second husband." (Galina, 1992: 21) Sie hatte die Phantasie, dass ihre Großmutter ihren zweiten Ehemann ermordet habe, obwohl Galina diesen Mann kannte und wusste, dass er noch lebte. Die Großmutter hatte sich noch vor Galinas Geburt von ihm scheiden lassen;

doch manchmal besuchte er Olga noch, als sie noch in Sibirien lebten. Wie lässt sich diese Phantasie interpretieren? Zunächst zeigt sich, dass Galina dazu neigt, ihre Großmutter anzuklagen. Um jedoch die konkrete Phantasie besser interpretieren zu können, bedarf es an dieser Stelle einer Feinanalyse der Textstelle, in der sie über diesen Mann spricht. Wir betrachten den Text – wieder in der sequenziellen Abfolge seiner Entstehung – in seinen kleinen Einheiten genauer. Galina fürchtete sich in ihrer Kindheit vor diesem Mann. Sie beginnt ihre Aussage über ihn wie folgt[10]:

> „It is one of the most — er (4) — frightening recollections from earliest childhood …“

Hier kann man sich fragen, welche beängstigenden Erlebnisse Galina wohl mit diesem Mann gehabt hat. Die Formulierung „it is one of the most …“ lässt vermuten, dass sie diese Erlebnisse heute noch ängstigen und ihre Angst sich vielleicht in den vier Sekunden Pause wieder aktualisiert. Wenn diese Hypothese zutrifft, dürfte es im Folgenden Hinweise – vermutlich auf parasprachlicher Ebene – für diese Aktualisierung geben. Sehen wir, wie der Text weitergeht:

> „it's-, he is-, he is coming-, he is coming“

Galina beginnt zu stottern, spricht im Präsens und man gewinnt geradezu den Eindruck, sie geht wieder in die Szene zurück. Die Hypothese, dass diese Szene noch heutzutage für Galina beängstigend ist, gewinnt weitere Plausibilität. Sie fährt fort:

> „and his voice and his- his presence in our home (3) I don't know“

Dieser Mann ist in der Erinnerung Galinas wieder im Haus präsent. Doch hier kommt sie ins Stocken und bricht ab, meint, „I don't know“. Eine mögliche Lesart hierzu ist, dass das Wiedererleben dieser äußerst beängstigenden Erinnerung zu bedrohlich ist und von Galina nun abgewehrt wird. Die Interviewerin geht nun auf sie ein und fragt:

> „When you go back in this situation, he is coming to your home and he is crying loud (3) what can you see“

---

10 Zu den Transkriptionsregeln vgl. Kap. 3.2.3.

Galina antwortet:

> „Ah- I can't say that eh (2) I (2) I'm lying in my bed in my room and eh, I eh, I am seeing the same low table and that cross and white (2) walls and I just, hear his eh-, very angry voice, very loud" (Galina, 1992: 22).

Auf der manifesten Ebene des Textes erzählt Galina hier und im Weiteren davon, dass sie sich vor den Besuchen des Exehemanns ihrer Großmutter und deren Streitereien fürchtete. Doch der Text gibt auch die Möglichkeit zu weiteren Lesarten. So kann man sich fragen, ob das kleine Mädchen verängstigt im Bett liegend zur hörenden Zeugin von Gewaltszenen zwischen der Großmutter und ihrem Exmann wurde. Ebenso deutet der Text auf die Möglichkeit hin, dass sie vielleicht selbst zum Opfer der Gewalt dieses Mannes wurde oder andere Gewalterlebnisse mit diesen Situationen assoziiert. Die Hypothese von selbst erlittener Gewalt in der Kindheit gewinnt anhand anderer Textstellen weiter an Plausibilität. Auch wenn wir dies anhand dieser Textstelle nicht belegen können, so können wir zumindest annehmen, dass Galinas Phantasie von ihrer Großmutter als Mörderin dieses Mannes auf einen unerfüllten Wunsch zurückgeht und sie sich als Kind manchmal wünschte, dass die Großmutter sie und sich selbst vor diesem Mann beschützen würde.

Gehen wir zurück zur Situation, als sie das Dokument entdeckte. Sie läuft zu ihrem Vater, der ihr das Dokument aus der Hand reißt. Galina will wissen, was dieses Dokument zu bedeuten habe und ihr Vater antwortet: „It is about Grandma, it shouldn't be talked about." Sie greift ihn am Arm, will ihm das Dokument wieder abnehmen und er schreit sie an: „It's none of your business; don't ask." Galina ist völlig überrascht über diese heftige Reaktion:

> „I was so surprised because I had a very close relationship with my parents, and I discovered that there is something he wants to hide, and I asked my Ma and she was just as surprised as I, she said that she didn't know" (Galina, 1992: 24).

Es stellte sich nun heraus, dass auch Galinas Mutter, wie diese später auch selbst in einem mit ihr geführten Interview erzählte, nichts von der Verurteilung ihrer Schwiegermutter und damit auch nichts von der Kindheit ihres Mannes wusste. Durch dieses Erlebnis und die Konstellation, dass Mutter und Tochter aus dem Geheimnismanagement der Familie ausgeschlossen waren, verstärkte sich auf dramatische Weise die Bindung zwischen Galina und ihrer Mutter. Damit geht einher, dass Galina sich der Verfolgungsvergangenheit ihrer Großmutter nicht empathisch nähern kann.

Das Ergebnis der Entdeckung von Galina war, dass sie sich von da an selbst mit Fragen quälte, die sie der Großmutter nicht zu stellen wagte. Damit wuchs die psychologische Barriere immer weiter an und bestimmt auch noch ihre Gegenwart zur Zeit des Interviews. So meint sie im Interview:

> „The story of my Grandma is not clear to me. I know only the plot … and it is a big problem for me that I can't ask."

Es wird jedoch auch deutlich, dass Galina sich selbst vor einer Aufklärung der Vergangenheit ihrer Großmutter fürchtet. Als ausgebildete Historikerin und in der Gegenwart eines sich öffnenden öffentlichen Diskurses über den Artikel 58 hat sie bisher niemals versucht herauszufinden, was dieser Artikel überhaupt bedeutet. Wir können einerseits davon ausgehen, dass die Aufklärung dieser Vergangenheit für sie im Jahre 1992 immer noch zu bedrohlich war und sie auch unbewusst die mögliche Rehabilitation ihrer Großmutter vermeidet. Diese Abwehr zeigt sich dann auch in dem Interview, das Galina einige Monate nach unserem Gespräch mit ihrer Großmutter führte.

Der hier am Beispiel dargestellte Auswertungsschritt der *sequenziellen Feinanalyse einzelner Textsequenzen* orientiert sich ebenfalls am Vorgehen der Objektiven Hermeneutik (Oevermann 1983). Einige Textstellen werden einer detaillierten sequenziellen Analyse unterzogen. Ziel ist dabei, insbesondere die latenten Sinnstrukturen des Textes zu entschlüsseln. Ein wesentliches Kriterium für die Auswahl von Textstellen sind parasprachliche Auffälligkeiten – wie lange Pausen, Versprecher und Abbrüche – sowie generell der Eindruck, dass die Textstelle mehr Sinn enthält, als beim ersten Lesen ersichtlich ist. Dieser Schritt der Analyse dient auch der Überprüfung und Erweiterung von aus den bisherigen Auswertungsschritten gewonnenen Hypothesen. Das bedeutet allerdings nicht, dass die Feinanalyse einer Textstelle mit einer bereits formulierten Hypothese begonnen wird. Auch hier müssen die bisherigen Interpretationen wieder zurückgestellt werden und entsprechend dem abduktiven und sequenziellen Verfahren ausgehend von einem empirischen Phänomen – hier der einzelnen Texteinheit – alle möglichen Hypothesen entworfen und deren Folgehypothesen abgeleitet werden.

6.2.5 Vergleich von erzählter und erlebter Lebensgeschichte und Typenbildung

Beim *kontrastiven Vergleich der erzählten mit der erlebten Lebensgeschichte* geht es zum Abschluss um mögliche Erklärungen für die Differenzen zwischen diesen beiden Ebenen, d. h. zwischen Vergangenheits- und Gegenwartsperspektive, und um den damit verbundenen Unterschied in der Temporalität und den thematischen Relevanzen von erzählter und erlebter Lebensgeschichte. M.a.W. verhilft die Kontrastierung dazu, die Regeln der Differenz von Erzähltem und Erlebtem aufzufinden. Dabei gilt es auch danach zu fragen, welche biographischen Erfahrungen zu einer bestimmten Präsentation in der Gegenwart geführt haben.

Bei Galina zeigt sich auf der Ebene der erlebten Lebensgeschichte eine sich im Laufe der Jahre verstärkende Bindung an die Mutter, eine zunehmende Anklagehaltung der Großmutter gegenüber (die vermutlich auf frühen Kindheitserlebnissen beruht, in denen sie sich von ihr nicht genügend geschützt fühlte) und ein damit einhergehendes zunehmendes Schuldgefühl. In der Gegenwart wird dies dagegen auf der bewussten Ebene in den Zusammenhang mit der politischen Vergangenheit der Großmutter und deren Schweigen darüber gestellt. Diese familiengeschichtliche Konstellation führte zu einer erheblichen Bindung an die Herkunftsfamilie. Galina versucht sich mit dem Image einer von der Familiengeschichte losgelösten Lebensführung zu präsentieren. Wir können annehmen, dass das Bedürfnis nach einer Loslösung von der Familie gerade deshalb so stark ist, weil sie immer noch erheblich an die Familie und deren Vergangenheit gebunden ist.

Nach abgeschlossener Fallrekonstruktion können wir uns nun wieder unserer Forschungsfrage und der Erklärung der mit ihr zusammenhängenden sozialen und psychischen Phänomene zuwenden. Damit wird es nach dem Abschluss der Analyse nun auch möglich, auf der Basis dieses einen Falles bereits einen Typus zu formulieren (vgl. Kap. 2.5.5; 2.5.6). Da sich die Frage nach den transgenerationellen Folgen einer belastenden Familienvergangenheit, die mich hier zuallererst interessierte, in diesem Fall geradezu aufdrängt, möchte ich die Bildung eines Typus am Beispiel eines möglichen anderen Forschungsinteresses verdeutlichen. Nehmen wir an, das Interview würde im Kontext eines Projektes zum Erleben des politischen Alltags in der ehemaligen Sowjetunion zur Zeit der Perestroika verwendet. Die abgeschlossene Fallrekonstruktion ermöglicht es, Aussagen der Befragten dazu im Kontext des gesamten Lebenszusammenhangs zu betrachten. In Galinas Fall zeigt sich dabei eine betonte Darstellung eines politischen Desinteresses und das Bedürfnis, „to separate my life from the life of the state", wie sie es selbst formuliert (vgl. Rosenthal 2000). Auf der anderen Seite wird jedoch in ihren Erzählungen entgegen dieser Selbstaussage ihr politisches Engagement insbesondere in ihrer beruflichen Arbeit deutlich. Auf der Grundlage der Fallrekonstruktion können wir nun entsprechend unserer Fragestellung und ausgehend von diesem einen Fall einen Typus konstruieren, der nicht nur die Oberflächenphänomene – wie eine unpolitische Haltung – beschreibt, sondern auch den biographischen Verlauf erklärt, der zu dieser Präsentation führt, bzw. die Regeln angibt, die diese Darstellung hervorbringen. So zeigt sich, dass Galinas Bedürfnis, ihr eigenes Leben vom Leben und der Vergangenheit ihrer Familie zu trennen, sich auch in ihrer Haltung zum politischen Alltag in Russland bekundet. Wir konnten sehen, wie sich das Muster eines Bedürfnisses zur Lösung von und einer gleichzeitigen Bindung an die Familiengeschichte, die in diesem Fall eng mit der Gesellschaftsgeschichte verknüpft ist, im Verlauf dieser Biographie konstituiert hat. Biographische Fallrekonstruktionen gestatten somit die Konstruktion von Verlaufstypen, die die Regeln des genetischen Prozesses angeben und diesen auch erklären können.

6.3 Fallrekonstruktionen auf einer anderen Fallebene

Fallrekonstruktionen können sich auch auf andere Fallebenen beziehungsweise, wie es Ulrich Oevermann (2000) formuliert, auf höher aggregierte soziale Gebilde als die einer einzelnen Biographie oder Person beziehen. Als Fall kann die soziale Einheit einer Familie (vgl. dazu die Auswertung des Familiengesprächs in Kap. 2.5.3) oder die einer Gruppe, einer Organisation, eines sozialen Milieus oder einer gesamten Staatsgesellschaft definiert werden. Grundsätzlich kann für eine Fallrekonstruktion jedes Datenmaterial herangezogen werden, wobei bei biographischen Fallrekonstruktionen lebensgeschichtliche Interviews oder schriftliche biographische Quellen im Zentrum der Analyse stehen. Interessieren uns hingegen Interaktionseinheiten, bietet sich zu diesem Zweck vor allem ein Datenmaterial an, bei dem die Interaktionen zwischen den zu dieser sozialen Einheit bzw. zu diesem Interaktionszusammenhang gehörenden Individuen elektronisch aufgezeichnet oder teilnehmend beobachtet wurden. Biographische Interviews können jedoch ebenfalls für die Rekonstruktion der Fallstruktur einer Familie, einer Gruppe oder einer Organisation dienen, der die interviewte Person angehört. Und umgekehrt kann ein Familiengespräch oder die Beobachtung einer Gruppe als Datenmaterial für die Rekonstruktion einer einzelnen Biographie herangezogen werden (vgl. zum Beispiel Köttig 2005). Für die Fallrekonstruktion ist es zunächst jedoch notwendig, dass definiert wird, was unser Fall ist. Oevermann (2000: 106) verdeutlicht dies wie folgt:

> „Ein transkribiertes Interview zum Beispiel repräsentiert sowohl den Interviewee als auch den Interviewer als Fall, darüber hinaus aber noch mehr: das Interview als pragmatisch spezifischen Gesprächstyp, die Milieus bzw. Lebenswelten, denen die beiden Beteiligten je angehören und noch viel mehr. Daher muss sich der Fallrekonstrukteur zu Beginn seiner

Operation entscheiden, welche der im Text zum Ausdruck kommenden Fallstrukturen er analysieren will. Das ist wichtig, damit die Einbeziehung von Vorwissen über den zu analysierenden Fall auf jeden Fall vermieden wird. Der Einbezug eines Vorwissens über andere Fallstrukturen wäre für die Erschließungsprozedur nicht zirkulär."

Nach abgeschlossener Fallrekonstruktion ist es dann möglich, auf die Fallstruktur von anderen sozialen Einheiten zu schließen, zu denen der analysierte Fall gehört. So lassen sich z. B. ausgehend von der Rekonstruktion der Biographie Galinas durchaus Annahmen über die Fallstruktur ihrer Familie oder über die strukturbildenden Merkmale ihrer Generation ableiten. Interessiert mich der Fall der Generation von Galina, die ihre Jugend- und Ausbildungsphase während der Perestroika erlebte, könnte man die betont „unpolitische" Selbstpräsentation Galinas – wie sie auch in der Literatur für diese Generation als typisch beschrieben wird (vgl. Kon 1991: 31) – als Ausdruck eines generationstypischen Merkmals annehmen, nämlich des Bedarfs dieser Generation, ein von den in der Vergangenheit, aber auch noch in der Gegenwart herrschenden staatlichen Restriktionen befreites und unbelastetes Leben zu führen.[11] Mit Hilfe eines kontrastiven Vergleichs mit anderen Personen dieser Generation (die hinsichtlich der dazugehörenden Merkmale und Jahrgänge empirisch noch näher zu bestimmen wäre) könnte diese Hypothese weiter verfolgt werden. Interessiert mich dagegen die soziale Einheit „Familie", so könnte man in diesem Fall die Annahme formulieren, dass es sich bei der Familie von Galina – sehr ähnlich wie bei der Familie Seewald (Kap. 2.5.3) – um ein gebundenes Familiensystem handelt, in dem der intrafamiliale Dialog von Schuldgefühlen und Geheimnissen geprägt ist. Für diese Annahme gibt das Interview mit Galina bereits sehr deutliche Hinweise. Mit der Auswertung der Interviews von Galinas Eltern und ihrer Großmutter kann diese Annahme dahingehend erweitert werden, dass sich diese Struktur eines von Schuldgefühlen und Geheimnissen geprägten Familiendialogs bereits etliche Generationen früher etablierte und aufgrund der jeweiligen politischen Verfolgungs- und Stigmatisierungserfahrungen immer weiter reproduziert und damit auch verfestigt wurde. Die Urgroßeltern waren im Kontext der Kollektivierung als Großbauern bereits in den 1930er Jahren verfolgt und verbannt worden. Deren Tochter, d. h. Galinas Großmutter Olga,

11 So meint Galina auf die Bemerkung der Interviewerin, dass sie nicht auf ihr Erleben der gesellschaftlichen Veränderungen eingegangen ist: „Ich kann sagen, das ist für mich nicht wichtig … als diese Veränderungen in unserer Gesellschaft begannen, war es wichtig zu den Vorlesungen zu gehen und Filme zu sehen … Doch heute versuche ich mein Leben absolut fern zu halten vom Leben des Staates."

hatte ihre Herkunft verleugnet und ihre Mutter in ihrer sozialen Umwelt als eine entfernte Verwandte ausgegeben. Ihrem Sohn wiederum, Galinas Vater, war als Kind ebenfalls von seinen Familienangehörigen auferlegt worden, nicht über seine Mutter zu sprechen und sie als seine Tante auszugeben.

Diese Möglichkeit des Schließens auf Fälle auf anderen Ebenen bzw. anderer sozialer Einheiten setzt jedoch eine Fallrekonstruktion im Unterschied zu einer Fallbeschreibung voraus. Entscheidendes Kriterium für eine Fallrekonstruktion im Unterschied zu einer Fallbeschreibung ist nach Ulrich Oevermann (2000) das methodisch kontrollierte Bemühen, die Fallstruktur – und dies bedeutet immer auch sowohl die Regeln ihrer Reproduktion als auch der Transformation – zu erschließen. Fallbeschreibungen eignen sich dagegen nur für eine Illustration oder Plausibilisierung von vorab formulierten Konzepten, d. h. „vorweg selegierten und bereitgestellten klassifikatorischen Allgemeinbegriffen" (Oevermann 2000: 61). Im Unterschied zu einer Logik der Rekonstruktion dienen sie einem subsumtionslogischen Verfahren, d. h. der Fall wird vorab definierten Kategorien zugeordnet. Mit dem von Oevermann diskutierten Strukturbegriff geht in der Objektiven Hermeneutik die sequenzielle Analyse einher, die es ermöglicht, die sequenzielle Reproduktion und Transformation der Fallstruktur im interaktiven Prozess zu rekonstruieren (vgl. Kap. 2.5.4). Das methodische Instrument für diesen Zweck ist die sequenzielle Feinanalyse einzelner Textstellen. Gemäß dem Verfahren der Text- und thematischen Feldanalyse kann die sequenzielle Gestalt der Grobstruktur auch von anderen Textmaterialien als der des narrativen Interviews, ob nun einer Gruppendiskussion, einer Videoaufnahme oder eines Zeitungsartikels, rekonstruiert werden. Für die Analyse des Gesamttextes ist es notwendig, entsprechend der Gestalt des Textes und der Fragestellung nach bestimmten Kriterien zu sequenzieren, d. h. den Text in einzelne Segmente einzuteilen und diese sequenziell zu interpretieren. Während bei einem narrativen Interview die Textsorten bzw. deren Wechsel das übergeordnete Kriterium für die Sequenzierung sind, bietet sich bei Texten, die stärker durch abwechselnde Redebeiträge strukturiert sind (wie bei einem Familiengespräch oder einer Gruppendiskussion) das Kriterium „Sprecherwechsel" als übergeordnetes Kriterium an. Bei einem Zeitungsartikel hingegen orientiere ich mich in der Regel an der Abfolge von Themen bzw. Inhalten.

Neben der sequenziellen Analyse der im Handlungsvollzug des Sprechens oder Schreibens immer wieder herzustellenden Struktur fordere ich bei der Rekonstruktion von Biographien auch die Analyse der sequenziellen Gestalt der erlebten Lebensgeschichte. Die am Beginn einer jeden Fallrekonstruktion stehende sequenzielle Analyse der Ereignisdaten – ob nun auf längere oder kürzere zeitliche Ereignisabfolgen bezogen – in der Tradition der Objektiven Hermeneutik ist hierfür ein wichtiger erster Auswertungsschritt, der sich leicht auf andere Fallebenen übertragen lässt (vgl. auch die sequenzielle Analyse der Ereignisdaten bei Beobachtungsprotokollen Kap. 4.4.2). Die historischen Daten einer Organisation oder einer Familiengeschichte können ebenso auf diese Weise analysiert werden. Für die Überprüfung der in diesem Vorgehen formulierten Hypothesen bedarf es dann wiederum auch der Selbstaussagen der in den jeweiligen Systemen handelnden Personen. Dafür sind auch bei anderen Fallebenen Erzählungen über die in der Vergangenheit liegenden selbst erlebten Ereignisse eine durchaus geeignete Datenebene. Beabsichtigen wir z. B. die Rekonstruktion der Geschichte einer Organisation und ihrer gegenwärtigen sozialen Wirklichkeit, so ist diese auch an die Perspektiven ihrer Mitglieder gebunden, die ein Produkt ihrer persönlichen Erfahrungen in dieser Organisation und generell ihrer lebensgeschichtlichen Erfahrungen sind. Ich würde also auch hier narrative Interviews neben anderen Erhebungsmethoden wie z. B. der Beobachtung einsetzen. Die Mitglieder könnten aufgefordert werden, über ihre Erfahrungen in der Organisation seit ihrem Eintritt in dieselbe bis in die Gegenwart zu erzählen (vgl. Kap. 5.4.3). Die Interviews würden zunächst nach der gleichen Logik wie biographische Fallrekonstruktionen ausgewertet und in einem weiteren Schritt in einem Vergleich der von den verschiedenen Mitgliedern präsentierten Versionen der Organisationsgeschichte und ihrer Perspektiven aufeinander bezogen werden.

Für die Analyse familiengeschichtlicher Daten ist die Erstellung eines Genogramms und dessen sequenzielle Auswertung ein wesentliches Hilfsmittel (Hildenbrand 1999 a: 32 ff.; Rosenthal 1997; Völter 2003: 48). Dieses aus der systemischen Familientherapie (McGoldrick/Gerson 1995) stammende Instrument ist eine graphische Form der Dokumentation von Familiendaten. Ähnlich einem Familienstammbaum werden die einzelnen Generationen – mindestens drei – in ihrer Abfolge und ihren verwandtschaftlichen Beziehungen zueinander dargestellt und die wichtigsten familiengeschichtlich relevanten Daten (Geburt, Heirat, Scheidung, Beruf, Krankheit, Tod etc.) vermerkt. Auch hier gehen wir bei der Interpretation sequenziell vor, indem mit den Daten zu der im Genogramm verzeichneten ältesten Generation begonnen wird, technisch gesprochen die Daten zu den folgenden Generationen verdeckt werden, Hypothesen zur Bedeutung der Daten der ersten Generation formuliert und Folgehypothesen zum möglichen weiteren Fortgang abgeleitet werden. Entsprechend dem abduktiven Vorgehen werden dann im dritten Schritt die Daten zur folgenden Generation „aufgedeckt" und mit unseren Hypothesen kontrastiert. In dieser Weise schreitet man bei der Analyse von Generation zu Generation fort.

Kapitel 7
Inhaltsanalyse – Kodieren in der Grounded Theory – Diskursanalysen

7.1 Einleitung

Da sowohl die qualitative Inhaltsanalyse, in der Bundesrepublik vor allem die von Philipp Mayring (1983; 2000) vorgestellten Verfahren, als auch das Kodieren entsprechend der Grounded Theory in vielen qualitativen Studien angewandt werden und diese Verfahren für die erste „Durchsicht" von großen Materialmengen durchaus sinnvoll sein können, werde ich auch diese Verfahren knapp vorstellen. Dabei werde ich jedoch weniger auf das konkrete Vorgehen und die Anforderungen an ein Kategorienschema oder die Technik des Kodierens eingehen, als vielmehr die mit der Logik dieser Verfahren verbundene Problematik diskutieren. Diese Problematik resultiert aus dem Widerspruch zwischen dem Anspruch einer am Prinzip der Offenheit orientierten rekonstruktiven Analyse und einem klassifikatorisch vorgehenden Verfahren, das den Prinzipien der Rekonstruktion und Sequenzialität nur schwer gerecht werden kann (vgl. Kap. 2.5). Zentral für die Inhaltsanalyse ist die Konstruktion eines Systems von Kategorien, mit Hilfe dessen der Text neu gruppiert wird, indem Textabschnitte allgemeineren Kategorien zugeordnet werden. Mit Hilfe der Kategorien wird das Material in Einheiten zergliedert, die dann bearbeitet werden können.

Ganz unabhängig davon, ob die Kategorien vor der Analyse oder am vorliegenden Textkorpus entwickelt wurden, werden die Textsegmente, bevor die Gesamtgestalt des Textes rekonstruiert wurde, dabei aus ihrem Entstehungszusammenhang herausgenommen und unter von den ForscherInnen konstruierte Sinnzusammenhänge subsumiert. Der Text wird bei diesen Verfahren neu gegliedert und nicht in seiner sequenziellen Struktur rekonstruiert. Es wird damit mehr oder weniger von einer Bedeutungsäquivalenz der vom Inhaltsanalytiker verwendeten Kategorien und den Sinnstiftungen der Textproduzenten ausgegangen (vgl. Hitzler/Honer 1997: 23; Wohlrab-Sahr 1999: 490).

Es gilt abzuwägen, wie dieser Problematik begegnet werden kann, da m. E. bei großen Materialmengen durchaus ein Forschungsdesign denkbar ist, bei dem sich vor einer rekonstruktiven und sequenziellen Textauswertung zunächst eine inhaltsanalytische Vorauswertung des vorliegenden Gesamtkorpus an Texten anbietet. Diese Vorauswertung kann zur ersten Sichtung des Materials und zur Bildung einer theoretischen Stichprobe für eine weitere Auswertung dienen. Eine Vorgehensweise, bei der das Textmaterial sowohl inhaltsanalytisch als auch rekonstruktiv und sequenziell ausgewertet wird, bietet sich bei Analysen an, die sich auf große Textmengen beziehen, z. B. bei Diskursanalysen anhand von massenmedialen Texten zu einer bestimmten Thematik.

Bei einer kleinen empirischen Untersuchung zum Thema „Antisemitismus im gegenwärtigen Österreich", die ich im Rahmen eines Seminars an der Universität Wien mit Studierenden durchführte, sahen wir zum Beispiel einige Ausgaben von politisch unterschiedlich orientierten österreichischen Tageszeitungen der letzten Wochen nach Artikeln durch, die in irgendeiner Weise etwas mit Juden und Israel zu tun hatten. Zum anderen führten wir narrative themenzentrierte Kurzinterviews, in denen wir die Befragten zu Erzählungen über ihre persönlichen Erfahrungen mit Juden aufforderten. Das vorliegende Textmaterial wurde zunächst nach auf der Oberfläche unterschiedlich erscheinenden Ausdrucksformen von Antisemitismus gesichtet, wie Philosemitismus, Schuldzuweisung des Völkermords an die Juden, Leugnung der Verbrechen etc. Diese Kategorisierungen bezogen sich jedoch jeweils auf die gesamte Einheit eines Interviews oder eines Zeitungsartikels; die Texte wurden also nicht neu nach Kategorien gegliedert. Sie konnten damit auch verschiedene Formen des Antisemitismus repräsentieren. Die Kategorisierung galt uns auch nur als eine sehr vorläufige Zuordnung, zumal sich Antisemitismus oft nur zwischen den Zeilen in recht widersprüchlichen Argumentationen und vor allem in vagen Andeutungen zeigt. Mit der späteren feinanalytischen Auswertung von exemplarisch ausgewählten Texten konnten diese ersten Kategorisierungen verworfen, verfeinert und vor allem in ihren Querverbindungen entschlüsselt werden.

7.2 Wie qualitativ kann eine Inhaltsanalyse sein?

Der in der Bundesrepublik prominenteste Vertreter der qualitativen Inhaltsanalyse ist Philipp Mayring. Er versteht die qualitative Inhaltsanalyse als ein systematisches, regelgeleitetes und theoriegeleitetes Verfahren zur Analyse von fixierter Kommunikation, „mit dem Ziel, *Rückschlüsse auf bestimmte* Aspekte *der Kommunikation* zu ziehen" (1983: 11). Hierfür wird „das Material zergliedert und schrittweise bearbeitet", und mit Hilfe des theoriegeleiteten, am Material entwickelten „Kategoriensystems werden diejenigen Aspekte festgelegt, die aus dem Material herausgefiltert werden sollen" (Mayring 1996: 91). Die „Kategorienbildung am Material" bei Mayring erfolgt nun keineswegs so offen, wie dies zunächst klingen mag. Vielmehr ist sie durch den Anspruch der Theoriegeleitetheit und der vorab vollzogenen genauen Klärung der Fragestellung in erheblichem Maß vorherbestimmt. Das von Mayring vorgestellte Ablaufmodell für die von ihm so bezeichnete „induktive Kategorienbildung" erfordert vor dem Schritt der Kategorienbildung am Material die „allgemeine Kategoriendefinition, Festlegung des Selektionskriteriums und Abstraktionsniveaus für die Kategorienbildung" (2000: 472). Nach Mayring besteht „der Grundgedanke einer qualitativen Inhaltsanalyse … nun darin, die Systematik … der Inhaltsanalyse für qualitative Analyseschritte beizubehalten, ohne vorschnelle Quantifizierungen vorzunehmen" (Mayring 2000: 469). Weitere, quantifizierende Analyseschritte sollen möglich sein, und daher fordert er ein Verfahren, das sich an den Gütekriterien der quantitativen Forschung orientiert. Zum Beispiel werden gemäß dieser Logik Kategorien nur bei häufig auftretenden Phänomenen gebildet. Die Überprüfung von Hypothesen über Zusammenhänge zwischen den häufig auftretenden Kategorien soll nach dieser Vorstellung im quantitativen Sinne erfolgen. Bei einer Untersuchung zu arbeitslosen LehrerInnen in den neuen Bundesländern bildeten Mayring, König und Birk (1996) auf der Grundlage offener Biographiefragebögen zur Fragestellung, welches Berufsverständnis die Befragten in der DDR entwickelt hatten, induktiv Kategorien und formulierten aus den häufig aufgefundenen Kategorien zwei Oberkategorien, die sie wie folgt formulierten: „Lehrer aus Freude am Beruf selbst" und „Lehrer aus Engagement für den Sozialismus". In einem nächsten Schritt wurde untersucht, „ob diese unterschiedlichen Orientierungen einen Einfluss auf die Verarbeitung der Arbeitslosigkeitserfahrungen zeigen" (Mayring 2000: 473).

Es wird deutlich, dass Mayring mit seinem inhaltsanalytischen Vorgehen versucht, einerseits den Standards der quantitativen Sozialforschung gerecht zu werden und andererseits dennoch die Vorteile eines qualitativen Vorgehens – wie die im Forschungsprozess mögliche Modifikation des Kategoriensystems – in eingeschränkter Form nutzen möchte. Damit fällt er, wie ich im Folgenden mit einem Rückblick auf die Geschichte der Inhaltsanalyse zeigen möchte, hinter die von Siegfried Kracauer 1952 formulierten Forderungen an die qualitative Inhaltsanalyse zurück.

Zur Geschichte der Inhaltsanalyse. Die Inhaltsanalyse wurde in der ersten Hälfte des letzten Jahrhunderts im Zusammenhang mit der zunehmenden massenmedialen Kommunikation per Radio und Zeitung zur Erforschung der öffentlichen Meinung und insbesondere als Instrument der Ideologiekritik und Propagandaforschung entwickelt. Zunächst standen hier die Auswertung von großen Textmengen und die Häufigkeit bestimmter Merkmale von Texten im Vordergrund. Bereits „1910 gab Max Weber auf dem ersten Deutschen Soziologentag die Empfehlung, den Inhalt von Zeitungen mit ‚Schere und Kompass' zu durchforsten, um quantitativ fassbare Veränderungen der publizierten Inhalte im geschichtlichen Ablauf ermitteln zu können" (Ritsert 1972: 15). In den USA wurden um diese Zeit die ersten empirischen Untersuchungen von Zeitungsmaterial durchgeführt. Es war der Erste Weltkrieg, der sowohl während als auch nach dem Krieg zu einem besonderen Bedarf an Forschung im Bereich der Propaganda führte. So untersuchte Harold D. Lasswell (1927) die unterschiedlichen Propagandatechniken der Krieg führenden Mächte (USA, England, Frankreich und Deutschland) und diskutierte Propaganda als eine Art des Krieges von Ideen gegen Ideen (1927: 12). Er verdeutlichte mit seiner Analyse, dass der moderne Krieg außer auf dem militärischen und ökonomischen Feld auch an der Front der Propaganda geführt wird (ebenda: 214). Ebenso war die sozialwissenschaftliche Forschung im Kontext des Zweiten Weltkrieges ein weiterer wichtiger Schritt in der Entwicklung der Inhaltsanalyse. US-amerikanische Sozialwissenschaftler analysierten im Dienste der US-Kriegsführung die Propaganda in anderen Ländern. Auch hier legte Lasswell, der damals Direktor der *Experimental Division for the Study of War-Time Communications* war, wichtige Analysen vor. Während Lasswell und seine Mitarbeiter sich hauptsächlich mit der sowjetischen Propaganda auseinander setzten, analysierten Kris und Speier (1944) die nationalsozialistische Propaganda im deutschen Rundfunk, vor allem mit dem Ziel, Prognosen über den weiteren Verlauf des Krieges ableiten zu können.

Einige der Studien Lasswells und seiner Mitarbeiter wurden in dem 1949 unter dem Titel „Language of Politics" herausgegebenen Band veröffentlicht, der auch eine methodische und theoretische Auseinandersetzung mit der Inhaltsanalyse enthielt. Die Autoren vertraten die Annahme, dass man die Sprache der Politik am besten mit Hilfe von quantitativen Methoden untersuche (ebenda: 40 ff.). Die Konzentration lag dabei auf dem Auffinden von bestimmten Inhalten in dem zu untersuchenden Textmaterial, die entsprechend dem entwickelten Kategorienschema kodiert wurden, und auf der Auszählung der Häufigkeiten ihres Auftretens (vgl. Lisch 1978: 20).

Ein weiterer „Meilenstein" im Bereich der quantitativen Inhaltsanalyse und in gewisser Weise Auslöser für methodologische Reflexionen im Bereich der qualitativen Inhaltsanalyse war die Arbeit von Bernhard Berelson im Jahre 1952. Berelson, ein Schüler von Paul Lazarsfeld, publizierte eine systematische Zusammenstellung und methodische Diskussion der bisherigen inhaltsanalytischen Verfahren und forderte in Abgrenzung von qualitativen Verfahren ein quantitatives Vorgehen. Zunächst kritisierte er völlig zu Recht, dass die qualitativen Analysen meist „quasi-quantitativ" seien, da sie in vager Form ebenfalls quantifizierende Aussagen wie „selten", „häufig" oder „meist" machen (1952: 116f.). Diese Kritik trifft auch auf gegenwärtige qualitative inhaltsanalytische Untersuchungen zu und liegt m.E. in der Logik von Verfahren, die zu Annahmen über Zusammenhänge von Merkmalen durch die Häufigkeit des gemeinsamen Auftretens und nicht durch die Rekonstruktion des genetischen Wirkungszusammenhangs zu gelangen versuchen.

Noch polemischer jedoch waren Berelsons Ausführungen zum Anspruch einer qualitativen Inhaltsanalyse, „tiefere Phänomene" bzw. den latenten Inhalt mit „reichhaltigeren" Kategorien als bei quantitativen Verfahren zu erfassen. Seine Polemik richtete sich u.a. gegen Leo Löwenthal, einen prominenten Vertreter der Frankfurter Schule, der beispielsweise 1944 eine Analyse von Biographien von Prominenten in populären Magazinen vorgelegt hatte, und gegen Siegfried Kracauer, der ebenfalls zum weiteren Umkreis der Frankfurter Schule zählte. Kracauer hatte 1942 eine qualitative Inhaltsanalyse von nationalsozialistischen Propagandafilmen vorgenommen und 1947 seine berühmte Studie über den deutschen Film, „From Caligari to Hitler", publiziert. Berelson argumentierte gegen diese qualitativen Studien, dass sie zeigen würden, "that the content descriptions are not particularly 'advanced'; it is the flavor of the *interpretation* of the content data that makes these analyses seem sophisticated and rich" (ebenda: 133). Diese Kritik beruht auf der Grundannahme, dass der manifeste Inhalt eines Textes von der Interpretation des Inhalts („interpretation of the content data") getrennt werden kann (s.w.u.). Berelson schlägt vor, statt „mit impressionistischen oder vieldeutigen Formulierungen eine Forschung zu beenden, sollten die Vertreter der qualitativen Analyse so präzise wie möglich die Indikatoren für einen bestimmten Inhalt von Kategorien angeben, die sie im Sinne haben" (1952: 133, Übersetzung G. R.). Mit der genauen Ausformulierung ihrer Hypothesen würden – so Berelson – an ihre Arbeiten anschließende quantitative Forschungen und damit eine konstruktive Integration von qualitativer und quantitativer Inhaltsanalyse ermöglicht. Damit verweist Berelson, in ähnlicher Weise wie heutzutage Mayring, die qualitative Inhaltsanalyse in den Bereich von Pilotstudien, deren Hypothesen später nach den Standards eines quantifizierenden Verfahrens getestet werden können.

Berelson setzte die Maßstäbe für die Ansprüche der quantitativen Inhaltsanalyse: „Die Inhaltsanalyse ist eine Forschungstechnik zur objektiven, systematischen und quantitativen Beschreibung des manifesten Inhalts von Kommunikation" (Berelson 1952: 18). Er fordert, dass die Analyse nach eindeutideutigen Regeln durchgeführt werden muss, um objektiv zu sein, und systematisch insofern, als die Regeln für die Analyse vorab festgelegt werden, und die Auswahl des Materials nach wohl begründeten Kriterien erfolgen muss (vgl. Herkner 1974: 158). Die Beschränkung auf den manifesten Inhalt in diesem Ansatz beruht auf der Grundannahme, dass es neben der latenten Bedeutung eines Textes eine mehr oder weniger stabile Bedeutung gibt, d.h. eine Bedeutung, die einem Wort oder einer Aussage üblicherweise in einem bestimmten Sprachmilieu beigemessen wird und jedem Leser oder jeder Leserin mehr oder weniger unmittelbar als Sinn erscheint, d.h. ganz unabhängig vom jeweiligen Kontext der Artikulation und den subjektiven Definitionen oder Rahmungen der beteiligten Personen (sowohl der Textproduzenten als auch der Rezipienten).

Siegfried Kracauer reagierte bereits 1952 auf Berelson und plädierte vehement für ein qualitatives Verfahren der Inhaltsanalyse. Kracauer ging zwar auch davon aus, dass die Kategorienbildung zentraler Bestandteil einer jeden Inhaltsanalyse ist, doch forderte er von einer qualitativen Inhaltsanalyse, sich nicht den Kriterien der quantitativen Inhaltsanalyse zu unterwerfen. Er verlangte von den verwendeten Kategorien, dass sie der Struktur eines Textes als Ganzes gerecht werden, d.h. den manifesten und latenten Verbindungen, die aus den elementaren Einheiten des Textes eine „Gestalt" bilden: "... dealing with the structure of the text as a whole, i.e., the linkage, manifest or latent, which makes the atomistic units a Gestalt" (Kracauer 1952: 639). Sein Anliegen ist die Rekonstruktion von *Mustern* und die Vermeidung der isolierten Analyse einzelner Textelemente. Er formuliert für eine qualitative Inhaltsanalyse dezidiert folgende Anforderungen (vgl. Ritsert 1972: 14ff.):

1. Die Rekonstruktion des Kontextes, d.h. einzelne Textelemente im Gesamtzusammenhang des Textes zu betrachten (Kontext),
2. die Analyse der latenten Sinnstrukturen des Textes (Latenz),
3. die Berücksichtigung der Einzelfälle bzw. Besonderheiten (Singularität),
4. die Berücksichtigung der Interdependenz der Teile eines Textes, d.h. die Rekonstruktion seiner Gestalt (Gestalt).

Bei diesen Forderungen ist im Kontext gegenwärtiger inhaltsanalytischer Verfahren vor allem Kracauers Forderung ernst zu nehmen, dass bei der Analyse auch selten auftretende Phänomene oder Einzelfälle zu berücksichtigen seien. Wollen wir dem Anspruch einer ideologiekritischen oder diskursanalytischen Vorgehensweise gerecht werden und der Frage nachgehen, welche Themen in spezifischen Kontexten zugelassen werden und welche nicht bzw. welche Themen in bestimmten Diskursen abgewehrt oder geleugnet werden, dann ist eben nicht nur auf die Anwesenheit von bestimmten Inhalten oder Inhaltsmerkmalen zu achten, sondern vielmehr auch auf deren

Abwesenheit. Diese gilt es zu interpretieren, wie es von George (1959: 10) für die qualitative Inhaltsanalyse dezidiert gefordert wurde. Wird nur die Anwesenheit von bestimmten Themen – ob nun in den Massenmedien oder in Forschungsinterviews – oder werden gar nur die häufig auftretenden Themen zum Bestandteil der Analyse, dann reproduziert die wissenschaftliche Forschung die in den jeweiligen Diskursen geltenden Regeln für das Verschweigen oder Leugnen von bestimmten Inhalten.

Nimmt man Kracauers Forderungen ernst, so wie sie auch Jürgen Ritsert (1972) aus der Perspektive der Kritischen Theorie verteidigte, dann stellt sich die Frage, ob dies überhaupt noch auf ein inhaltsanalytisches Verfahren übertragbar ist, also auf ein Verfahren, das den Text entsprechend einem vorliegenden oder auch am Material erstellten Kategoriensystem neu strukturiert. M. E. führt die Umsetzung der von Kracauer formulierten Ansprüche zu einem rekonstruktiven und sequenziellen Verfahren, da es recht schwierig ist, einerseits die Textbestandteile nach Kategorien zu gruppieren und andererseits gestalttheoretisch oder ganzheitlich oder gar sequenziell vorzugehen.[1] Aus diesem Grund fallen auch die qualitativen Inhaltsanalysen – wie die von Mayring – in der Regel hinter die Forderungen Kracauers zurück. Da Mayring den Anspruch vertritt, im Laufe der Analyse zu quantifizieren, unterliegt auch sein Verfahren der Logik und den Kriterien eines quantifizierenden Vorgehens. So lässt sich m. E. auch erklären, dass Mayring (2000) bei seinen Ausführungen zu Siegfried Kracauer in einem Handbuchartikel zur Inhaltsanalyse dessen Kritik an der Vernachlässigung der Einzelfälle überhaupt nicht erwähnt.

7.3 Empirisches Beispiel: Zur Entschlüsselung von antisemitischen Statements

Die Bedeutung der Abwesenheit von bestimmten Inhalten zeigt sich besonders prägnant in lebensgeschichtlichen Interviews mit so genannten Zeitzeugen des Nationalsozialismus, in denen häufig das Thema „Nazi-Verbrechen und Völkermord“ überhaupt nicht angesprochen wird. In den Nachfolgegenerationen können wir dann teilweise die völlige Meidung des Themas „Juden“ beobachten bzw. es fällt in bestimmten thematischen Kontexten auf, dass geradezu vermieden wird, das Wort „Juden“ überhaupt auszusprechen (Rosenthal 1997 e: 345 ff.). Würden wir bei der Auswertung dieses Phänomen nicht berücksichtigen, trügen wir dazu bei, auch im wissenschaftlichen Dis-

1 Zum Versuch, sowohl inhaltsanalytisch als auch sequenziell und rekonstruktiv vorzugehen, vgl. die Arbeit von Anne Huber (2001).

kurs über den Nationalsozialismus diese Dethematisierung bzw. den in latenter Form kommunizierten Mythos zu wiederholen, dass Auschwitz auf einem anderen Planeten stattgefunden habe. Bei der Analyse muss der Frage nachgegangen werden, an welchen Stellen des Textes bestimmte Themen wie „Nazi-Verbrechen und Völkermord" kopräsent sind und mit welchen Strategien diese Themen vermieden werden.

Die Analyse der Abwesenheit von bestimmten Themen und der Strategien des Ausweichens bedarf ebenso wie die von Andeutungen, von vagen und diffusen Aussagen eines sequenziellen und feinanalytischen Vorgehens, wie es u.a. von Ulrich Oevermann vorgestellt wurde (vgl. Kap. 2.5.4; 6.2). Es sind oft gerade jene Stellen in einem Text, die sich *vor* einer gründlicheren Betrachtung und der Rekonstruktion des latenten Bedeutungsgehalts kaum Kategorien zuordnen lassen, die besonders aussagekräftig für die Struktur des Gesamttextes sind.

Die Schwierigkeit der Zuordnung einer Textstelle, auch wenn sie sich explizit auf den Holocaust bezieht, zu einer Kategorie und die Notwendigkeit einer sequenziellen Feinanalyse möchte ich anhand eines Artikels aus den österreichischen Printmedien mit der Überschrift *„Erinnerung an den Holocaust"* erläutern, bei dem sich insbesondere die erste Passage durch eine Anhäufung von nebligen Andeutungen auszeichnet. Bevor ich Angaben über den äußeren Kontext des Textes, d.h. über die Zeitung mache, in der der Artikel erschien, werde ich zunächst nur den Text vorstellen. Betrachten wir die Überschrift. Hier sind recht unterschiedliche Kontexte, in denen der Text erschienen sein kann, wie auch unterschiedliche Inhalte des so betitelten Textes denkbar. Der Titel kann sich sowohl darauf beziehen, dass im folgenden Text der Holocaust in Erinnerung gerufen wird, als auch darauf, dass der Text von dem Gedenken an den Holocaust handelt. Es kann ein Text von einem Autor sein, der den Holocaust überlebt hat und der über seine Erinnerungen schreibt. Ebenso kann sich der folgende Text auf ein Ereignis beziehen, an das man sich kollektiv erinnert (z.B. die Befreiung von Auschwitz) oder bei dem an den Holocaust gedacht werden soll (z.B. den Gedenktag an den Holocaust in Israel). Bei der Überschrift fällt die Formulierung im Singular auf. Auch hierzu lassen sich unterschiedliche Hypothesen formulieren, wie zum Beispiel: Es geht um eine bestimmte Art und Weise der Erinnerung an den Holocaust, die als die „richtige" Form der Erinnerung definiert werden soll. Entsprechend dieser Hypothese erwarten wir im Folgenden eine Belehrung über die Art und Weise, wie man sich zu erinnern habe.

Der erste Satz des Artikels lautet: „Nächste Woche wird in Wien das Holocaust-Mahnmal auf dem Judenplatz eröffnet." Damit wird auf das Mahnmal in Wien verwiesen, das auf Initiative von Simon Wiesenthal von der Stadt Wien gestiftet und am 25. Oktober 2000 enthüllt wurde. Das Mahnmal dient dem Gedenken an die mehr als 65.000 österreichischen Juden, die zwischen 1938 und 1945 ermordet wurden. Bei dem zitierten Satz, der weder Datum noch Uhrzeit der Eröffnung enthält, stellt sich die Frage, ob der Autor über die Eröffnung oder eher über die (richtige) Erinnerung informieren will. Der darauf folgende Satz des Artikels macht einem nun das Verstehen schwer. Er lautet: „Es hält das unvorstellbare, mörderische Leid in Erinnerung, das die Nazis Juden, Zigeunern und anderen Menschen angetan haben, es zeigt aber auch, was Nationalsozialismus wirklich bedeutet hat und wie leichtfertig der Umgang mit der Nazi-Keule ist, die in der aktuellen Politik geschwungen wird." Dieser Satz ist ohne eine genauere Analyse wohl kaum einer abstrakten Kategorie zuordenbar, er zeichnet sich vielmehr durch seine Vieldeutigkeit aus. Mit jedem einzelnen Satzteil sind für die Leserinnen ganz unterschiedliche Möglichkeiten der Rezeption gegeben. Dieser Satz bedarf daher einer Analyse in kleinen Einheiten. Kondensiert und (aus der Perspektive der abgeschlossenen Analyse) ergebnisorientiert möchte ich einige zentrale Hypothesen zitieren, die von Studierenden im Kontext eines Seminars an der Universität Wien formuliert wurden. Betrachtet man die im Kontext von Mord sehr ungewöhnliche Formulierung „das unvorstellbare, mörderische Leid" näher, sind sehr unterschiedliche Rezeptionsweisen möglich. Zunächst hat diese Aussage die ‚manifeste' Bedeutung, dass das Mahnmal an das unvorstellbare Leid der im Holocaust ermordeten Menschen erinnert. Auf der latenten Ebene kann diese Formulierung aber auch anders gelesen werden, wie zum Beispiel: Wenn das Leid unvorstellbar ist, braucht es im folgenden Text und generell nicht thematisiert zu werden. Des Weiteren wirkt die gewöhnlich metaphorische Formulierung „mörderisches Leid" im Kontext der Ermordung von Menschen eher verwirrend. U.a. kann dies nach der wortwörtlichen Interpretation wie folgt gelesen werden: Es war das Leid, das die Opfer umgebracht hat und nicht die Gewaltakte der Täter. Oder gar: Die Mörder leiden, es geht also im folgenden Text um das Leiden der Mörder oder auch der Mitläufer. Eine weitere Lesart kann sein: Die Opfer sind mörderisch, weil sie den Mördern Leid zufügen.

Mit der Aufzählung „Juden, Zigeunern und anderen Menschen" wird nun entgegen der Bestimmung des Mahnmals die Gruppe der Opfer so weit ausgedehnt, dass sich jeder Österreicher und jede Österreicherin als zu diesen „anderen Menschen" gehörend verstehen kann. Diese Aufzählung gibt einen Hinweis darauf, dass es sich vermutlich nicht um einen Text eines jüdischen Überlebenden handelt, der Text wohl auch nicht in einem Presseorgan der jüdischen Gemeinde Wiens und vermutlich auch nicht einer der sozialdemokratischen Partei Österreichs nahe stehenden Zeitung erschienen ist. Vielmehr kann die Hypothese formuliert werden, dass dieser Text im Kontext jenes Diskurses über den Nationalsozialismus in Österreich steht bzw. diesen reproduziert, den man als apologetisch und nicht als kritisch bezeichnen könnte. Vermutlich – so die Hypothese – ist er dann in einem eher politisch rechts orientierten Presseorgan erschienen. Der apologetische Diskurs über den Nationalsozialismus in Österreich zeichnet sich, ähnlich wie in Deutschland, durch den Mythos „Wir sind alle Opfer des NS" aus (vgl. Wodak u.a. 1990) und darüber hinaus, unter Berufung auf die Moskauer Deklaration[2] von 1943, durch das Selbstverständnis Österreichs als des ersten Opfers des Faschismus bzw. Deutschlands (vgl. Uhl 2001). Im zitierten Satz werden zu diesem Kollektiv der Opfer neben den anderen Menschen „Juden" und in der abwertenden Begrifflichkeit auch „Zigeuner" gezählt. Auch diese Aufzählung, die z.B. die politisch Verfolgten nicht enthält, lässt sehr unterschiedliche Lesarten zu. Vermutlich handelt es sich beim Autor dieses Textes und bei den üblichen LeserInnen dieser Zeitung nicht um Sozialdemokraten oder Kommunisten. Das Mahnmal soll „aber auch" zeigen, so geht der Satz weiter, „was der Nationalsozialismus wirklich bedeutet hat". Dank der entgegensetzenden Konjunktion „aber" kann die bisherige Aussage dahingehend verstanden werden, dass die Erinnerung an das Leid, das die Nazis anderen zugefügt haben, nicht die wirkliche Bedeutung des Nationalsozialismus wiedergibt, sondern offenbar eine falsche, nicht „wirkliche" Bedeutung. Als Gegenlesart kann formuliert werden, dass das Mahnmal noch weit mehr als das Leid, das die Nazis den Opfern angetan haben, in der Erinnerung festhält, vielmehr in seiner Bedeutung noch darüber hinausgeht und weit umfassender zu interpretieren ist.

Der Text eröffnet den LeserInnen und Lesern mit diesen Formulierungen die Möglichkeit, ihre Vorstellungen zur „wirklichen" Bedeutung des NS zu assoziieren – wie z.B. das Senken der Arbeitslosigkeit oder den Bau der Autobahnen. Der Satz gibt jedenfalls einen weiteren Hinweis auf die Hypothese, dass der Autor von einer falschen und einer richtigen Form der Erinnerung ausgeht. Im nächsten Halbsatz wird diese wirkliche Bedeutung jedoch nicht explizit genannt, sondern es geht vielmehr um das „leichtfertige Schwingen der Nazi-Keule in der aktuellen Politik". Im Folgenden erfahren wir dann auch, wer nach Ansicht des Autors die Nazi-Keule schwingt: Es handelt sich um den Wiener Bürgermeister Häupl. Dazu die im Text nicht enthaltene Information: Michael Häupl ist Mitglied der sozialdemokratischen Partei

2 Im Oktober 1943 beschlossen die Außenminister der USA, Großbritanniens und der Sowjetunion auf der Moskauer Konferenz die Fortsetzung des Krieges bis zur bedingungslosen Kapitulation Deutschlands und die künftige Gründung einer neuen Friedens- und Sicherheitsorganisation. Dabei wurde auch eine Erklärung über Österreich verfasst, in der Österreich als erstes Opfer der Angriffspolitik Hitlers bezeichnet und beschlossen wurde, dass Österreich von der deutschen Herrschaft befreit werden sollte.

(SPÖ) und wirkte bei der Eröffnung des Mahnmals mit. Hier deutet sich erneut an, dass dieser Artikel wohl nicht in einem der SPÖ nahen Presseorgan publiziert wurde.

Bleiben wir im Bild einer schwingenden Nazi-Keule, dann macht der Bürgermeister andere, gegen die er leichtfertig die Keule schwingt, zu Opfern. Es wird vom Autor konstatiert, dass dem Wiener Bürgermeister Häupl „der angemessene Umgang mit der Vergangenheit" fehle. Häupl selbst wird wie folgt vom Autor zitiert: „Es ist ein Zeichen, dass der Antisemitismus in dieser Stadt älter ist und weiter zurückreicht als bis in die NS-Zeit. Niemand in dieser Stadt kann sich von Schuld freisprechen." Der Autor des Artikels setzt dem entgegen: „Pardon, Herr Bürgermeister, aber das ist jene Überzeichnung, die den falschen Reflex auslöst, die Ablehnung jeglicher Erinnerung. Denn natürlich sind Österreicher von heute nicht Schuld an Verbrechen gegen die Juden, da kann sich jeder freisprechen, es sei denn er wäre praktizierender Antisemit, aber dann landet er ohnehin vor Gericht."

Es geht also um die Zurückweisung von Schuld und um die Freisprechung der Österreicher von heute; sie sind keine praktizierenden Antisemiten. Schuldig sind entsprechend dieser Formulierung diejenigen, die den Antisemitismus praktizieren – wobei man sich darunter sehr Unterschiedliches vorstellen kann. Nach dieser für den apologetischen Diskurs über den Nationalsozialismus typischen Argumentationsfigur erstaunt es dann auch nicht, wie der Autor fortfährt. Er fordert eine ergänzende Tafel am Judenplatz, die auf den toleranten Kaiser Joseph II. hinweisen soll, der den „Juden die Zulassung zu Handwerk, Gewerbe, Industrie … ermöglichte". Damit soll wohl der Beleg für den in Österreich nicht bestehenden „praktizierenden" Antisemitismus erbracht werden.

Während die mittlere Sequenz relativ einfach als ein Beispiel für die Entlastungsstrategie der „Zurückweisung von Schuld und Freisprechung der heute Lebenden" und die nächste Sequenz als Beleg für die Unterstützung von Juden und damit als Argument für einen nicht vorhandenen Antisemitismus kodiert werden könnte, zeichnet sich der Beginn des Textes durch seine Mehrdeutigkeit und damit durch seine zwischen den Zeilen liegenden latenten Bedeutungen aus, die auf der manifesten Ebene nicht mitgeteilt werden können. Der Text ermöglicht es, dass die Leserinnen und Leser ihn entsprechend den zitierten Hypothesen rezipieren können. Die Feinanalyse dieser Passage verdeutlicht, wie der Autor mit diffusen und vagen Andeutungen und mit Auslassungen – z. B. in Bezug auf die wahre Bedeutung des Nationalsozialismus – arbeitet und damit den LeserInnen Assoziationen ermöglicht, die öffentlich kaum geäußert werden können. Dies erinnert an antisemitische Äußerungen von Politikern der Freiheitlichen Partei (FPÖ) wie die von Jörg Haider insbesondere während des Wahlkampfs im Frühjahr 2001 benutzten Diffamierungen von politischen Gegnern, auch von Michael Häupl[3] (vgl. Wodak 2001). Mit der Vagheit, den Andeutungen und Auslassungen wird es möglich – wie dies auch bei Haider deutlich wird –, anschließend Vorwürfe über antisemitische Aussagen zurückzuweisen und zu versichern, man habe es so ja nicht gemeint.

Auch ist die Abfolge der einzelnen Sequenzen bei diesem Artikel, der mit dem Erinnern an das Leid der NS-Opfer beginnt, um danach einen SPÖ-Politiker zu kritisieren, nicht ohne Bedeutung. Subtil benützt der Autor das Gedenken an die ermordeten Juden, um sowohl von den Tätern als auch den Opfern abzulenken und andere – nämlich SPÖ-Politiker – als „Täter" zu diffamieren. Die rechten Politiker im Lande werden dabei durch „das leichtfertige Schwingen der Nazi-Keule" zu Opfern der Linken gemacht.

Es wird mittlerweile deutlich geworden sein, dass dieser Artikel wohl kaum in einem der SPÖ nahen Organ erschienen ist. Der österreichische Journalist Kurt Markaritzer publizierte ihn unter der Rubrik „Von Mensch zu Mensch" – in dem der rechts orientierten Kronenzeitung nahen Organ der tA-online.

Die sequenzielle Analyse solcher Artikel oder auch von themenzentrierten Interviews sowie die feinanalytische Auswertung einiger Passagen aus diesen Texten ermöglicht die Rekonstruktion des latenten Sinngehalts und der Merkmale bestimmter Argumentationsfiguren. Bei der Analyse ist dabei ganz entscheidend – im Unterschied zu einem inhaltsanalytischen Verfahren – darauf zu achten, an welchen Stellen in einem Gesamttext bestimmte Inhalte formuliert oder auch vermieden und z.B. antisemitische Statements angedeutet oder geäußert werden. Die Analyse von thematisch breiter angelegten Texten bietet dabei noch weit mehr die Möglichkeit, die Funktion solcher Argumentationen für die Textproduzenten zu erschließen. Dies möchte ich an einem Beispiel aus einem lebensgeschichtlichen Interview verdeutlichen, in dem der Erzähler relativ deutlich seinen Antisemitismus zum Ausdruck bringt. Die Textstellen zu diesem offen geäußerten Antisemitismus sind re-

3 Haider machte u. a. am 23. Febr. 2001 in der Kurhalle Oberlaa folgende Aussage: „Der Häupl hat einen Wahlkampfstrategen, der heißt Greenberg (lautes Lachen im Saal). Den hat er sich von der Ostküste einfliegen lassen! Liebe Freunde, ihr habt die Wahl, zwischen dem Spindoctor Greenberg von der Ostküste oder dem Wienerherz zu entscheiden!" (zitiert nach Wodak 2001: 132) Haider wehrte Antisemitismus-Vorwürfe u. a. damit ab, dass er die antisemitische Konnotation der „Ostküste", die das Stereotyp einer mächtigen jüdischen Lobby in New York bedient, mit der Behauptung zurückwies, es handle sich dabei um eine wertfreie geographische Bezeichnung. Mit dem darauf folgenden Hinweis „und dort liegt das politische Zentrum in Amerika" (zitiert nach Wodak 2001: 134) ist es dann jedoch wiederum möglich, antisemitische Konnotationen zwischen den Zeilen zu lesen.

lativ leicht zu kodieren. Für die Analyse entscheidender ist hingegen, an welchen Stellen im Interview sie erfolgten und welche funktionale Bedeutsamkeit sie daher in der Gesamtgestalt der biographischen Erzählung erhalten.

Eine Textstelle aus dem Interview mit Otto Sonntag[4], wie ich diesen in den 1920er Jahren geborenen Mann genannt habe, zeigt eine typische Argumentationsfigur, die den Juden die Schuld am Zweiten Weltkrieg zuschreibt:

> „Ich will jetzt nicht darauf gar nicht eingehen, es hat **GRÜNDE GEGEBEN**[5], dass man die Juden damals- insbesondere in Berlin, müssen Sie mal die Geschichte nachlesen, was die Juden in Berlin für eine Rolle gespielt haben, ‚die war nicht ganz sauber'. … **Das** war- und jetzt kommt meine Nebenbemerkung, **dass** dieser – dieses unbewältigte Problem der Juden (2) hat eigentlich (2) zum Weltkrieg geführt ((pointiert)). Es klingt komisch, aber es **ist** so. Denn damit hat das internationale Judentum, das in Ehren überall saß im- vor allen Dingen in Amerika auch heute noch, die haben dann natürlich gesagt: So lassen wir uns nicht behandeln als Juden in Deutschland, da muss auch etwas passieren"

Diese Textstelle lässt sich recht leicht als eine Argumentationsfigur kodieren, die den Juden die Schuld am Zweiten Weltkrieg gibt und damit unausgesprochen deren Ermordung rechtfertigt. Doch welche Funktion hat diese Aussage für Otto Sonntag? Nehmen wir ein weiteres Merkmal dieses Falls – seine Beteiligung an den Nazi-Verbrechen – hinzu, lässt sich eine Annahme über die Funktion dieses Elements in seiner biographischen Darstellung formulieren. Otto Sonntag wurde nach 1945 wegen Verbrechen gegen die Menschlichkeit von den Alliierten inhaftiert und war vermutlich – wie die Auswertung seines lebensgeschichtlichen Interviews, unterstützt durch Archivrecherchen, nahe legt – als Architekt am Bau von Krematorien in Konzentrationslagern beteiligt. Als Hypothese kann formuliert werden: Aufgrund der eigenen Beteiligung an den Nazi-Verbrechen versucht sich dieser Mann mit der Strategie der Schuldzuweisung zu entlasten und entsprechende Vorwürfe abzuwehren. Die Schuldzuweisung an die Juden dient damit zur Rechtfertigung des eigenen Handelns.

Diese Interpretation könnte anhand anderer Fallbeispiele im numerischen Sinne überprüft werden, d.h. mit der Frage, ob Schuldzuweisungen an die Juden häufiger durch Menschen erfolgen, die an der Verfolgung und Ermordung von Juden beteiligt waren, als durch Menschen, die nicht daran be-

---

4 Zur ausführlichen Darstellung dieses Falls vgl. Rosenthal (1997 d).

5 Die Hervorhebung durch Blockschrift und Fettdruck im Transkriptzitat bedeutet, dass diese Worte geschrieen wurden. Zu den Transkriptionsregeln vgl. Kap. 3.2.

teiligt waren. Eine interpretative Analyse hat jedoch im Unterschied zu einem quantitativen Vorgehen den Anspruch, den Wirkungszusammenhang am konkreten Einzelfall aufzuzeigen.

Wenn wir in Betracht ziehen, an welcher Stelle in der biographischen Großerzählung und in welchem thematischen Kontext diese Sequenz von Otto Sonntag geäußert wird, dann erschließt sich dieser Zusammenhang. Auf die Aufforderung, seine Familien- und Lebensgeschichte zu erzählen[6], folgt in aller Ausführlichkeit und klar strukturiert die Erzählung seiner Lebensgeschichte bis ins Jahr 1939 (21 Seiten des Transkripts). Otto Sonntag gesteht dabei seine Begeisterung für den Nationalsozialismus und seine Mitgliedschaft in diversen nationalsozialistischen Verbänden offen ein. Danach spricht er einige Zeit (vier Seiten im Transkript) über das Thema „Kriegsschuld der Juden" und handelt erst danach – auf nur fünf Seiten, recht chaotisch, mit vielen Abbrüchen und temporalen Sprüngen – seine gesamte Lebenszeit von 1940 bis zu seiner Entlassung aus der Gefangenschaft 1946 ab.

Der textuelle Rahmen des Themas „Die Kriegsschuld der Juden" ist nun recht interessant. Bevor Otto Sonntag darauf zu sprechen kommt, berichtet er, dass er bis 1940 beim Heeresbauamt im Rahmen der Wiederaufrüstung im Bereich des Kasernenbaus tätig war. An dieser Stelle bricht die Linearität seiner Lebensgeschichte ab. Anstatt über seinen Einsatz nach der Arbeit beim Heeresbauamt und über seine aktive Teilnahme an bestimmten Aktionen in dieser Phase zu sprechen, argumentiert er mit der Schuld der Juden. Die darauf folgende Präsentation seiner Kriegs- und Gefangenschaftszeit ist somit eingebettet in die Erklärung, die Juden seien für das Geschehen dieser Jahre verantwortlich zu machen.

Mit dem Eingangsstatement „Kam also das Jahr 1938, 1939" eröffnet er die zitierte Sequenz über die Kriegsschuld der Juden. Inwiefern diese Schuldzuweisung der Vermeidung einer Erzählung über das eigene Handeln im Krieg dient, wird im Nachfrageteil des Interviews deutlich. Darum gebeten, noch einmal zu erzählen, wie er den Kriegsbeginn erlebt habe, antwortet Herr Sonntag: „Ich sag es Ihnen immer wieder, das ist nichts anderes wie die Vergeltung des internationalen Judentums gewesen, die gesagt haben, **jetzt** haben wir sie und jetzt wird **nicht** nachgegeben."

Mit der Formulierung „**Jetzt** haben wir sie und jetzt wird **nicht** nachgegeben" wird der Vorwurf der Grausamkeit bzw. Erbarmungslosigkeit von den Tätern auf die Opfer umgelenkt.

6 Otto Sonntag wurde von mir 1993 interviewt. Er stimmte einem Gespräch von knapp drei Stunden zu und lehnte ein weiteres Interview ab.

Wie dieses Beispiel andeutet, ermöglichen lebensgeschichtliche Interviews, die biographische Funktion antisemitischer Deutungsmuster aufzuklären, darüber hinaus jedoch auch deren Genese und Wandlungen im Laufe der Lebens- und damit auch der Gesellschaftsgeschichte zu rekonstruieren. Die Analyse von biographischen Interviews mit so genannten Zeitzeugen des Dritten Reiches zeigte sehr deutlich die Wechselwirkung zwischen dem Verlauf der staatlichen Entrechtungs- und Vernichtungspolitik und dem Wandel der Einstellungen und des Verhaltens gegenüber den Juden in der nichtjüdischen deutschen Bevölkerung. Der allmähliche Prozess der zunehmenden Dehumanisierung der Juden vollzog sich nach meinen Analysen erzählter Lebensgeschichten schrittweise in aufeinander folgenden Phasen (1933–1935; 1935–1938; 1938–1945), die mit den Eskalationsphasen der staatlichen Maßnahmen gegen die jüdische Bevölkerung (Nürnberger Gesetze; Reichspogromnacht und Transporte) korrespondierten (Rosenthal 1992: 455 ff.).

7.4 Kodieren in der Grounded Theory

Das Verfahren des Kodierens in der Grounded Theory nach Anselm Strauss und Juliet Corbin zeichnet sich dadurch aus, dass es einerseits gegenüber dem recht geschlossenen Verfahren der qualitativen Inhaltsanalyse nach Mayring stärker den Prinzipien der Offenheit und der Rekonstruktion gerecht wird. Andererseits birgt es jedoch die Gefahr, einer vorschnellen Subsumtionslogik zu folgen, und wird vor allem dem Prinzip der Sequenzialität nicht gerecht. Während bei Mayring der Gegenstand und die Fragestellung zu Beginn der Auswertung klar definiert sein müssen und sich damit schon vorab bestimmte Kategorien anbieten, zeichnet sich das Vorgehen in der Grounded Theory durch die Entdeckung und Entwicklung der Fragestellung und so auch der zur Kodierung benutzten Kategorien im Forschungsprozess aus. Gefordert wird hier eine in der Empirie geerdete („grounded") Theoriebildung. Während man sich bei der qualitativen Inhaltsanalyse mehr oder weniger auf den manifesten Inhalt eines Textes beschränkt, wird beim offenen Kodieren (s. w. u.) in der Grounded Theory auch der latente Gehalt eines Textes analysiert. Die Analyse von Beziehungen zwischen den Kategorien erfolgt hier nicht im numerischen Sinne, mit Hilfe des Kriteriums der Häufigkeit gemeinsamen Auftretens, sondern über die Rekonstruktion von Wirkungszusammenhängen im untersuchten Kontext.

Strauss und Corbin (1990/1996) unterscheiden drei verschiedene Kodierungsformen, das offene, das axiale und das selektive Kodieren. Dabei handelt es sich zwar um getrennte analytische Vorgehensweisen, doch sie werden nicht strikt nacheinander und getrennt durchgeführt, sondern man wechselt insbesondere zwischen dem offenen und axialen Kodieren hin und her (1996: 77). Dabei ist das Ziel, ausgehend von den Daten und durch die Entdeckung der Beziehungen zwischen Kategorien eine Theorie zu entwickeln.

Zunächst erfolgt in diesem Verfahren noch ein konsequent offenes Kodieren; dem empirischen Material (in dieser Tradition meist Beobachtungsprotokolle und Interviews) werden „Kodes" oder anders gesagt Kategorien zugeordnet, die noch nah am Text und deskriptiv formuliert werden. Erst im Verlauf der Forschung wird die Kategorienbildung abstrakter, die Codes werden zusammengefasst und es werden vor allem Beziehungen zwischen den Kategorien herausgearbeitet (vgl. Flick 1995: 197). Zum *offenen Kodieren* schreiben Strauss und Corbin (1996: 44):

> „Offenes Kodieren ist der Analyseteil, der sich besonders auf das Benennen und Kategorisieren der Phänomene mittels einer eingehenden Untersuchung der Daten bezieht. Ohne diesen ersten grundlegenden analytischen Schritt könnten die weiterführende Analyse und die anschließende Kommunikation nicht stattfinden. Während des offenen Kodierens werden die Daten in einzelne Teile aufgebrochen, gründlich untersucht, auf Ähnlichkeiten und Unterschiede hin verglichen, und es werden Fragen über die Phänomene gestellt, die sich in den Daten widerspiegeln."

Insbesondere zu Beginn der Analyse werden Textteile, ähnlich wie bei sequenziellen Feinanalysen, Zeile für Zeile analysiert. Erst im Laufe der Analyse wechselt dieses zunächst noch rekonstruktive Verfahren zu einem stärker subsumtionslogischen Vorgehen, in dem Texteinheiten den gebildeten Kategorien zugeordnet werden. Es handelt sich dabei jedoch um eine vorläufige Kodierung, die im nächsten Schritt überprüft wird.

Beim *axialen Kodieren* geht es um „das Erstellen von Verbindungen zwischen Kategorien" und die Daten werden „nach dem offenen Kodieren auf neue Art zusammengesetzt" (Strauss/Corbin 1996: 75). Mit diesem Vorgang soll die Datenmenge reduziert werden. Ziel ist es, „Rohdaten auf höhere Niveaus zu bringen, sodass sie sich auf mehr als einen Fall beziehen lassen", schreibt Juliet Corbin (2003: 74) und verdeutlicht dies anhand einer Studie über Personen mit einer lebensbedrohlichen Krebserkrankung. Beim offenen Kodieren wurde hier die Kategorie „Reduktion der biographischen Bedrohung" gebildet, die biographische Strategien im Umgang mit der ungewissen Zukunft umfasste. Das axiale Kodieren dient dann der Weiterentwicklung dieser Kategorie, indem weitere Fragen mit Hilfe des so genannten Kodierparadigmas gestellt werden. Die bisher gebildeten Kategorien werden befragt nach den Bedingungen, die das Phänomen verursachen, nach dem Kontext, in den das Phänomen eingebettet ist, nach den Interaktionsstrategien, durch die es bewältigt wird, und nach den Konsequenzen dieser Strategien (Strauss/Corbin 1996: 76). Bei der Kategorie „Reduktion der biographischen Bedrohung" wurde z. B. danach gefragt, in welchen Kontexten bzw. unter welchen Bedingungen die bedrohungsmindernden Strategien gebraucht werden (Corbin 2003: 73 f.). Übertragen auf die Argumentation zur „Kriegsschuld der Juden" würde also auch in diesem Verfahren danach gefragt, in welchen Kontexten so argumentiert wird, welche Funktion diese Argumentation hat und was sie bewirkt.

Das *selektive Kodieren* setzt dann das axiale Kodieren fort, indem die nach dem axialen Kodieren entwickelten Kategorien zu integrieren versucht werden. „Die Integration erfolgt um ein Hauptthema herum, um ein oder mehrere Konzepte, die das untersuchte Phänomen in seiner ‚breiteren Bedeutung' beschreiben" (Corbin 2003: 74). Dies kann auch eine bereits beim axialen Kodieren gebildete Kategorie sein, die sich durch „vielseitige Relationen zu allen anderen wichtigen Kategorien" auszeichnet und „eine zentrale Stellung im Begriffsnetz" hat (Böhm 2000: 482). Bei der biographischen Fragestellung von Juliet Corbin zur lebensbedrohlichen Krebserkrankung kann die bereits eingeführte Kategorie „Reduktion der biographischen Bedrohung" oder auch „Leben lernen nach einem lebensbedrohlichen Ereignis" ein solches Hauptthema (auch „Kernkategorie" genannt) sein (Corbin 2003: 74).

Das Kodierparadigma war im gemeinsamen Ansatz der Grounded Theory von Glaser und Strauss (1967) noch nicht angelegt. Es wurde von Strauss erst 1987 vorgestellt und 1990/1996 mit Juliet Corbin verstärkt in die Diskussion gebracht. Barney Glaser (1992) reagierte in seinem Buch „Emergence vs. forcing: Basics of grounded theory" mit einer massiven Kritik am Kodierparadigma, warf Strauss vor, die Daten in eine bereits implizit bestehende Theorie zu zwingen und damit das Anliegen der Grounded Theory zu verfehlen. Jörg Strübing verdeutlicht die Inkonsistenz der Kritik Glasers, der im Unterschied zu Strauss theoretische Kodes an die Daten heranträgt: „Wo das Kodierparadigma bei Strauss und Corbin nur den Charakter einer pragmatischen Heuristik hat, zielt Glaser allerdings auf die Rahmung der Kodierperspektive durch die Vorgabe einer als weitgehend vollständig verstandenen Liste soziologischer Basiskonzepte" (Strübing 2004: 68).

Mag diese Kritik an Glaser zutreffen und mögen auch die empirischen Arbeiten von Strauss und Corbin auf einem offenen und rekonstruktiven Vorgehen beruhen, so begibt man sich m. E. beim offenen Kodieren und noch weit stärker beim axialen Kodieren in die Gefahr einer vorschnellen Zerstörung der Gestalt eines Textes und nimmt damit die typischen Nachteile eines subsumtionslogischen Vorgehens in Kauf. Auch bei diesem Verfahren fehlt wie bei qualitativen Inhaltsanalysen ein Auswertungsschritt im Sinne einer Rekonstruktion der sequenziellen Gestalt des Gesamttextes, die

– wie das Vorgehen bei der thematischen Feldanalyse deutlich zeigt (vgl. Kap. 6.2.3) – zur Aufschlüsselung der Bedeutung einzelner Textteile im Entstehungskontext erheblich beitragen kann.

7.5 Diskursanalysen

(Anna Ransiek, Gabriele Rosenthal & Bettina Völter)

Immer wieder wurde in diesem Band auf Diskursanalysen in der qualitativen Sozialforschung hingewiesen. Zunächst ist zu vermerken, dass mit dem Begriff „Diskursanalyse" noch nichts Konkretes über einen theoretischen Ansatz und noch weniger über ein methodisches Vorgehen gesagt ist. Abgesehen davon wird der Begriff des Diskurses zunehmend inflationär verwandt. Schon deshalb sollte die eigene Position geklärt werden, wenn man von Diskursanalyse spricht. Im Folgenden möchten wir kurz auf die unterschiedlichen wissenschaftlichen Denktraditionen hinweisen, die mit diesem Terminus verbunden sein können, dann vor allem die Grundideen der Diskurstheorie von Michel Foucault und deren Weiterentwicklung im Sinne einer interpretativen Sozialforschung durch Reiner Kellers Wissenssoziologische Diskursanalyse (2004; 2005) skizzieren und schließlich mit einem Ausblick auf eine mögliche methodisch-praktische Umsetzung enden.

Diskursanalysen werden seit Mitte der 1960er Jahre in verschiedenen Disziplinen angewandt mit unterschiedlichen grundlagentheoretischen Bezügen und mit unterschiedlichen Methoden sowohl der Datenerhebung als auch der Auswertung (vgl. Keller u.a. 2001). Vor allem in der (Sozio-)Linguistik, den Literaturwissenschaften und der Philosophie gibt es eine längere Tradition der Diskurstheorie und -analyse, aber auch in den Geschichts- und Politikwissenschaften sowie in der Psychologie, während erst in den 1990er Jahren das Interesse daran auch in der Soziologie wuchs. Die grundlagentheoretischen Bezüge finden sich sowohl in (sozio-)linguistischen und ethnomethodologisch-konversationsanalytischen Kontexten als auch in den Ansätzen des (Post-)Strukturalismus und der neueren Sprachphilosophie im Frankreich der 1960er Jahre, im amerikanischen Pragmatismus, in der phänomenologischen Wissenssoziologie und ferner in der Diskursethik von Jürgen Habermas[7]. Die Auswertungsmethoden umfassen quantitative und qualitative Forschungsmethoden. Innerhalb der qualitativen Sozialforschung

7 Um Missverständnissen vorzubeugen, muss bemerkt werden, dass Habermas unter Diskurs etwas anderes versteht als den Begriffsgebrauch, auf den wir uns hier beziehen

reichen sie von sprachanalytischen Verfahren (Jäger 2001a) über Kodierverfahren in Anlehnung an die jüngere Grounded Theory (Diaz-Bone 2002; Keller 2007) bis hin zu Analysen narrativer Strukturen (Viehöver 2003; 2012) und stärker sequenziell und rekonstruktiv vorgehenden Analysen (Keller 2004: 104-106; Pohn-Weidinger 2013; Völter 2003: 64-74; Wundrak 2010). Insofern wird unter dem Begriff der „Diskursanalyse" keine einzelne spezifische Methode, sondern eher eine „*Forschungsperspektive*" verstanden (Keller 2004: 8).

Auf die unterschiedlichen Diskurstheorien und vor allem auf die unterschiedlichen Methoden können wir an dieser Stelle nicht detaillierter eingehen (vgl. dazu die Einführungen von Keller u.a. 2001; 2003). Um den möglichen Ertrag einer Diskursanalyse zu verdeutlichen, möchten wir hier nur einige zentrale Aspekte der von Michel Foucault inspirierten Diskurstheorie und -analyse vorstellen sowie auf Möglichkeiten der Umsetzung der Prinzipien interpretativer Verfahren (vgl. Kap. 2) in diesem Bereich hinweisen.

Foucaults Diskurstheorie ist vielschichtig und inzwischen auch vielfach im Detail kritisiert und weiterentwickelt worden. Die wirksamsten Beiträge zur diskurstheoretischen Debatte bleiben jedoch seine Schriften ‚Archäologie des Wissens' (1969) und ‚Die Ordnung des Diskurses' (1972) sowie seine genealogischen Studien, wie etwa ‚Wahnsinn und Gesellschaft' (1961), ‚Überwachen und Strafen' (1975) oder ‚Sexualität und Wahrheit' (1976), und deren zentrales Anliegen, die mit diskursiven Formationen verbundenen Machtbeziehungenen aufzudecken. Diskurse sind nach Foucault Instrumente der Produktion oder Konstruktion gesellschaftlicher Wirklichkeit und gesellschaftlichen Wissens. Anders formuliert: Sowohl in die (geschriebene oder gesprochene) Sprache als auch in andere Symbolformen (wie Bilder oder Architekturen) sind (implizite) Wissensordnungen eingelassen, die in keiner Weise selbstverständlich oder natürlich sind. Foucault rekonstruiert in seinen Studien, wie ‚Sexualität und Wahrheit' oder ‚Geburt der Klinik' (1963), wie diese Wissensordnungen hergestellt werden und Wahrheitscharakter erlangen. Als institutionalisiertes Wissen, das in Texten, Visualisierungen oder Handlungsweisen zu „objektiver Faktizität" (Berger/Luckmann 1969: 20) geronnen ist, haben Diskurse eine materielle Existenz und wirken konstitutiv für die soziale Wirklichkeit.

---

werden. Für Habermas ist „Diskurs" die Bezeichnung für argumentative Auseinandersetzungen, Diskussionsprozesse, die bestimmten egalitären und pluralistischen Verfahrensprinzipien folgen und folgen sollten. Um eine Vermittlung des Diskursverständnisses der „critical discourse analysis" mit der Diskursethik von Habermas hat sich etwa Ruth Wodak (1996) bemüht.

Foucault rückt in seinen Schriften ab 1970 zunehmend machttheoretische anstelle von sprachwissenschaftlichen Begriffen in den Mittelpunkt seiner theoretischen und erklärenden Konzepte. Dazu gehört nicht zuletzt der Begriff des Dispositivs, der sowohl diskursive wie nicht-diskursive Elemente der geschichtlichen bzw. sozialen Wirklichkeit umfasst und von Foucault wie folgt beschrieben wird:

> „ein entschieden heterogenes Ensemble, das Diskurse, Institutionen, architekturale Einrichtungen, reglementierende Entscheidungen, Gesetze [...], kurz: Gesagtes *ebensowohl wie Ungesagtes* umfaßt. Soweit die Elemente des Dispositivs. Das Dispositiv selbst ist *das Netz, das zwischen diesen Elementen geknüpft werden kann*" (Foucault 1978: 119f.; unsere Hervorhebung).

Auf diesen Wandel in seinem Werk hat die Rezeption in der Soziologie u.a. mit dem Konzept der Dispositivanalyse (vgl. Bührmann/Schneider 2008) reagiert, das diese Veränderung auch methodisch umzusetzen versucht. Auch Keller plädiert bei dem von ihm vorgeschlagenen Verfahren der wissenssoziologischen Diskursanalyse pointiert dafür, den nicht-diskursiven Anteilen der geschichtlich-gesellschaftlichen Wirklichkeit bzw. den nichtsprachlichen Verflechtungen bzw. Beziehungen von diskursiven und nicht-diskursiven Elementen mehr Beachtung zu schenken (Keller 2004: 76f.; 2007).

Schon in seiner mittleren Werkphase betonte Foucault, dass man Diskurse nicht nur als „Gesamtheiten von Zeichen (von bedeutungstragenden Elementen, die auf Inhalte oder Repräsentationen verweisen)" anzusehen hat, „sondern als Praktiken (...), die systematisch die Gegenstände bilden, von denen sie sprechen" (Foucault 1981 [1969]: 74). Jede bestimmte Art und Weise die Welt zu „diskursivieren" hat zur Folge, dass gewisse Subjekte zum Sprechen ermächtigt und andere dabei ausgeschlossen werden. Mit Diskursen sind soziale Regeln verbunden, was und in welchem Kontext wie formuliert oder nicht formuliert werden darf. Sie legen die Grenzen zwischen wahr und falsch fest. Sie delegitimieren bzw. exkludieren oder marginalisieren bestimmte Personen als SprecherInnen. So wirkte z.B. der antifaschistische Diskurs in der DDR insofern staatslegitimierend, als er eine ‚natürliche' und ‚logische' Kontinuität von der antifaschistischen Widerstandsbewegung der Nazi-Zeit bis hin zur DDR beschrieb und sich dabei in erster Linie auf den kommunistischen Widerstand bzw. die Arbeiterbewegung bezog; andere Widerstandsgruppen wurden in diesem Diskurs ignoriert oder gar verunglimpft. Schon allein durch dessen Symboliken sowie dessen Begriffe, Denk- und Sprechweise wurden deren Vertreter als Sprecher ausgeschaltet; deren Perspektive auf die NS-Vergangenheit und die aktuelle Nachkriegspolitik der

SED erschien als ‚falsch'. Die kommunistischen WiderstandskämpferInnen und ihre Erben wurden hingegen zu den ‚wahren Antifaschisten' stilisiert. Sie wurden legitimiert, ihre Geschichten zu erzählen oder andere DDR-Bürger politisch zu unterweisen, zumindest so lange, wie sie die politischen Wendungen der offiziellen DDR-Geschichtsschreibung (bis in ihre Biographien hinein) mitvollzogen (Völter 2003: 57-85).

Bei Diskursanalysen im Anschluss an Foucault geht es also wesentlich darum, institutionalisierte Darstellungsweisen unter dem Aspekt der Macht zu betrachten, d.h. sichtbar zu machen, dass bzw. inwiefern Diskurse in der historisch-sozialen Welt Machtwirkungen entfalten. Foucault beschäftigt sich mit dem Aspekt der Macht in verschiedenen Werken. Als konstitutiv für die Entwicklung seines Machtbegriffes können ‚Überwachen und Strafen' (1975), ‚Sexualität und Wahrheit' (1976) und später die nach seinem Tod veröffentlichten Ausführungen zur Gouvernementalität (2004) genannt werden. Foucault wendet sich von einem rein negativen Machtbegriff hin zu einem Interesse an den produktiven Aspekten der Macht. Unter Macht versteht er vorwiegend nicht einen repressiven, andere Aktivitäten oder Aktivitätsimpulse hemmenden Zwang, sondern eine produktive Macht im Sinne einer Definitionsmacht bzw. einer Wirklichkeit konstituierenden Macht, die Wissen hervorbringt, ein Selbst/Subjekt- bzw. Weltverständnis und ein entsprechendes Handeln erschafft. Diese Definitionsmacht kann natürlich in besonderen Fällen von politischen „Repressionen" begleitet sein, als Diskurs wirkt sie jedoch schon allein durch das Wort bzw. die Darstellung. Macht und Wissen sind für Foucault eng miteinander verwoben; so stellt er fest: „dass es keine Machtbeziehung gibt, ohne dass sich ein entsprechendes Wissensfeld konstituiert, und kein Wissen, das nicht gleichzeitig Machtbeziehungen voraussetzt und konstituiert" (1994 [1975]: 39). Foucault betont damit dezidiert die Wechselwirkungsbeziehung zwischen Wissen und Macht, zwischen Diskurs und Macht. Im folgenden Zitat kommt diese Wechselwirkung zwischen Diskursstrukturen und Machtbeziehungen zum Ausdruck: „Die Wahrheit ist zirkulär an Machtsysteme gebunden, die sie produzieren und stützen, und an Machtwirkungen, die von ihr ausgehen und sie reproduzieren" (1978: 54).

Foucaults Machtbegriff sowie andere (post-)marxistische Hegemonietheorien, wie die von Louis Althusser, Ernesto Laclau und Chantal Mouffe (1985), haben einen starken Einfluss auf die Entwicklung von Diskursanalysen mit sozial- bzw. ideologiekritischem Anspruch. So ist etwa das Ziel der „Kritischen Diskursanalyse", wie sie u.a. von Ruth Wodak und Norman Fairclough als Ansatz einer soziolinguistischen Diskursforschung vertreten wird[8], vor allem die

8 Eigenständige Ansätze von „Kritischer Diskursanalyse" wurden in Deutschland von Jürgen Link und Ursula Link-Heer (1990) sowie von Siegfried Jäger (2001a) entwickelt.

Entlarvung von Praktiken der Diskurskontrolle bzw. der ‚diskursiven' Machtausübung: „The aim of Critical Discourse Analysis is to unmask ideologically permeated and often obscured structures of power, political control, and dominance, as well as strategies of discriminatory inclusion and exclusion in language use" (Wodak u.a. 1999: 8). Wie Foucault betrachten Fairclough und Wodak geschriebene oder gesprochene Diskurse als Formen sozialer Praxis und folgern daraus: "Describing discourse as social practice implies a dialectical relationship between a particular discursive event and the situation(s), institution(s) and social structure(s) which frame it. A dialectical relationship *is a two-way relationship: the discursive event is shaped by situations, institutions and social structures, but it also shapes them"* (Fairclough/Wodak 1997: 258; unsere Hervorhebung).

Auch im Bereich der interpretativen Sozialforschung hat sich die Diskurstheorie weiterentwickelt. In Anlehnung an Michel Foucault und in Verbindung mit Peter L. Bergers und Thomas Luckmanns Konzeption der gesellschaftlichen Konstruktion der Wirklichkeit (1969) arbeitete Reiner Keller einen Ansatz der Wissenssoziologischen Diskursanalyse aus. Zudem werden Diskursanalysen zunehmend mit anderen interpretativen Methoden, wie z.B. mit biographischen Analysen und Fallrekonstruktionen (Alber, im Erscheinen; Bogner/Rosenthal, im Erscheinen; Pohn-Weidinger 2013; Ransiek, im Erscheinen; Tuider 2007; Rosenthal 2005; Schäfer/Völter 2005; Spies 2009, Völter 2003; Waldschmidt u.a. 2007) oder mit ethnographischen Verfahren (Hermann 2006; Wundrak 2010) verknüpft.

Diskurse sind zwar nicht an einzelne Subjekte gebunden, sondern entwickeln sich beispielsweise in formalisierten Organisationen bzw. in Verbindung mit mehr oder weniger instutionalisierten politischen, wirtschaftlichen oder kulturellen Praktiken. Gleichwohl (oder besser: genau deshalb) können sie bis in einzelne Lebens- und Handlungsgeschichten hinein Wirkungsmacht entfalten.

In Anlehnung an Link (2003; 2005) und Waldschmidt u.a. (2007) unterscheidet Pohn-Weidinger (2013, Kap. 3) drei Diskurstypen: Spezialdiskurse (in den Wissenschaften), Interdiskurse (z.B. öffentliche Diskurse in den Medien oder in der Politik) und Alltagsdiskurse (z.B. in biographischen Erzählungen[9]). Innerhalb dieser Bereiche lassen sich Diskurse dann thematisch als „spezifische, gesellschaftlich ausdifferenzierte Formen der Wissensproduktion" (Keller 1997: 312) identifizieren, die in bestimmer Form mehr oder weniger institutionalisiert, also sozial normiert oder stereotypisiert worden sind.

---

9 Biographisches Erzählen in einem Forschungssetting des biographisch-narrativen Interviews kann als eine Situation verstanden werden, in der Alltagsdiskurs und Spezialdiskurs aufeinandertreffen.

Diskurse sind u.E. als kommunikative Prozesse zu sehen. Sie können sich plötzlich formieren und dabei neue Bezugsobjekte hervorbringen, sie können aber auch rapide zerfallen. Sie lassen sich also in ihrem Prozess der Entstehung, der Entwicklung und des Zerfalls beschreiben. Insofern ist „Diskurs" als ein prozessorientiertes theoretisches Konzept zu verstehen, das sich zur Verknüpfung mit anderen prozessorientierten Forschungskonzepten eignet (vgl. Völter 2003: 32-41). Aus dieser Prozesshaftigkeit leitet sich auch die Notwendigkeit einer historischen oder diachronen Betrachtungsweise ab (vgl. Bogner/Rosenthal, im Erscheinen). Eine in diesem Sinne langfristige methodische Perspektive ermöglicht es zu rekonstruieren, in welchen kollektiv- und lebensgeschichtlichen Konstellationen ein Diskurs zu entstehen begann, sich entwickelte und veränderte oder sich wieder aufzulösen begann.

Zum konkreten Vorgehen. Wie wir bereits feststellten, können Diskursanalysen mit ganz unterschiedlichen Methoden durchgeführt werden. Abhängig von der Fragestellung oder dem verfügbaren und zu analysierenden Material bieten sich Verfahren von der quantitativen und qualitativen Inhaltsanalyse bis hin zu feinanalytischen Auswertungen ausgewählter Textstellen oder Segmentanalysen von Bildmaterial (vgl. Breckner 2012) an. Auch der Umfang des empirischen Materials ist natürlich abhängig von der Fragestellung und vom gewählten methodischen Zugang (vgl. Keller 2001: 136). So erfordert eine quantitative oder auch qualitative Inhaltsanalyse (vgl. Kap. 7) eine andere, d.h. umfangreichere und an Verteilungskriterien orientierte Stichprobe als eine rekonstruktive Analyse (vgl. Kap. 3.1). Verfolge ich eine auf ein Diskursereignis und einen begrenzten Bereich bezogene Fragestellung, zum Beispiel wie sich in den deutschen Printmedien die Berichterstattung über den 11. September 2001 unmittelbar nach dem Ereignis gestaltete, habe ich es mit einer weit eingeschränkteren „Grundgesamtheit" zu tun, als wenn mich über einen ausgedehnten Zeitraum hinweg Gestaltung und Veränderung des internationalen medialen Diskurses über einen bestimmten Themenbereich (z.B. über den „islamistischen Terrorismus") interessiert. Auch die Vorgehensweise bei der Erhebung unterscheidet sich bei den DiskursanalytikerInnen erheblich. Führen die einen Interviews durch, beschränken sich andere auf die Recherche bereits publizierter Texte oder machen sich auf die Suche nach informellen, bisher unveröffentlichten Texten wie Tagebüchern oder Briefen oder nach halböffentlichen Quellen, wie z.B. Facebook-Seiten. Neben „klassischen" textbasierten Materialien, wie Zeitungsartikeln, Gesetzestexten, wissenschaftlichen Veröffentlichungen, Romanen, Transkripten von Interviews oder Gesprächs- und Beobachtungsprotokollen dienen auch zunehmend Photographien, Gemälde, Werbeplakate und Bildmaterialien aus Zeitungsartikeln oder auch mittels teilnehmender Beobachtung dokumentierte Praktiken (Keller 2004: 82f.) als Datenmaterial. Dabei gilt zu berücksichtigen, dass nicht nur unterschiedliche Fragestellungen, sondern auch unterschiedliche Daten verschiedene Anforderungen an die Analyse stellen. Orientieren wir uns z.B. bei Texten konsequent am Prinzip der Sequenzialität und rekonstruieren die *sequenzielle Abfolge* des Textes und der darin eingebetteten Bildelemente, erfolgt dagegen die Analyse *eines* Bildes als eine Analyse der einzelnen Segmente dieses Bildes, die *nicht durch die Abfolge des Entstehens* bestimmt ist, sondern durch die unterschiedlichen möglichen Abfolgen in der Fokussierung der Wahrnehmung.

Im Folgenden möchten wir unseren Vorschlag für ein Forschungsdesign einer textbasierten interpretativen Diskursanalyse vorstellen, das versucht, dem Prinzip der Offenheit gerecht zu werden. Dazu gehört insbesondere die Aufhebung der Phasentrennung von Erhebung und Auswertung (Kap. 2.4) und die konsequente methodische Umsetzung der Prinzipien der Rekonstruktion, der Sequenzialität und eines abduktiven Verfahrens (vgl. Kap. 2.5)[10]. Einerseits orientieren wir uns dabei an der Wissenssoziologischen Diskursanalyse, wie sie von Reiner Keller vorgestellt wurde, und andererseits folgt das Verfahren der Auswertung einzelner Diskursfragmente[11] der Logik der von Gabriele Rosenthal vorgestellten Auswertungsschritte. Neben sequenziellen Feinanalysen werden zunächst (in Anlehnung an die Objektive Hermeneutik) die äußeren und inneren Kontextdaten zu bestimmten Diskursfragmenten unabhängig von den konkreten Inhalten der Diskursfragmente analysiert, bevor die einzelnen Fragmente in ihrer Gesamtgestalt analysiert und (in Anlehnung an Aron Gurwitsch) die jeweiligen thematischen Felder rekonstruiert werden. Bei der Analyse muss immer auch bedacht werden, dass einzelne Texte nur als Fragmente von Diskursen zu verstehen sind und darin *nicht* „nur ein einziger Diskurs, und dieser noch dazu vollständig repräsentiert ist“ (Keller 2001: 136).

Bevor wir das Vorgehen bei der Auswertung einzelner Diskursfragmente etwas detaillierter verdeutlichen, zunächst einige Anmerkungen zur Materialerhebung, die einen wesentlichen Schritt im Analyseverfahren darstellt. Das Erstellen eines Materialkorpus kann sich am Vorgehen der theoretischen Stichprobe in der Grounded Theory orientieren (vgl. Keller 2004: 86; vgl. Kap. 3.1). Dazu bedarf es der zunächst groben und im Forschungsverlauf ver-

---

10 Unser Design beruht auf unserer eigenen empirischen Forschung und auf in Lehrveranstaltungen für Studierende erprobten Leitfäden für die Auswertung, die von Anna Ransiek, Gabriele Rosenthal und Rixta Wundrak ausgearbeitet wurden.

11 Als Diskursfragmente versteht Jäger (2001b: 97) „einen Text oder einen Textteil, der ein bestimmtes Thema behandelt“, wobei ein Text auch mehrere Fragmente enthalten kann.

änderbaren Bestimmung eines „Diskursstrangs“[12] (Jäger 2001b), also eines diskursivierten Themas, wie z.B. dem Diskurs über islamistischen Terrorismus in der Bundesrepublik Deutschland. Bei der Materialzusammenstellung und der späteren Analyse gilt zu berücksichtigen, in welchen Kontexten bzw. an welchen Orten das Material generiert wurde. Es stellt sich dabei auch die Frage, inwiefern man sich auf bestimmte Orte, auf bestimmte Diskursbereiche und auf bestimmte Materialien beschränkt. So können Diskursfragmente Teile eines medialen Diskurses (z.B. in Tageszeitungen oder Internetseiten), eines wissenschaftlichen Diskurses (z.B. in Aufklärungsbroschüren oder wissenschaftlichen Monographien), eines politischen Diskurses (z.B. in Gesetzestexten oder Parlamentsreden) oder von alltagsweltlichen Diskurszusammenhängen sein (in Gesprächsprotokollen oder Tagebüchern). Dabei sollten wir bedenken, dass diese Unterscheidung zwischen verschiedenen Diskursbereichen oft nur analytisch gezogen werden kann, also nach von den ForscherInnen gewählten Kriterien und nicht nach dem Material immanenten Kriterien. So können die beispielhaft genannten Texte bzw. Orte selbstverständlich auch Verweise auf andere Diskursbereiche oder -typen enthalten. Ein Gesetzestext beispielsweise kann gleichzeitig sowohl auf einen wissenschaftlichen als auch auf einen politischen Diskurs Bezug nehmen. Weiterhin kann für die Materialbeschränkung hilfreich sein, zunächst als Ausgangspunkt *ein* Diskursereignis zu wählen, das im Zusammenhang mit dem in Frage stehenden Diskursstrang steht, wie z.B. die zeitnahe mediale Berichterstattung über den 11. September 2001 für eine Analyse des „westlichen“ Diskurses über Islamismus.

Mit der Zusammenstellung der Diskursfragmente verschaffen sich die Forscherin und der Forscher zunehmend einen Überblick über das gewählte Forschungsfeld. Bei einer Analyse z.B. zum Diskurs über „islamistischen Terrorismus“ anhand des Ereignisses 11. September 2001 würden wir recherchieren, an welchen Orten (Darstellung in Printmedien, Wissenschaft, Internet, Alltagskontexten etc.) das Thema in Erscheinung tritt und uns dabei auch auf der Grundlage von bestimmten Begriffen (wie „Terroranschläge“, „Nine-Eleven“, „World Trade Center“), die wir damit assoziieren, auf die Suche nach Material machen. Finden wir z.B. in einem Interview eine längere Passage über den 11. September 2001, könnten wir auch dieses Fragment zur weitergehenden Analyse auswählen. Bei dieser Suche wären wir – ob nun intendiert oder nicht – immer auch bereits von Vorannahmen geleitet. Somit ist es notwendig, diese während der Recherche zu reflektieren. Fragen, die

12 Unter Diskursstrang versteht Jäger: „thematisch einheitliche Diskursverläufe“. Diskursfragmente sind in seinem Verständnis als Teile von Diskurssträngen zu verstehen (Jäger 2001b: 97).

sich u.a. stellen, sind: Warum suche ich gerade nach diesen Begriffen und Ereignissen? Weshalb konzentriere ich mich auf diese Orte und nicht (auch) auf andere? Was ist an der von mir gewählten Quelle – wie dem Internet, einem Interview oder den Printmedien – spezifisch, wer sind die AdressatInnen und wer die ProduzentInnen dieser Quelle? Schon anhand der Reflexion unserer eigenen Art und Weise der Zusammenstellung des Materials und damit einer ersten, vorläufigen Typisierung lassen sich somit erste Hypothesen zur Verbreitung und zu dem Aufbau der Diskurse formulieren (Keller 2004: 79ff.). Damit wird es dann auch möglich, das Material für die weitere Analyse einzugrenzen. Man kann sich für die Konzentration auf *ein* Diskursereignis oder eine Auswahl von einigen signifikanten Ereignissen entscheiden. Ebenso ist es möglich, sich auf die Untersuchung eines Diskurses zu einem *bestimmten Zeitpunkt* zu beschränken oder diesen über einen *längeren Zeitraum* zu verfolgen und der Frage nach den Wandlungsprozessen eines Diskurses (oder mehrerer Diskurse) nachzugehen. Des Weiteren ist es aus forschungspragmatischen Gründen sinnvoll, das Material weiter einzugrenzen und z.B. nur den medialen Diskurs zu untersuchen oder innerhalb des medialen Diskurses nur bestimmte Medien zu analysieren. So könnte man der Frage nachgehen, was sich in der Berichterstattung in den Printmedien – oder auch in einer eingeschränkten Auswahl von Printmedien (wie den Tageszeitungen) über „islamistischen Terrorismus" vom 11. September 2001 bis heute verändert hat. Dabei gilt auch zu beachten, wie dieser Wandel mit bestimmten historischen Ereignissen, wie z.B. dem Tod Osama Bin Ladens oder dem militärischen Vordringen des „Islamischen Staates" (IS) in das nördliche Gebiet Syriens verknüpft ist. Im Laufe der Zusammenstellung des Materials und den ersten Auswertungen von Diskursfragmenten konkretisiert sich damit immer stärker die Forschungsfrage und vermutlich auch eine an der Datenauswertung orientierte Eingrenzung des Materials oder gegebenenfalls auch eine Erweiterung des bisher ausgewählten Materialbereichs.

Die Auswahl der einzelnen Diskursfragmente aus dem zusammengestellten Materialkorpus (*erste Stichprobe*) für eine weitere Analyse im Sinne einer *zweiten Stichprobe* (vgl. Kap. 3.2.2) kann sich *zunächst* noch nach dem Zufallsprinzip richten und sich wiederum auf bestimmte Orte, in Bezug auf die der Diskurs untersucht werden soll, beschränken, die dann im Laufe der Analyse erweitert werden können. Auf der Grundlage der Analyse der ersten Diskursfragmente werden die weiteren Fragmente in zunehmendem Maße auf der Basis von empirisch gesättigten theoretischen Argumenten ausgewählt. Es gilt, ein möglichst facettenreiches zweites Sample zu bilden, d.h. ein Sample, in dem *sowohl minimale als auch maximale* Kontrastierungen möglich sind (vgl. Kap. 3.2.4.). Entsprechend dem Prinzip der Offenheit formulieren wir bei der ersten Zusammenstellung des Materials die Forschungsfrage zunächst auch noch verhältnismäßig offen und konkretisieren oder modifizieren sie und dementsprechend auch die Stichprobe im Verlauf der Forschung (vgl. Kap. 2.4.1; Keller 2004: 82ff.).

Zur Auswertung von einzelnen Diskursfragmenten. Entsprechend einem sequenziellen und rekonstruktiven Verfahren schlagen wir vor, zunächst die äußeren und inneren Kontextdaten (vgl. Witte/Rosenthal 2007; in diesem Band S. 129ff.) zu einem einzelnen Diskursfragment einer Analyse zu unterziehen. Der zweite Analyseschritt, die Text- und thematische Feldanalyse (vgl. Kap. 6.2.3), entspricht dem Vorgehen bei Textanalysen im Kontext von Fallrekonstruktionen und zielt auf eine Rekonstruktion der Gestalt des Gesamttextes und der in ihm vorherrschenden thematischen Felder. Des Weiteren werden einzelnen Textstellen einer Feinanalyse unterzogen.

Bei der an das Vorgehen der Objektiven Hermeneutik Ulrich Oevermanns (u.a. 1979) angelehnten *Analyse der Kontextdaten* geht es zunächst um den äußeren Kontext, in dem sich das ausgewählte Diskursfragment auffinden lässt, um den strukturellen Kontextbedingungen Rechnung zu tragen. M.a.W. stellt sich die Frage, zu welcher Zeit, in welchem historischen und geographischen Setting bzw. (anders gesprochen) in welcher gesamtgesellschaftlichen Situation das Diskursfragment entstanden ist. Des Weiteren gilt es, die für den fraglichen Diskurs konstitutiven Begriffe in ihrer Begriffsgeschichte zu recherchieren. In der Logik Oevermanns bleibt die Kontextanalyse jedoch nicht bei der Untersuchung dieses weiten ‚äußeren' Rahmens stehen, sondern zieht immer engere Kreise um das zu betrachtende Diskursfragment. Dabei geht es darum, die Möglichkeiten der Gestaltung des Diskursfragments im vorgegebenen Rahmen bzw. Ort (z.B. dem eines kurzen Artikels im Lokalteil einer Tageszeitung) mit seinen jeweiligen Beschränkungen und Möglichkeiten zu erfassen. Zusammengefasst stellen sich damit u.a. folgende Fragen für die Analyse des äußeren und inneren Kontextes: In welchem Kontext und an welchem Ort, in welcher sachlichen (inhaltlichen), räumlichen und sozialen Umgebung wurde das Diskursfragment erzeugt? Welche Ereignisse gingen der Produktion dieses Diskursfragments voraus? Was waren die Rahmenbedingungen für die Erzeugung? In welche Debatten ist es eingebettet? Welche Text- und Bildgestaltung war am gegebenen Ort möglich oder wie wurde das Sprechen über einen bestimmten Inhalt z.B. in der Situation eines Interviews zugelassen, gefördert oder verhindert?

Im nächsten Schritt der *Text- und thematischen Feldanalyse* wird das ausgewählte Fragment sequenziell in seiner Gesamtgestalt ausgewertet. Damit soll die Bedeutung spezifischer Begrifflichkeiten, Deutungsmuster sowie (narrativer) Schlüsselstrukturen *im Kontext* ermittelt werden. Zur Vorbereitung der Analyse wird das Material nach Inhalten, Textsortenwechseln, rhetorischem Stilmittelwechsel sowie z.B. bei Interviews ggf. auch nach SprecherInnenwechsel sowie nach dem Wechsel von Text- zu Bildmaterial sequenziert. Um nicht unreflektiert der Logik der AutorInnen oder SetzerInnen zu folgen, orientiert sich die Sequenzierung nicht an den eventuell vorgegebenen Absätzen eines Textes.

Die nun folgende Analyse wird in Anlehnung an die Text- und thematische Feldanalyse (vgl. Kap. 6.2.3) entlang der Sequenzierung des gesamten Dokumentes vorgenommen. Ziel dieses Analyseschrittes ist,

a) vorhandene Argumentations- und Deutungsmuster sowie narrative Strukturen und deren Bedeutung für den/die betreffenden Diskurs(e) in ihrer inneren Logik, in ihrer thematischen Einbettung sowie mit ihren (kopräsenten) Verweisen auf thematische Felder außerhalb des vorliegenden Dokumentes zu rekonstruieren,
b) die Formen und die Themen der das Dokument kreuzenden und sich möglicherweise miteinander verschränkenden Diskurse auszumachen,
c) die sprachlich-rhetorischen Mittel eines Diskursfragments (wie z.B. Metaphern, Redensarten, Sprichwörter, Komposition, Gliederungsschemata) zu identifizieren und in ihrer Aufeinanderfolge, ihrer eventuellen Verdichtung sowie ihrer kontextuellen Einbettung zu entschlüsseln[13] und
d) Verweise auf immanentes Wissen und implizite Repräsentationen sozialer Ordnung zu rekonstruieren.

Vereinfacht formuliert lassen sich neben der Bildung von Hypothesen zur sequenziellen Gestalt des Textes, zur Themenwahl, zu den Verknüpfungen der *Themen*, den möglichen *thematischen Feldern* und dem *thematischen Rand* (den ko-präsenten, aber nicht angesprochenen oder nur angedeuteten Themen) folgende für eine Diskursanalyse spezifische Fragen verfolgen:

- Auf welche Diskursereignisse wird wie (auch in welcher Ausführlichkeit oder Kürze) und in welcher Abfolge rekurriert?
- Auf welches immanente oder implizite „Wissen" wird wie verwiesen?
- Welche sprachlichen, symbolischen, bildlichen Mittel werden wie und in welcher Abfolge eingesetzt?
- Welche Akteure werden in welcher Sprecherposition, in welcher Abfolge und wie eingeführt? Werden zum Beispiel zunächst die Aussagen von Laien und dann die von „Experten" dargelegt bzw. zitiert und wie erfolgt dies?
- Werden Gegenpositionen thematisiert und ggf. welche und wie geschieht dies?

13 Z.B. in Anlehnung an die Vorschläge von Jäger (2001a: 175-187) und Viehöver (2003).

Diese sequenzielle Analyse des gesamten Diskursfragments wird im Weiteren insbesondere an besonders komplexen oder unverständlichen Textstellen durch sequenzielle *Feinanalysen* ergänzt, die ebenfalls in Anlehnung an das Vorgehen in der Objektiven Hermeneutik (vgl. Kapitel 6.2.4) vorgenommen werden. Hierbei stehen allerdings, wie auch bei den anderen Analyseschritten, nicht die Intentionen oder Ideen der ProduzentInnen einer Quelle im Vordergrund, sondern vielmehr die Feinstrukturen von sich verschränkenden Diskurssträngen bzw. Deutungsmustern sowie die Regeln und sprachlichen Mittel ihrer Produktion.

Zum Abschluss der Analyse wird das Diskursfragment wieder in seinen (Entstehungs- und Erscheinungs-)Kontext (Ort, unmittelbare Akteure, soziohistorischer Kontext) und in gesellschaftliche Prozesse (mit ihren sich ändernden politischen, ökonomischen, kulturellen Machtkonstellationen) eingebettet und dessen Betrachtung mit den bisherigen Ergebnissen der Kontextanalyse und der Analyse weiterer Diskursfragmente verknüpft. Dabei können u. U. weitere „diskursive Ereignisse" identifiziert und dem Dokument zugeordnet werden, z.B. gesellschaftliche Ereignisse, die das Thema zum öffentlichen Thema werden ließen, die den Diskurs vorantrieben, ihn in mehrere Themen aufgliederten, die das vorliegende Dokument bekannt machten bzw. zu seiner Verbreitung und symbolischen Relevanz beitrugen etc.

Nach der rekonstruktiven Analyse eines Diskursfragments wird entsprechend den Regeln einer theoretischen Stichprobe auf der Basis der Befunde bestimmt, welches weitere Dokument als möglicher Kontrastfall ausgewertet werden soll. In minimalen und maximalen Vergleichen werden nach und nach die Ergebnisse der einzelnen Diskursfragmentanalysen zu empirisch gesättigten theoretischen Aussagen über das gesamte Diskursfeld, seine Phänomene, Strukturen und seine (Entstehungs- oder Entwicklungs-) Geschichte verdichtet: Die thematischen Verschränkungen einzelner Diskursstränge sowie die Gestalt und die Bedeutung einzelner diskursiver Ereignisse können so bestimmt werden. Eine Diskursanalyse ist dann abgeschlossen, wenn sie empirisch gesättigte Annahmen über die institutionell verfestigten Regeln der Diskursproduktion treffen sowie dessen (sich wandelnde) Rezeption, seine (sich etablierenden und verändernden) Machtwirkungen und seine Folgen bestimmen kann.

Literatur

Alber, I. (im Erscheinen): Warum reproduzierst gerade Du diesen Diskurs? Zur Interdependenz von biographisch etablierten Handlungsmustern und Diskursen. In: Bosancic, S./Keller, R. (Hrsg.): Wissenssoziologie und Diskursanalyse. Wiesbaden: Springer VS

Alheit, P. (1993): Transitorische Bildungsprozesse: Das ‚biographische Paradigma' in der Weiterbildung. In: Mader, W. (Hrsg.): Weiterbildung und Gesellschaft. Grundlagen wissenschaftlicher und beruflicher Praxis in der Bundesrepublik Deutschland. 2. erw. Aufl. Bremen: Universität Bremen, 343–418

Alheit, P. (1994): Das narrative Interview. Eine Einführung (Reprint), (Voksenpaedagogisk Teoriudvikling. Arbeidstekster, nr. 11), Roskilde: Roskilde Universitetscenter

Alheit, P./Bast-Haider, K./Drauschke, P. (2004): Die zögernde Ankunft im Westen. Frankfurt a. M.: Campus

Alheit, P./Dausien, B. (1985): Arbeitsleben. Frankfurt a. M.: Campus

Amann, K./Hirschauer, St. (1977): Die Befremdung der eigenen Kultur. Ein Programm. In: Hirschauer, St./Amann, K. (Hrsg.): Die Befremdung der eigenen Kultur. Zur ethnographischen Herausforderung soziologischer Empirie. Frankfurt a. M.: Suhrkamp, 7–52

Anderson, N. (1923): The Hobo. The Sociology of the Homeless Man. Chicago: University of Chicago Press

Apitzsch, U. (1999) (Hrsg.): Migration und Traditionsbildung. Opladen: Westdeutscher Verlag

Appelsmeyer, H. (1996): Stil und Typisierung in weiblichen Lebensentwürfen. Weinheim: Deutscher Studienverlag

Arbeitsgruppe Bielefelder Soziologen (1976): Kommunikative Sozialforschung. München: Fink

Atkinson, P./Coffey, A./Delamont, S./Lofland, L. (eds.) (2001): Handbook of Ethnography. London: Sage

Aufenanger, S. (1991): Qualitative Analyse semi-struktureller Interviews – Ein Werkstattbericht. In: Graz, D./Kraimer, K. (Hrsg.): Qualitative-empirische Sozialforschung. Opladen: Westdeutscher Verlag, 35–61

Bar-On, D. (1995): Fear and Hope: Three Generations of the Holocaust. Cambridge: Harvard University Press

Bar-On, D. (2004): Erzähl dein Leben! Meine Wege zur Dialogarbeit und politischen Verständigung. Hamburg: Edition Körber Stiftung

Becker, D. (2000): Dealing with the Consequences of Organized Violence in Trauma Work. In: The Berghof Handbook for Conflict Transformation. Berghof Research Center for Constructive Conflict Management. Siehe: http://www.berghof-center.org/handbook/becker/index.htm

Becker, H. S. (1970): Sociological Work. Method & Substance. Chicago: Aldine

Benecker, H. (2002): „Liebe Erfahrungen …“ Erlebte und erzählte Lebensgeschichten von Migrantinnen in der Pflege. In: Schaeffer, D./Müller-Mundt, G. (Hrsg.): Qualitative Gesundheits- und Pflegeforschung. Bern: Hans Huber, 149–165

Berelson, B. (1952): Content analysis in communication research. Glencoe, Ill.: Free Press

Berger, P. L./Luckmann Th. (1969): Die gesellschaftliche Konstruktion der Wirklichkeit. Frankfurt a. M.: Fischer

Bergmann, J. R. (1976): Richtlinien und Symbole für die Anfertigung von Transkripten. Konstanz: unv. MS

Bergmann, J. R. (1985): Flüchtigkeit und methodische Fixierung sozialer Wirklichkeit. In: Soziale Welt, Sonderband 3, 299–320

Bergmann, J. R. (1988): Ethnomethodologie und Konversationsanalyse. Studienbrief der FernUniversität Hagen, FB Erziehungs-, Sozial- und Geisteswissenschaften, Kurseinheit 2

Bergmann, J. R. (1994): Ethnomethodologische Konversationsanalyse. In: Fritz, G./Hundsnurscher, F. (Hrsg.): Handbuch der Dialoganalyse. Tübingen: Niemeyer, 3–16

Bergmann, J. R. (2000): Konversationsanalyse. In: Flick, U./Kardorff, E. v./Steinke, I. (Hrsg.): Qualitative Sozialforschung. Reinbek bei Hamburg: Rowohlt, 524–537

Bertaux, D. (1981) (ed.): Biography and Society. Beverly Hills, CA: Sage

Blumer, H. (1939): An Appraisal of Thomas' and Znaniecki's The Polish Peasant in Europe and America. With statements by William I. Thomas and Florian Znaniecki, a panel discussion, and summary and analysis by Red Bain. New York: Social Science Research Council

Bogner, A./Menz, W. (2002): Das theoriegenerierende Experteninterview. Erkenntnisinteresse, Wissensformen, Interaktion. In: Bogner, A./Littig, B./Menz, W. (Hrsg.): Das Experteninterview. Theorie, Methode, Anwendung. Opladen: Leske + Budrich, 33–70

Bogner, A./Rosenthal, G. (im Erscheinen): Biographien – Diskurse – Figurationen. Methodologische Überlegungen aus einer sozialkonstruktivistischen und figurationssoziologischen Perspektive. In: Spies, T./Tuider, E. (Hrsg.): Biographie und Diskurs. Methodisches Vorgehen und Methodologische Verbindungen von Biographie- und Diskursforschung. Wiesbaden: Springer VS

Böhm, A. (2000): Theoretisches Codieren: Textanalyse in der Grounded Theory. In: Flick, U./Kardorff, E. v./Steinke, I. (Hrsg.): Qualitative Sozialforschung. Reinbek bei Hamburg: Rowohlt, 475–484

Bohnsack, R. (1991/2003): Rekonstruktive Sozialforschung. Einführung in die Methodologie und Praxis qualitativer Forschung, Opladen: Leske + Budrich (neue überarbeitete Auflage 2003)

Bohnsack, R. (1997): Gruppendiskussionsverfahren und Milieuforschung. In: Friebertshäuser, B./Prengel, A. (Hrsg.), 492–502

Bohnsack, R. (2009): Qualitative Bild- und Videointerpretation. Die dokumentarische Methode. Opladen & Farmington Hills: Barbara Budrich/UTB

Bornat, J. (2004): Oral History. In: Seale, C./Gobo, G./Gubrium, J. F./Silverman, D. (eds.): Qualitative Research Practice. London: Sage, 34–47

Bowlby, J. (1980): Loss; Sadness and Depression. London: Hogarth Press

Breckner, R. (2003): Körper im Bild. Eine methodische Analyse am Beispiel einer Fotografie von Helmut Newton. In: ZBBS. Zeitschrift für qualitative Bildungs-, Beratungs- und Sozialforschung 1/2003, 33–60

Breckner, R. (2005): Migrationserfahrung – Fremdheit – Biographie. Leben in polarisierten Welten in Ost-West-Europa, Wiesbaden: Verlag für Sozialwissenschaften

Breckner, R. (2012): Bildwahrnehmung – Bildinterpretation. Segmentanalyse als methodischer Zugang zur Erschließung bildlichen Sinns. In: Österreichische Zeitschrift für Soziologie12 (2), 143-164

Briggs, Ch. (1986): Learning how to ask. A sociolinguistic appraisal of the role of the interview in social science research. Cambridge: Cambridge University Press

Brose, H.-G. (Hrsg.) (1986): Berufsbiographien im Wandel. Opladen: Westdeutscher Verlag

Bruner, J. (1990): Acts of Meaning. Cambridge: Harvard University Press

Bude, H. (1987): Deutsche Karrieren. Lebenskonstruktionen sozialer Aufsteiger der Flakhelfer-Generation. Frankfurt a. M.: Suhrkamp

Bude, H. (1988): Auflösung des Sozialen? Die Verflüssigung des soziologischen „Gegenstands" im Fortgang der sozialen Theorie. In: Soziale Welt, 39, 4–17.

Bude, H. (2003): Fallrekonstruktion. In: Bohnsack, R./Marotzki, W./Meuser, M. (Hrsg.): Hauptbegriffe Qualitativer Sozialforschung. Opladen: Leske + Budrich, 60–61

Bühler, Ch. (1933): Der menschliche Lebenslauf als psychologisches Problem. Leipzig: von S. Hirzel

Bührmann, A. D./Schneider, W. (2008): Vom Diskurs zum Dispositiv: Eine Einführung in die Dispositivanalyse. Bielefeld: transcript

Bulmer, M. (1984): The Chicago School of Sociology. Chicago: University of Chicago Press

Cicourel, A. (1970): Methode und Messung in der Soziologie. Frankfurt a. M.: Suhrkamp

Corbin J. (2003): Grounded Theory. In: Bohnsack, R./Marotzki W./Meuser, M. (Hrsg.): Hauptbegriffe Qualitativer Sozialforschung. Opladen: Leske + Budrich, 70–75

Dausien, B. (1996): Biographie und Geschlecht. Zur biographischen Konstruktion sozialer Wirklichkeit in Frauenlebensgeschichten. Bremen: Donat

Dausien, B. (1999): „Geschlechtsspezifische Sozialisation" – Konstruktiv(istisch)e Ideen zu Karriere und Kritik eines Konzepts. In: dies./Herrmann, M./Oechsle, M.: Erkenntnisprojekt Geschlecht. Opladen: Leske + Budrich, 217–246

Diaz-Bone, R. (2002): Kulturwelt, Diskurs und Lebensstil. Opladen: Leske + Budrich

Döbert, R./Nunner-Winkler, G. (1983): Moralisches Urteilsniveau und Verlässlichkeit. Die Familie als Lernumwelt für kognitive und motivationale Aspekte des moralischen Bewusstseins in der Adoleszenz. In: Lind, G./Hartmann, H./Wekenhut, R. (Hrsg.): Moralisches Urteilen und soziale Umwelt. Weinheim und Basel: Beltz, 95–122

Doyle, A. C. (1889/1975): The Sign of the Four. New York: Ballantine Books

Durkheim, E. (1895/1970): Regeln der soziologischen Methode. Neuwied/Berlin: Luchterhand

Eckensberger, L. H./Reinshagen, H./Eckensberger, U. S, (1975): Kohlbergs Interview zum Moralischen Urteil. Auswertungsmanual – Form A. Arbeit der Fachrichtung Psychologie Nr. 35, Universität des Saarlandes, 1975

Elias, N. (2009): Was ist Soziologie. Weinheim und München: Juventa

Erikson, E. H. (1966): Identität und Lebenszyklus. Frankfurt a. M.: Suhrkamp

Fairclough, N./Wodak, R. (1997): Critical Discourse Analysis. In: Van Dijk, T. (Hrsg.): Discourse as social interaction. Discourse studies, Bd. 2. London, 258–284

Fann, K. T. (1970): Peirce's Theory of Abduction. The Hague: Nijhoff.

Fischer, H. (1988): Feldforschung. In ders. (Hrsg.): Ethnologie. Einführung und Überblick. Frankfurt a. M.: Dietrich Reimer, 61–81

Fischer, W. (1978): Struktur und Funktion erzählter Lebensgeschichten. In: Kohli, M. (Hrsg.): Soziologie des Lebenslaufs. Darmstadt/Neuwied: Luchterhand, 311–336

Fischer, W. (1982): Time and Chronic Illness. A Study on the Social Constitution of Temporality. Berkeley (Eigenverlag) – zugleich: Habilitationsschrift. Universität Bielefeld, Fakultät für Soziologie, 1982

Fischer, W. (1986): Alltagszeit und Lebenszeit in Lebensgeschichten von chronisch Kranken. In: K. Hurrelmann (Hrsg.): Lebenslage, Lebensalter, Lebenszeit. Weinheim/Basel: Beltz, 157–171

Fischer, W. (2009): Rekonstruktive Videoanalyse. Wahrnehmungs- und interaktionstheoretische Grundlagen: Online: http://kobra.bibliothek.uni-kassel.de/handle/urn:nbn:de:hebis:34-2009032326755. Letzter Zugriff: 10.06.2010

Fischer, W./Kohli, M. (1987): Biographieforschung. In: Voges, W. (Hrsg.): Methoden der Biographie- und Lebenslaufforschung. Opladen: Leske + Budrich, 25–49

Fischer-Rosenthal, W. (1991 a): Florian Znaniecki/William I. Thomas: The Polish Peasant in Europe and America. In: Flick, U. u. a. (Hrsg), 115–118

Fischer-Rosenthal, W. (1991 b): Biographische Methoden in der Soziologie. In: Flick, U. u. a. (Hrsg.), 253–256

Fischer-Rosenthal, W. (1996): Strukturale Analyse biographischer Texte. In: Brähler, E./Adler, C. (Hrsg.): Quantitative Einzelfallanalysen und qualitative Verfahren. Gießen: Psychosozial Verlag, 147–208

Fischer-Rosenthal, W. (1999): Biographie und Leiblichkeit. Zur biographischen Arbeit und Artikulation des Körpers. In: Alheit, P./Dausien, B./Fischer-Rosenthal, W./Hanses, A./Keil, A. (Hrsg.): Biographie und Leib. Gießen: Psychosozial, 15–43

Fischer-Rosenthal, W./Rosenthal, G. (1997): Narrationsanalyse biographischer Selbstpräsentationen. In: Hitzler, R./Honer A. (Hrsg.): Sozialwissenschaftliche Hermeneutik. Opladen: Leske + Budrich, 133–164

Flick, U. (1995): Qualitative Forschung. Reinbek bei Hamburg: Rowohlt

Flick, U./Kardorff, E. v./Keupp, H./Rosenstiel, L. v./Wolff, St. (1991) (Hrsg.): Handbuch Qualitative Sozialforschung. München: Beltz

Flick, U./Kardorff, E. v./Steinke, I. (Hrsg.) (2000): Qualitative Sozialforschung. Reinbek bei Hamburg: Rowohlt

Foucault, M. (1973)[frz. 1961]: Wahnsinn und Gesellschaft: Eine Geschichte des Wahns im Zeitalter der Vernunft. Frankfurt a.M.: Suhrkamp

Foucault, M. (1973)[frz. 1963]: Die Geburt der Klinik: Eine Archäologie des ärztlichen Blicks. München: Hanser

Foucault, M. (1978): Dispositive der Macht: Über Sexualität, Wissen und Wahrheit. Berlin: Merve

Foucault, M. (1981)[frz. 1969]: Archäologie des Wissens. Frankfurt a. M.: Suhrkamp

Foucault, M. (1983)[frz. 1976]: Sexualität und Wahrheit. Bd. 1.: Der Wille zum Wissen. Frankfurt a. M.: Suhrkamp

Foucault, M. (1994)[frz. 1975]: Überwachen und Strafen: Die Geburt des Gefängnisses. Frankfurt a. M.: Suhrkamp

Foucault, M. (2000)[frz. 1972]: Die Ordnung des Diskurses: Mit einem Essay von Ralf Konersmann. Erweiterte Ausgabe. 7. Aufl. Frankfurt a. M.: Fischer

Foucault, M. (2004): Sicherheit, Territorium, Bevölkerung. Geschichte der Gouvernementalität I. Vorlesungen am Collège de France 1977/1978. Frankfurt a.M.: Suhrkamp

Friebertshäuser, B. (1997 a): Interviewtechniken – Ein Überblick. In: dies./Prengel, A. (Hrsg.), 373–395

Friebertshäuser, B. (1997 b): Feldforschung und teilnehmende Beobachtung. In: dies./Prengel. A. (Hrsg.), 503–534

Friebertshäuser, B./Felden, H. von/ Schäffer, B. (Hrsg.) (2007): Bild und Text. Methoden und Methodologienvisueller Sozialforschung in der Erziehungswissenschaft. Opladen, FarmingtonHills: Barbara Budrich

Friebertshäuser, B./Prengel, A. (Hrsg.) (1997): Handbuch Qualitative Forschungsmethoden in der Erziehungswissenschaft. München: Juventa

Froschauer, U./Lueger, M. (2002): ExpertInnengespräche in der interpretativen Organisationsforschung. In: Bogner, A./Littig, B./Menz, W. (Hrsg.): Das Experteninterview. Theorie, Methode, Anwendung. Opladen: Leske + Budrich, 223–240

Fuchs, W. (1984): Biographische Forschung. Opladen: Westdeutscher Verlag

Fuchs-Heinritz, W. (1998): Soziologische Biographieforschung: Überblick und Verhältnis zur Allgemeinen Soziologie. In: Jüttemann, G./Thomae, H. (Hrsg.): Biographische Methoden in den Humanwissenschaften. Weinheim/Basel: Beltz, 3–23

Fuchs-Heinritz, W. (2000): Biographische Forschung. 2. überarb. und erw. Aufl.. Opladen: Westdeutscher Verlag

Garfinkel, H. (1986): Ethnomethodological Studies of Work. London/New York: Routledge & Kegan Paul

Geertz, Clifford (1983): Dichte Beschreibung. Beiträge zum Verstehen kultureller Systeme. Frankfurt a. M.: Suhrkamp

George, A.L. (1959): Quantitative and qualitative approaches in content analysis. In: Pool, I. de Sola (Hrsg.): Trends in content analysis. Urbanda, III, 7–32

Glaser, B. G. (1992): Basics of Grounded Theory Analysis: Emergence vs. Forcing. Mill Valley, CA.: Sociology Press

Glaser, B. G./Strauss, A. L. (1967): The Discovery of Grounded Theory. Chicago: Aldine

Glaser, B. G./Strauss, A. L. (1979): Die Entdeckung gegenstandsbezogener Theorie: eine Grundstrategie qualitativer Sozialforschung. In: Hopf, C./Weingarten, E. (Hrsg.), 91–114

Goffman, E. (1975): Stigma. Frankfurt a. M.: Suhrkamp

Goffman, E. (1977): Rahmen-Analyse. Frankfurt a. M.: Suhrkamp

Goffman, E. (1996): Über Feldforschung. In: Knoblauch, H. (Hrsg.): Kommunikative Lebenswelten. Konstanz: Univ.-Verlag, 261–269

Gordon, Th. (1977): Lehrer-Schüler-Konferenz. Hamburg: Hoffmann und Campe

Gurwitsch, A. (1959): Beitrag zur phänomenologischen Theorie der Wahrnehmung. In: Zeitschrift für Philosophische Forschung, 13, 419–437

Gurwitsch, A. (1964): The Field of Consciousness. Pittsburgh: Duquesne University Press

Gurwitsch, A. (1974): Das Bewusstseinsfeld. Berlin/New York: De Gruyter

Hamburger Institut für Sozialforschung (Hrsg.) (1998): Besucher einer Ausstellung. Hamburg: Hamburger Edition

Hammersley, M./Atkinson, P. (1983): Ethnography. Principles in Practice. London: Tavistock

Hanses, A. (1996): Epilepsie als biographische Konstruktion. Eine Analyse von Erkrankungs- und Gesundungsprozessen anfallserkrankter Menschen anhand erzählter Lebensgeschichten. Bremen: Donat

Hauck, G. (1991): Soziologie als positive Wissenschaft. In: Kerber, H./Schmieder, A. (Hrsg.): Soziologie. Reinbek bei Hamburg: Rowohlt, 444–472

Heinemeier, S. u. a. (1981): Arbeitslosigkeit und Biographie-Konstruktion: Bericht über ein laufendes Forschungsprojekt. In: Matthes, J. u. a. (Hrsg.), 169–189

Herkner, W. (1974): Inhaltsanalyse. In: Koolwijk, J. van/Wieken-Mayer, M. (Hrsg.): Techniken der empirischen Sozialforschung, Bd. 3, München/Wien 1974, 158–191

Hermann, E. (2006): Korrelationen von Verschiedensein und Gleichsein als Ko-Differenz: Selbst und Ethnie bei den Banabans in Fiji. Unveröffentlichte Habilitationsschrift, Georg-August-Universität Göttingen

Hermanns, H. (1991): Narratives Interview. In: Flick, U. u. a., 182–185

Hermanns, H. (1992): Die Auswertung narrativer Interviews. Ein Beispiel für qualitative Verfahren. In: Hoffmeyer-Zlotnik, J.H.P. (Hrsg.): Analyse verbaler Daten. Über den Umgang mit qualitativen Daten. Opladen: Westdeutscher Verlag: 110–141

Hermanns, H./Tkocz, C./Winkler, H. (1984): Berufsverlauf von Ingenieuren. Biographie-analytische Auswertungen narrativer Interviews. Frankfurt a. M.: Campus

Hettlage, R. (1991): Rahmenanalyse – oder die innere Organisation unseres Wissens um die Ordnung der Wirklichkeit. In: Hettlage, R./Lenz, K. (Hrsg.): Erving Goffman – ein soziologischer Klassiker der zweiten Generation. München: Fink, 95–156

Hildenbrand, B. (1983): Alltag und Krankheit – Ethnographie einer Familie. Stuttgart: Klett-Cotta

Hildenbrand, B. (1991): Fallrekonstruktive Forschung. In: Flick, U. u. a. 256–259

Hildenbrand, B. (1994): Methodik der Einzelfallstudie. Theoretische Grundlagen, Erhebungen und Analyseverfahren, vorgeführt an Fallbeispielen. Studienbrief der Fernuniversität Hagen (2. überarbeitete Auflage): Hagen

Hildenbrand, B. (1999 a): Fallrekonstruktive Familienforschung. Opladen: Leske + Budrich

Hildenbrand, B. (1999 b): Was ist für wen der Fall?: Problemlagen bei der Weitergabe von Ergebnissen von Fallstudien an die Untersuchten und mögliche Lösungen. In: Psychotherapie und Sozialwissenschaft (1) 4, 265–280

Hirschauer, S. (2001): Ethnographisches Schreiben und die Schweigsamkeit des Sozialen. In: Zeitschrift für Soziologie, 30 (6), 249–541

Hirschauer, S./Amann, K. (Hrsg.) (1997): Die Befremdung der eigenen Kultur. Zur ethnographischen Herausforderung soziologischer Empirie. Frankfurt a.M.: Suhrkamp

Hitzler, R./Honer, A. (1988): Der lebensweltliche Forschungsansatz. In: Neue Praxis, 6/88, 496–501

Hitzler, R./Honer, A. (1992): Hermeneutik als kultursoziologische Alternative. In: Kultursoziologie 2/92: 15–23; 3/92: 99–103

Hitzler, R./Honer, A. (1997 a) (Hrsg.): Sozialwissenschaftliche Hermeneutik. Opladen: Leske + Budrich

Hitzler, R./Honer, A. (1997 b): Einleitung: Hermeneutik in der deutschsprachigen Soziologie heute. In: dies. (Hrsg.), 7–30

Hitzler, R./Honer, A./Maeder, Chr. (Hrsg.) (1994): Expertenwissen. Die institutionalisierte Kompetenz zur Konstruktion von Wirklichkeit. Opladen: Westdeutscher Verlag

Hoffmann-Riem, Ch. (1980): Die Sozialforschung einer interpretativen Soziologie. In: KZfSS, 32 (2), 339–371

Holstein, J. A./Gubrium, J. F. (1995): The Active Interview. Thousand Oaks: Sage

Holstein, J. A./Gubrium, J. F. (2000): The self we live by. Narrative identity in a postmodern world. New York/Oxford: Oxford University Press

Honer, A. (1985): Beschreibung einer Lebens-Welt. In: Zeitschrift für Soziologie, 2, 131–139

Honer, A. (1989): Einige Probleme lebensweltlicher Ethnographie. In: Zeitschrift für Soziologie, 18, 297–312

Honer, A. (1991): Die Perspektive eines Heimwerkers. In: Graz, D./Kraimer, K. (Hrsg.): Qualitativ-empirische Sozialforschung. Opladen: Westdeutscher Verlag, 319–341

Honer, A. (1994): Einige Probleme lebensweltlicher Ethnographie. In. Schröer, N. (Hrsg.): Interpretative Sozialforschung. Opladen: Westdeutscher Verlag, 85–106

Hopf, Ch. (1978): Die Pseudo-Exploration – Überlegungen zur Technik qualitativer Interviews in der Sozialforschung. In: Zeitschrift für Soziologie, 7 (2), 97–115

Hopf, Ch. (1979): Einleitung. In: dies./Weingarten, E. (Hrsg.), 11–34

Hopf, Ch. (2000 a): Qualitative Interviews – Ein Überblick. In: Flick, U. u. a. (Hrsg.), 349–360

Hopf, Ch. (2000 b): Forschungsethik und qualitative Forschung. In: Flick, U. u. a. 589–600

Hopf, Ch. (2001): Gewalt, Biographie, Medien. Qualitative Analysen zur subjektiven Bedeutung filmischer Gewaltdarstellungen. In: Zeitschrift für Soziologie der Erziehung und Sozialisation (ZSE), 21, 2, 150–169

Hopf, Ch./Rieker, P./Sanden-Marcus, M./Schmidt, Ch. (1995): Familie und Rechtsextremismus. Weinheim/München: Juventa

Hopf, Ch./Weingarten, E. (Hrsg.) (1979): Qualitative Sozialforschung. Stuttgart: Klett-Cotta

Huber, A. (2001): Berufserfolg als individuelles Projekt. Berlin: Dr. Köster

Hurrelmann, K. (1998): Einführung in die Sozialisationstheorie. Weinheim: Beltz

Hurrelmann, K. (2000): Gesundheitssoziologie. Eine Einführung in sozialwissenschaftliche Theorien von Krankheitsprävention und Gesundheitsförderung. Weinheim/München: Juventa

Husserl, E. (1976): Ideen zu einer reinen Phänomenologie und Phänomenologischen Philosophie. Erstes Buch (Gesammelte Werke III, 1), hrsg. von Karl Schuhmann. Den Haag: Nijhoff

Inowlocki, L. (2000): Sich in die Geschichte hineinreden. Biographische Fallanalysen rechtsextremer Gruppenzugehörigkeit; Frankfurt a. M.: Cooperative-Verlag

Jäger, S. (2001a): Kritische Diskursanalyse. Eine Einführung, 3. Auflage. Duisburg: DISS

Jäger, S. (2001b): Diskurs und Wissen. Theoretische und methodische Aspekte einer kritischen Diskurs- und Dispositivanalyse. In: Keller, R./Hirseland, A./Schneider, W./Viehöver, W.: Handbuch Sozialwissenschaftliche Diskursanalyse, Band 1, Theorien und Methoden, Opladen: Leske und Budrich, 81-112

Jahoda, M./Zeisel, H. (1932): Die Arbeitslosen von Marienthal. Leipzig

James, W. (1994): Was ist Pragmatismus? Weinheim: Beltz Athenäum

Joas, H. (1980): Praktische Intersubjektivität. Die Entwicklung des Werkes von G. H. Mead. Frankfurt a. M.: Suhrkamp

Josselson, R./Lieblich A. (Eds.) (1993–1999): The narrative study of lives. Vol. 1–6. Thousand Oaks: Sage

Jüttemann, G. (1998): Genetische Psychologie und Komparative Kasuistik. In: Jüttemann, G./Thomae, H. (Hrsg.), S. 111–131

Jüttemann, G./Thomae, H. (Hrsg.) (1987): Biographie und Psychologie. Berlin/Heidelberg/New York: Springer

Jüttemann, G./Thomae, H. (Hrsg.) (1998): Biographische Methoden in den Humanwissenschaften. Weinheim: Beltz

Kallmeyer, W./Schütze, F. (1977): Zur Konstitution von Kommunikationsschemata, in: Wegner, D. (Hrsg.): Gesprächsanalyse, Hamburg: Buske, 159–274

Kelle, U. (1994): Empirisch begründete Theoriebildung. Zur Logik und Methodologie interpretativer Sozialforschung. Weinheim: Deutscher Studienverlag

Keller, R. (1997): Diskursanalyse. In: Hitzler, R./Honer, A. (Hrsg.): Sozialwissenschaftliche Hermeneutik. Opladen: Leske + Budrich, 309–333

Keller, R. (2001): Wissenssoziologische Diskursanalyse. In: Keller, R. u. a. (Hrsg.), 113–144

Keller, R. (2004): Diskursforschung. Eine Einführung für SozialwissenschaftlerInnen. Opladen: Leske + Budrich

Keller, R. (2005): Wissenssoziologische Diskursanalyse. Die Grundlegung eines Forschungsprogramms. Wiesbaden: VS-Verlag

Keller, R. (2007): Diskurse und Dispositive analysieren. Die Wissenssoziologische Diskursanalyse als Beitrag zu einer wissensanalytischen Profilierung der Diskursforschung [46 Absätze]. Forum Qualitative Sozialforschung / Forum: Qualitative Social Research, 8 (2), Art. 19, http://nbn-resolving.de/urn:nbn:de:0114-fqs0702198

Keller, R./Hirseland, A./Schneider, W./Viehöver, W. (Hrsg.) (2001): Handbuch Sozialwissenschaftliche Diskursanalyse, Band 1: Theorien und Methoden. Opladen: Leske + Budrich

Keller, R./Hirseland, A./Schneider, W./Viehöver, W. (Hrsg.) (2003): Handbuch Sozialwissenschaftliche Diskursanalyse, Band 2: Forschungspraxis. Opladen: Leske + Budrich

Keppler, A. (1994): Tischgespräche. Über Formen kommunikativer Vergemeinschaftung am Beispiel der Konversation in Familien. Frankfurt a. M.: Suhrkamp

Kleining, G. (2001): Offenheit als Kennzeichen entdeckender Forschung. In: Kontrapunkt. Bd. 1 Methodologie qualitativer Sozialforschung. Münster, 27–36

Knoblauch, H. (2001): Fokussierte Ethnographie. In: sozialersinn, 1, 123–141

Knoblauch, H. (2004): Die Video-Interaktions-Analyse. In: sozialersinn 1/2004, 123–138

Knoblauch, H. (2008): Wissens-Präsentationen. Zeigen und Wissen bei Powerpoint-Präsentationen. In: Lachmann, R. u. a. (Hrsg.): Rhetorik als kulturelle Praxis. München: Fink, 255–272

Knoblauch, H./Schnettler, B./Raab, J. (2006): Video Analysis. Methodological Aspects of Interpretative Audiovisual Analysis in Social Research. In: Knoblauch, H. u. a. (eds.): Video Analysis: Methodology and Methods. Frankfurt a.M.: Lang, 9–28

Knoblauch, H./Schnettler, B./Raab, J./Soeffner, H. G. (Hrsg.) (2006): Video Analysis: Methodology and Methods. Qualitative Audiovisual Data Analysis in Sociology. Frankfurt a.M.: Lang

Köckeis-Stangl, E. (1980): Methoden der Sozialisationsforschung. In: Hurrelmann, K./Ulich, D. (Hrsg.): Handbuch der Sozialisationsforschung. Weinheim: Juventa, 322–369

Koffka, K. (1935/1963): Principles of Gestalt Psychology. New York: Harbinger

Kohlberg, L. (1976): Moral stage scoring manual. Part I. Introduction to interviewing and scoring. Center for Moral Education. Harvard, Cambridge (Mass)

Kohli, M. (1985): Die Institutionalisierung des Lebenslaufs. Historische Befunde und theoretische Argumente. In: Kölner Zeitschrift für Soziologie und Sozialpsychologie 37, 1–29

Kohli, M. (Hrsg.) (1978): Soziologie des Lebenslaufs. Darmstadt/Neuwied: Luchterhand

Kohli, M./Robert, G. (Hrsg.) (1984): Biographie und soziale Wirklichkeit. Stuttgart: Metzler

Kon, I. S. (1991) Universale und gesellschaftsspezifische Determinanten der Lebensphase Jugend in der Sowjetunion. In: Melzer, W./Heitmeyer, W./Liegle, L./ Zinnecker, J. (Hrsg.): Osteuropäische Jugend im Wandel. Weinheim: Juventa, 28–35

Köttig, M. (2004): Lebensgeschichte rechtsextrem orientierter Mädchen und junger Frauen. Biographische Verläufe im Kontext der Familien- und Gruppendynamik. Giessen: Psychosozial Verlag

Köttig, M. (2005): Triangulation von Fallrekonstruktionen: Biographie- und Interaktionsanalysen. In: Völter, B., u. a. (Hrsg.), 65–83

Kracauer, S. (1942): Propaganda and the Nazi War Film. New York: Museum of Modern Art Film Library
Kracauer, S. (1947): From Caligari to Hitler. A Psychological History of the German Film. New York: Princeton University Press
Kracauer, S. (1952): The challenge of qualitative content analysis. In: Public Opinion Quarterly, 16, 631–642
Kris, E./Speier, H. (1944): German Radio Propaganda. London/New York: Oxford University Press
Krüger, H. H./Marotzki, W. (Hrsg.) (1999): Handbuch Biographieforschung. Opladen: Leske + Budrich
Labov, W./Waletzky (1973): Erzählanalyse: Mündliche Versionen persönlicher Erfahrung. In: Ihwe, J.: Literaturwissenschaft und Linguistik. Bd. 2, Frankfurt a. Main: Athenäum Fischer, 78–126
Laclau, E./Mouffe, C. (1985): Hegemony and Socialist Strategy: Towards a Radical Democratic Politics, London: Verso
Lamnek, S. (1988/1995): Qualitative Sozialforschung. Bd. 1, München: Psychologie Verlag-Union
Lamnek, S. (1989/1995): Qualitative Sozialforschung. Bd. 2, München: Psychologie Verlag-Union
Lasswell, H. D. (1927): Propaganda Technique in the World War. London: Kegan Paul
Lasswell, H. D./Leites, N. and Associates (1949): Languages of Politics. Studies in Quantitative Semantics. Cambridge, Mass.: M.I.T. Press
Lewin, K. (1927/1967): Gesetz und Experiment in der Psychologie. Darmstadt: Wissenschaftliche Buchgesellschaft
Lewin, K. (1930/31): Der Übergang von der aristotelischen zur galileischen Denkweise in Biologie und Psychologie. In: Erkenntnis, Bd. 1, 421–466
Lindner, R. (1990): Die Entdeckung der Stadtkultur. Soziologie aus der Erfahrung der Reportage. Frankfurt a. M.: Suhrkamp
Lindner, R. (2000): Robert E. Park (1864–1944). In: Kaesler, D. (Hrsg.): Klassiker der Soziologie. Bd. 1, 213–229
Link, J. (1983): Was ist und was bringt Diskurstaktik. In: kultuRRevolution 2, 60–66
Link, J. (1986): Noch einmal: Diskurs. Interdiskurs. Macht. In: KultuRRevolution 11, 4–7
Link, J. (2003): Kulturwissenschaft, Interdiskurs, Kulturrevolution. In: KultuRRevolution. Zeitschrift für angewandte Diskurstheorie, 45 (46), 10-23
Link, J. (2005): Warum Diskurse nicht von personalen Subjekten 'ausgehandelt' werden. Von der Diskurs- zur Interdiskurstheorie. In: Keller, R./Hirseland, A./Schneider, W./Viehöver, W. (Hrsg.): Die diskursive Konstruktion von Wirklichkeit. Zum Verhältnis von Wissenssoziologie und Diskursforschung, Konstanz: UVK, 77-100
Link, J./Link-Heer, U. (1990): Diskurs/Interdiskurs und Literaturanalyse. In: Zeitschrift für Linguistik und Literaturwissenschaft (LiLi) 77, 88–99
Lisch, R. (1978): Geschichte der Inhaltsanalyse. In: ders./Kriz, J., 15–28
Lisch, R./Kriz, J. (1978): Grundlagen und Modelle der Inhaltsanalyse. Reinbek bei Hamburg: Rowohlt
Litvak-Hirsch, T./Bar-On, D./Chaitin, J. (2003): Whose House is This? Dilemmas of Identity Construction in the Israeli-Palestinian Context. In: Peace and Conflict: Journal of Peace Psychology, 9 (2), 127–148
Loch, U. (2006): Sexualisierte Gewalt und Nationalsozialismus. Biographien von Töchtern aus nationalsozialistischen Täter- und Mitläuferfamilien. Universität Kassel, Fachbereich Sozialwesen, unv. Dissertation.

Loch, U./Rosenthal, G. (2002): Das narrative Interview. In: Schaeffer, D./Müller-Mundt, G. (Hrsg.): Qualitative Gesundheits- und Pflegeforschung. Bern, Göttingen, Toronto, Seattle: Hans Huber Verlag, 221–232

Loch, U./Schulze, H. (2002): Biografische Fallrekonstruktionen im handlungstheoretischen Kontext der Sozialen Arbeit. In: Thole, W. (Hrsg.): Grundriss Soziale Arbeit. Ein einführendes Handbuch. Opladen: Leske + Budrich, 559–576

Löwenthal, L. (1944): Biographies in Popular Magazines. In: Lazarsfeld, P./Stanton, F. (Ed.): Radio Research, 1942–1943, New York: Duel, Sloan and Pearce, 507–548 (dt. in: Literatur und Gesellschaft. Das Buch in der Massenkultur, 1964, 196–238)

Luckmann, Th. (2006): Some Remarks on Scores in Multimodal Sequential Analysis. In: Knoblauch, H. u. a. (eds.): Video Analysis: Methodology and Methods. Frankfurt a.M.: Lang, 29–34

Lüders, Ch. (1994): Rahmenanalyse und der Umgang mit Wissen. Ein Versuch, das Konzept der Rahmenanalyse E. Goffmans für die sozialwissenschaftliche Textanalyse nutzbar zu machen. In: Schroer, N. (Hrsg.): Interpretative Sozialforschung. Opladen: Westdeutscher Verlag, 107–129

Lüders, Ch. (1995): Von der teilnehmenden Beobachtung zur ethnographischen Beschreibung. In: König, E./Zedler, P. (Hrsg.): Bilanz qualitativer Forschung. Band II: Methoden, Weinheim: Deutscher Studienverlag, 311–342

Lüders, Ch. (2000): Beobachten im Feld und Ethnographie. In: Flick, U. u. a., 384–401

Luff, P./Hindmarsh, J./Heath, Ch. (eds.) (2000): Workplace studies: recovering work practice and informing system design. Cambridge: University Press

Lutz, H. (2000): Biographisches Kapital als Ressource der Bewältigung von Migrationsprozessen. In: Gogolin, I./Nauck, B. (Hrsg.): Migration, gesellschaftliche Differenzierung und Bildung. Opladen: Leske und Budrich, 179–210

Malinowski, B. (1973): Magie, Wissenschaft und Religion und andere Schriften. Frankfurt a. M.: Suhrkamp

Mangold, W. (1960): Gegenstand und Methode des Gruppendiskussionsverfahrens. Frankfurt a. M.: Europäische Verlagsanstalt

Mannheim, K. (1928): Das Problem der Generationen. In: Kölner Vierteljahreshefte für Soziologie, 7 (2), 157–185; (3) 309–330

Mannheim, K. (1995): Wissenssoziologie. In: ders.. Ideologie und Utopie. 8. Auflage. Frankfurt a.M: Klostermann, 227-267

materiale Analysen. Konstanz: UVK

Matthes, J./Pfeifenberger, A./Stosberg, M. (1981) (Hrsg.): Biographie in handlungswissenschaftlicher Perspektive. Nürnberg: Sozialwissenschaftliches Forschungszentrum

Mayring, Ph. (1983): Qualitative Inhaltsanalyse. Weinheim/Basel: Beltz

Mayring, Ph. (1996): Einführung in die qualitative Sozialforschung. Weinheim: Beltz

Mayring, Ph. (2000): Qualitative Inhaltsanalyse. In: Flick, U. u. a. (Hrsg.), 468–475

Mayring, Ph./König, J./Birk, N. (1996): Computerunterstützte Qualitative Inhaltsanalyse von Berufsbiographien arbeitsloser LehrerInnen in den Neuen Bundesländern. In: Bos, W./Tarnai, Ch. (Hrsg.): Computergestützte Inhaltsanalyse in der Empirischen Pädagogik, Psychologie und Soziologie. Münster: Waxmann, 105–120

McAdams, D. (1993): The stories we live by: Personal myths and the making of the self. London: The Gulford Press

McCall, G./Simmons, J. L. (eds.) (1969): Issues in participant observation. Menlo Park: Addison-Wesley

McGoldrick, M./Gerson, R. (1995): Genogramme in der Familienberatung. Bern: Huber

Mead, G. H. (1968): Geist, Identität und Gesellschaft. Frankfurt a. M.: Campus

Meltzer, B. N./Petras, J. W./Reynolds, L. (1975): Symbolic Interactionism. London: Routledge

Merkens, H. (2000): Auswahlverfahren, Sampling, Fallkonstruktion. In: Flick, U./ Kardoff, E. von/Steinke, I. (Hrsg.): Qualitative Forschung. Reinbek bei Hamburg: Rowohlt, 286–299

Merton, R. K./Kendall P. L. (1979): Das fokussierte Interview. In: Hopf, Ch./ Weingarten, E. (Hrsg.), 171–204. Englische Erstausgabe: In: American Journal of Sociology, 51 (1945/46) 541–557

Meuser, M./Nagel, U. (1991): ExpertInneninterviews – vielfach erprobt, wenig bedacht. Ein Beitrag zur qualitativen Methodendiskussion. In: Garz, D./Kraimer, K. (Hrsg.): Qualitativ-empirische Sozialforschung. Opladen: Westdeutscher Verlag, 441–471

Miethe, I. (1999): Frauen in der DDR-Opposition. Lebens- und kollektivgeschichtliche Verläufe in einer Frauenfriedensgruppe. Opladen: Leske + Budrich

Miethe, I. (2003): Vom Ende der Parteilichkeit zur Parteilichkeit ohne Ende. Forschungsethische Probleme bei der Arbeit mit hermeneutischen Fallrekonstruktionen. In: Hilbig, A./Kajatin, C./Miethe, I. (Hrsg.): Frauen und Gewalt. Interdisziplinäre Untersuchungen zu geschlechtsgebundener Gewalt in Theorie und Praxis. Würzburg: Königshausen & Neumann, 231–248

Mikl-Horke, G. (1997): Soziologie. München/Wien: Oldenburg

Moore, Y. (1997): Der Familiendialog: Eine Familie, die nicht fragt. In: Rosenthal, G. (Hrsg.): 129–139

Nedelmann, B. (2002): Georg Simmel (1855–1918). In: Kaesler, D. (Hrsg.): Klassiker der Soziologie. Bd. 1, München: Beck, 127–149

Nunner-Winkler, G. (1989): Wissen und Wollen. Ein Beitrag zur frühkindlichen Moralentwicklung. In: Honneth, A./McCarthy, Th./Offe, C./Wellmer, A. (Hrsg.): Zwischenbetrachtungen. Im Prozess der Aufklärung. Jürgen Habermas zum 60. Geburtstag. Frankfurt a. M: Suhrkamp, 574–600

O'Reilly, K. (2005): Ethnographic methods. London: Routledge

Oevermann, U. (1980): Struktureigenschaften sozialisatorischer und therapeutischer Interaktion. Unv. MS. Frankfurt a. M.

Oevermann, U. (1983): Zur Sache: Die Bedeutung von Adornos methodologischem Selbstverständnis für die Begründung einer materialen soziologischen Strukturanalyse. In: Friedeburg, L.v./Habermas, J. (Hrsg.): Adorno-Konferenz 1983. Frankfurt a. M.: Suhrkamp, 234–289

Oevermann, U. (1988): Eine exemplarische Fallrekonstruktion zum Typus versozialwissenschaftlicher Identitätsformation. In: Brose, H.-G./Hildenbrand, B. (Hrsg.): Vom Ende des Individuums zur Individualität ohne Ende. Opladen: Leske + Budrich. 243–286

Oevermann, U. (1996): Theoretische Skizze einer revidierten Theorie professionalisierten Handelns. In: Combe, A./ Helsper, W. (Hrsg.): Pädagogische Professionalität. Frankfurt a. M.: Suhrkamp

Oevermann, U. (2000): Die Methode der Fallrekonstruktion in der Grundlagenforschung sowie der klinischen und pädagogischen Praxis. In: Kraimer, K. (Hrsg.): Die Fallrekonstruktion. Sinnverstehen in der sozialwiss. Forschung. Frankfurt a. M.: Suhrkamp, 58–156

Oevermann, U./Allert, T./Konau, E. (1980): Zur Logik der Interpretation von Interviewtexten. In: Heinze, Th./Klusemann, H. W./Soeffner, H.-G. (Hrsg.), Interpretationen einer Bildungsgeschichte. Bensheim: päd extra, 15–69

Oevermann, U./Allert, T./Konau E./Krambeck, J. (1979): Die Methodologie einer objektiven Hermeneutik und ihre allgemeine forschungslogische Bedeutung in den Sozialwissenschaften. In: H.-G. Soeffner (Hrsg.): Interpretative Verfahren in den Sozial- und Textwissenschaften. Stuttgart: Metzler, 352–434

Oevermann, U./Allert, T./Konau, E./Krambeck, J. (1987): Structures of Meaning and Objective Hermeneutics. In: Meja, V./Misgeld, D./Stehr, N. (eds.): Modern German Sociology. New York: Columbia University Press, 436–459

Oevermann, U./Allert, T./Gripp, H./Konau, E./Krambeck, J./Schütze, Y. (1975): Die Beobachtung innerfamilialer Interaktionen als Methode der Sozialisationsforschung. Unv. MS

Peirce, Ch. S.(1980): Schriften zum Pragmatismus und Pragmatizismus. Frankfurt a. M.: Suhrkamp

Peirce, Ch. S. (1933/1980): Collected Papers. Hartshorne, Ch./Weiss, P. (eds.) Cambridge: Belknap (see 7.218)

Pette, C. (2001): Psychologie des Romanlesens. Lesestrategien zur subjektiven Aneignung eines literarischen Textes. Weinheim/München: Juventa

Plato, A. v. (1998): Erfahrungsgeschichte – von der Etablierung der Oral History. In: Jüttemann, G./Thomae, H. (Hrsg.), 60–74

Pohn-Weidinger, M. (2013): Heroisierte Opfer. Bearbeitungs- und Handlungsstrukturen von ‚Trümmerfrauen' in Wien. Wiesbaden: Springer

Polanyi, M. (1985): Implizites Wissen. Frankfurt a. M.: Suhrkamp

Pollock, F. (1955): Gruppenexperiment. Ein Studienbericht. Frankfurter Beiträge zur Soziologie, Bd. 2. Frankfurt a. M.: Europäische Verlagsanstalt.

Popitz, H./Bahrdt, H. P./Jüres, E. A./Kesting, H. (1957): Das Gesellschaftsbild des Arbeiters. Tübingen: Mohr

Psathas, G. (1995): Conversation Analysis. The Study of Talk in Interaction. Thousand Oaks – London: Sage

Raab, J. (2008): Visuelle Wissenssoziologie. Theoretische Konzeptionen und materiale Analysen. Konstanz: UVK Verlagsgesellschaft

Raab, J./Tänzler, D. (2006): Video Hermeneutics. In: Knoblauch, H. u. a. (eds.): Video Analysis: Methodology and Methods. Frankfurt a.M.: Lang 85-97

Ransiek, A. (im Erscheinen): Zum Verhältnis von Interaktion, Narration und Diskurs – Implikationen für eine Verbindung von Diskursanalyse und biographischen Fallrekonstruktionen. In: Bosancic, S./Keller, R. (Hrsg): Wissenssoziologie und Diskursanalyse. Wiesbaden: Springer VS

Reddemann, L./Sachsse, U. (1996): Imaginative Psychotherapieverfahren zur Behandlung in der Kindheit traumatisierter Patientinnen und Patienten. In: Psychotherapeut, 41, 169–174

Reichertz, J. (1986): Probleme qualitativer Sozialforschung. Zur Entwicklungsgeschichte der Objektiven Hermeneutik. Frankfurt a. M.: Campus

Reichertz, J. (1993): Abduktives Schlussfolgern und Typen(re)konstruktion. Abgesang auf eine liebgewordene Hoffnung. In: Jung, Th./Müller-Doohm, St. (Hrsg.): „Wirklichkeit" im Deutungsprozess. Frankfurt a. M.: Suhrkamp, 258–284

Reichertz, J. (1994): Von Gipfeln und Tälern. Bemerkungen zu einigen Gefahren, die den objektiven Hermeneuten erwarten. In: Garz, D./Kraimer, K. (Hrsg.) (1994) Die Welt als Text. Theorie, Kritik und Praxis der objektiven Hermeneutik. Frankfurt a. M.: Suhrkamp, 125–152

Reichertz, J. (1997): Objektive Hermeneutik. In: Hitzler, R./Honer, A. (Hrsg.): Sozialwissenschaftliche Hermeneutik. Opladen: Leske + Budrich, 31–55

Reichertz, J. (2003): Die Abduktion in der qualitativen Sozialforschung. Opladen: Leske + Budrich

Reichertz, J./Schröer, N. (1994): Erheben, Auswerten, Darstellen. Konturen einer hermeneutischen Wissenssoziologie. In: Schröer, N. (Hrsg.): Interpretative Sozialforschung. Opladen: Westdeutscher Verlag, 56–84

Ricœur, P. (1972): Der Text als Modell: hermeneutisches Verstehen. In: Bühl, W. L. (Hrsg.): Verstehende Soziologie. München: Nymphenburger Verlagsgesellschaft, 253–275

Riemann, G. (1987): Das Fremdwerden der eigenen Biographie. München: Fink

Ritsert, J. (1972): Inhaltsanalyse und Ideologiekritik. Frankfurt a. M.: Athenäum

Rogers, C. R. (1951): Client-centered Therapy. Boston

Rosenthal, G. (1981): „Prosoziales Handeln. Entwicklungspsychologische Pilotstudie bei elf- bis sechzehnjährigen Schülern". In: Briechle, R./Väth-Szusdiziara, R. (Hrsg.): Interpersonale und politische Kompetenz. Universität Konstanz, Forschungsberichte 40, 330–360

Rosenthal, G. (1987): „Wenn alles in Scherben fällt …" Von Leben und Sinnwelt der Kriegsgeneration. Opladen: Leske + Budrich

Rosenthal, G. (1988): Leben mit der soldatischen Vergangenheit in zwei Weltkriegen. Ein Mann blendet seine Kriegserlebnisse aus. In: Bios, 1 (2), 27–38

Rosenthal, G. (Hrsg.) (1990): „Als der Krieg kam, hatte ich mit Hitler nichts mehr zu tun". Zur Gegenwärtigkeit des „Dritten Reiches" in erzählten Lebensgeschichten. Opladen: Leske + Budrich

Rosenthal, G. (1992): Antisemitismus im lebensgeschichtlichen Kontext. Soziale Prozesse der Dehumanisierung und Schuldzuweisung. In: ÖZG, Österreichische Zeitung für Geschichtswissenschaften, 3 (4) 449–479

Rosenthal, G. (1993): Reconstruction of life stories. in: The Narrative Study of Lives. 1 (1), 59–91

Rosenthal, G. (1995): Erlebte und erzählte Lebensgeschichte. Frankfurt a. M.: Campus

Rosenthal, G. (Hrsg.) (1997 a): Der Holocaust im Leben von drei Generationen. Familien von Überlebenden der Shoah und von Nazi-Tätern. Gießen: Psychosozial Verlag

Rosenthal, G. (1997 b): Zur interaktionellen Konstitution von Generationen. Generationenabfolgen in Familien von 1890–1970 in Deutschland. In: Mansel, J./Rosenthal, G./Tölke, A. (Hrsg.): Generationen-Beziehungen: Austausch und Tradierung. Opladen: Westdeutscher Verlag, 57–73

Rosenthal, G. (1997 c): Die Familie Seewald: die unausgesprochenen mörderischen Befehle. In: dies.: 415–424

Rosenthal, G. (1997 d): Die Übertragung der Schuld an die Enkel: die Familie Sonntag. In: dies.: 357–376

Rosenthal, G. (1997 e): Nationalsozialismus und Antisemitismus im intergenerationellen Dialog. In: dies.: 345–356

Rosenthal, G. (2000): Social Transformation in the Context of Familial Experience. Biographical Consequences of a Denied Past in the Soviet Union. In: Breckner, R./Kalekin-Fischman, D./Miethe, I. (ed.): "Biographies and the Division of Europe". Opladen: Leske + Budrich, 115–138

Rosenthal, G. (2002 a): Erzählte Lebensgeschichten zwischen Fiktion und Wirklichkeit. Zum Phänomen „falscher" Identitäten. In: Diekmann, I./Schoeps, J. H. (Hrsg.): Das Wilkomirski-Syndrom. Eingebildete Erinnerungen. Zürich: Pendo

Rosenthal, G. (2002 b): Biographische Forschung. In: Schaeffer, D./Müller-Mundt, G. (Hrsg.): Qualitative Gesundheits- und Pflegeforschung. Bern, Göttingen, Toronto, Seattle: Huber, 133–148

Rosenthal, G. (2002 c): Biographisch-narrative Gesprächsführung: Zu den Bedingungen heilsamen Erzählens im Forschungs- und Beratungskontext. In: Psychotherapie und Sozialwissenschaften. Zeitschrift für qualitative Forschung. Göttingen: Vandenhoeck & Ruprecht, 204–227

Rosenthal, G. (2004): Biographical Research. In: Seale, C./Gobo, G./Gubrium, J. F./Silverman, D. (eds.): Qualitative Research Practice. London: Sage, 48–64

Rosenthal, G. (2005): Die Biographie im Kontext der Familien- und Gesellschaftsgeschichte. In: Völter, B./Dausien, B./Lutz, H./Rosenthal, G. (Hrsg.): Biographieforschung im Diskurs. Wiesbaden: VS-Verlag, 46-64

Rosenthal, G./Fischer-Rosenthal, W. (2000): Analyse narrativ-biographischer Interviews. In: Flick, U. u. a., 456–467

Rosenthal, G./Köttig, M./Witte, N./Blezinger, A. (2006): Biographisch-narrative Gespräche mit Jugendlichen. Chancen für das Selbst- und Fremdverstehen. Leverkusen: Barbara Budrich

Rosenwald, G. C./Ochberg, R. L. (eds.) (1992): Storied lives: The cultural politics of self-understandings. New Haven, CT: Yale University Press

Rossi, P. (1987): Vom Historismus zur historischen Sozialwissenschaft: Heidelberger Max Weber-Vorlesungen 1985. Frankfurt a. M.: Suhrkamp

Sachsse, U. (1999): Selbstverletzendes Verhalten. Psychodynamik – Psychotherapie. Das Trauma, die Dissoziation und ihre Behandlung. Göttingen: Vandenhoeck & Ruprecht

Sacks, H. (1992): Lectures on conversation. Volume I & II. Edited by G. Jefferson with introductions by E. A. Schegloff. Oxford: Blackwell

Schäfer, Th./Völter, B. (2005): Subjekt-Positionen. Foucault und die Biographieforschung. In: Völter, B. u. a. (Hrsg.), 161–188

Schatzman, L./Strauss, A. L. (1973): Field Research. Strategies for a Natural Sociology. Prentice-Hall: Englewood Cliffs

Schneider, G. (1987): Interaktion auf der Intensivstation. Zum Umgang des Pflegepersonals mit hilflosen Patienten. Berlin: Michael Ernst-Pörksen

Schnettler, B./ Knoblauch, H. (Hrsg.) (2007). Powerpoint-Präsentationen. Neue Formen der gesellschaftlichen Kommunikation von Wissen. Konstanz: UVK Verlagsgesellschaft

Schröer, N. (1994) (Hrsg.): Interpretative Sozialforschung. Opladen: Westdeutscher Verlag

Schuhler, P. (1979): Entwicklung sozialer Kognitionen in der Schule. Bericht über ein Forschungsprojekt. In: Schön, B./Hurrelmann, K. (Hrsg.): Schulalltag und Empirie. Weinheim: Beltz, 131–143

Schuhler, P. (1984): Perspektivenübernahme im Handlungsvollzug: Konzeption und Evaluation eines Interventionsprogramms. Dissertation, Technische Universität Berlin

Schulze, H. (2006): Migrieren – Arbeiten – Krankwerden. Eine biographietheoreische Untersuchung. Bielefeld: Transcript Verlag

Schütz, A. (1932/1974): Der sinnhafte Aufbau der sozialen Welt. Frankfurt a.M.: Suhrkamp

Schütz, A. (1971 a): Wissenschaftliche Interpretation und Alltagsverständnis menschlichen Handelns. In: Gesammelte Aufsätze I, Den Haag: Nijhoff, 3–54

Schütz, A. (1971 b): Über die mannigfaltigen Wirklichkeiten. In: Gesammelte Aufsätze I, Den Haag: Nijhoff, 237–298

Schütze, F. (1976): Zur Hervorlockung und Analyse von Erzählungen thematisch relevanter Geschichten im Rahmen soziologischer Feldforschung. In: Arbeitsgruppe Bielefelder Soziologen: Kommunikative Sozialforschung. München: Fink, 159–260

Schütze, F. (1977): Die Technik des narrativen Interviews in Interaktionsfeldstudien. Arbeitsberichte und Forschungsmaterialien Nr. 1 der Universität Bielefeld, Fakultät für Soziologie

Schütze, F. (1978): Was ist „kommunikative Sozialforschung?". In: Gaertner, A./ Hering, S. (Hrsg.): Modellversuch „Soziale Studiengänge" an der GhK, Materialien 12: Regionale Sozialforschung. Kassel: Gesamthochschulbibliothek, 117–131

Schütze, F. (1983): Biographieforschung und narratives Interview. In: Neue Praxis 3, 283–293

Schütze, F. (1987): Symbolischer Interaktionismus. In: Sociolinguistics 1, Berlin/ New York: de Gruyter

Schütze, F. (1994): Das Paradoxe in Felix' Leben als Ausdruck eines „wilden" Wandlungsprozesses. In: Koller, H.-Ch./Kokemohr, R. (Hrsg.): Lebensgeschichte als Text. Zur biographischen Artikulation problematischer Bildungsprozesse. Weinheim: Deutscher Studienverlag, 13–60

Seale, C. (1999): The Quality of Qualitative Research. London: Sage

Sebeok, Th./Umiker-Sebeok, J. (1985): „Sie kennen ja meine Methode." Ein Vergleich von Charles S. Peirce und Sherlock Holmes. In: Eco, U./Sebeok, Th. (Hrsg.): Der Zirkel oder im Zeichen der Drei. München: Fink, 28–87

Shaw, C. R. (1930): The Jack-Roller. A Delinquent Boy's Own Story. Chicago: University of Chicago Press

Sieder, R. (1999): Brüchiges Leben. Biographien in sozialen Systemen. Wien: Turia + Kant

Silverman, D. (1993): Interpreting Qualitative Data. Methods for Analysing Talk, Text and Interaction. London/Thousand Oaks/New Delhi: Sage

Simmel, G. (1992): Das Problem der Soziologie. In: ders.: Soziologie. Frankfurt a.M.: Suhrkamp, 13–62

Simon, F. (1972): Sculpting the Family. In: Fam. Proc., 11 (1) 49–57

Soeffner, H.-G. (1979) (Hrsg.): Interpretative Verfahren in den Sozial- und Textwissenschaften. Stuttgart: Metzler

Soeffner, H.-G. (1982): Statt einer Einleitung: Prämissen einer sozialwissenschaftlichen Hermeneutik. In: ders. (Hrsg.): Beiträge zu einer empirischen Sprachsoziologie. Tübingen: Narr, 9–48

Soeffner, H.-G. (1989): Auslegung des Alltags – der Alltag der Auslegung: Zur wissenssoziologischen Konzeption einer sozialwissenschaftlichen Hermeneutik. Frankfurt a.M.: Suhrkamp

Soeffner, H.-G. (2006): Visual Sociology on the Basis of 'Visual Concentration'. In: Knoblauch, H. u. a. (eds.): Video Analysis: Methodology and Methods. Frankfurt a.M.: Lang, 205–217

Spies, T. (2009): Diskurs, Subjekt und Handlungsmacht. Zur Verknüpfung von Diskurs- und Biografieforschung mithilfe des Konzepts der Artikulation [70 Absätze]. Forum QualitativeSozialforschung / Forum: Qualitative Social Research, 10 (2), Art. 36, http://nbn-resolving.de/urn:nbn:de:0114-fqs0902369

Spradley, J. P. (1979): The ethnographic interview. New York: Holt, Rinehart and Winston

Spradley, J. P. (1980): Participant Observation. New York: Holt, Rinehart and Winston

Stierlin, H. (1988): Der Dialog zwischen den Generationen über die Nazizeit. In: Heimannsberg, B./Schmidt, Ch. (Hrsg.): Das kollektive Schweigen. Heidelberg: Asanger, 197–216

Straub, J. (1993): Zeit, Erzählung, Interpretation. Zur Konstruktion und Analyse von Erzähltexten in der narrativen Biographieforschung. In: Röckelein, H. (Hrsg.): Möglichkeiten und Grenzen der psychohistorischen Biographieforschung. Tübingen: edition discord, 143–183

Strauss, A. L. (1974): Spiegel und Masken. Frankfurt a.M.: Suhrkamp. Englische Ausgabe: 1959: Mirrors and Masks

Strauss, A. L. (1987): Qualitative Analysis for Social Scientists. Cambridge: University Press

Strauss, A. L. (1991): Grundlagen qualitativer Sozialforschung. München: Fink

Strauss, A. L./Corbin, J. M. (1990): Basics of qualitative research. Newbury Park: Sage (dt. 1996): Grounded Theory: Grundlagen Qualitativer Sozialforschung. Weinheim: Beltz)

Strübing, J. (2004): Grounded Theory. Zur sozialtheoretischen und epistemologischen Fundierung des Verfahrens der empirisch begründeten Theoriebildung. Wiesbaden: VS Verlag

Tenbruck, F. H. (1986): Das Werk Max Webers: Methodologie und Sozialwissenschaften. In: Kölner Zeitschrift für Soziologie und Sozialpsychologie, 38, 13–31

Thomas, W. I./Thomas, D. S. (1928): The Child in America. New York: Alfred A. Knopf

Thomas, W. I./Znaniecki, F. (1918–1922/1958): The Polish Peasant in Europe and America. New York: Dover

Thompson, P. (1992): The voice of the past: oral history. New York: Cambridge University Press

Thrasher, F. M. (1927): The Gang. Chicago: University of Chicago Press

Tuider, E. (2007): Diskursanalyse und Biographieforschung. Zum Wie und Warum von Subjektpositionierungen [81 Absätze]. Forum Qualitative Sozialforschung / Forum: Qualitative Social Research, 8 (2), Art. 6, http://nbn-resolving.de/urn:nbn:de:0114-fqs070268

Uhl, H. (2001): Das ‚erste Opfer' – Das österreichische Gedächtnis und seine Transformationen in der Zweiten Republik. In: Lappin, E./Schneider, B. (Hrsg.): Die Lebendigkeit der Geschichte. Ingbert: Röhrig, 30–46

Viehöver, W. (2003): Die Wissenschaft und die Wiederverzauberung des sublunaren Raumes. Der Klimadiskurs im Licht der narrativen Diskursanalyse. In: Keller, R. u. a. (Hrsg.), 233–269

Viehöver, W. (2012): Narrative Diskurse, personale Identitäten und die ästhetisch-plastische Chirurgie. In: Keller, R./Schneider, W./Viehöver, W. (Hrsg.): Diskurs - Macht - Subjekt. Theorie und Empirie von Subjektivierung in der Diskursforschung. Wiesbaden: VS-Verlag

Völter, B. (2003): Judentum und Kommunismus. Deutsche Familiengeschichte in drei Generationen. Opladen: Leske + Budrich

Völter, B./Dausien, B./Lutz, H./Rosenthal, G. (2005) (Hrsg.): Biographieforschung im Diskurs. Wiesbaden: VS-Verlag

Völter, B/Rosenthal, G. (1997): Wir sind die Opfer der Geschichte: Die Familie Seewald. In: Rosenthal, G. (Hrsg.), 377–409

Waldschmidt, A./Klein, A./Tamayo Korte, M./Dalman-Eken, S. (2007): Diskurs im Alltag – Alltag im Diskurs: Ein Beitrag zu einer empirisch begründeten Methodologie sozialwissenschaftlicher Diskursforschung [69 Absätze]. Forum Qualitative Sozialforschung / Forum: Qualitative Social Research, 8 (2), Art. 15, http://nbn-resolving.de/urn:nbn:de:0114-fqs0702156

Wax, M. (1972): Tenting with Malinowski. In: American Sociological Review 37, 1–13

Weber, M. (1921; 1972): Soziologische Grundbegriffe. In: ders.: Wirtschaft und Gesellschaft. Hrsg. von J. Winckelmann, 5. rev. Aufl., Tübingen: Mohr/Siebeck, 1–30

Weber, M. (1973): Gesammelte Aufsätze zur Wissenschaftslehre. Hrsg. von J. Winckelmann, 4. rev. Aufl., Tübingen: Mohr/Siebeck

Wertheimer, M. (1922): Untersuchungen zur Lehre von der Gestalt. In: Psychologische Forschung, 1, Berlin: Springer, 47–58

Wertheimer, M. (1923): Untersuchungen zur Lehre von der Gestalt II. In: Psychologische Forschung, 2, 301–350

Wertheimer, M. (1928): Gestaltpsychologische Forschung. In: Saupe, E. (Hrsg.): Einführung in die neuere Psychologie. Osterwieck im Harz: Zwickfeldt Verlag, 47–54

Whyte, W. F. (1943/1955): Street Corner Society. Chicago: University of Chicago Press. Deutsch: (1996): Die Street Corner Society. Berlin: Walter de Gruyter

Wiechers, C. (1998): Schwangerschaftsabbruch: Eine Krise und ihre Bedeutung in der Biographie. Unv. Diplomarbeit. Fachbereich Sozialwesen, Gesamthochschule Kassel

Wiedemann, P. M. (1991): Gegenstandsnahe Theoriebildung. In: Flick, U. u.a. (Hrsg.): Handbuch qualitative Sozialforschung, 440–445

Willems, H. (1996): Goffmans qualitative Sozialforschung. Ein Vergleich mit Konversationsanalyse und Strukturaler Hermeneutik. In: Zeitschrift für Soziologie 25 (6), 438–455

Willems, H. (2000): Erving Goffmans Forschungsstil. In: Flick u. a. (Hrsg.), 42–50

Wilson, Th. P. (1970): Normative and Interpretative Paradigms in Sociology. In: Douglas, Jack D. (Hrsg.): Understanding Everyday Life. Toward the Reconstruction of Sociological Knowledge. Chicago: Aldine, 57–79

Wilson, Th. P. (1973): Theorien der Interaktion und Modelle soziologischer Erklärung. In: Arbeitsgruppe Bielefelder Soziologen (Hrsg.): Alltagswissen, Interaktion und gesellschaftliche Wirklichkeit. Band 1: Symbolischer Interaktionismus und Ethnomethodologie, Reinbek: Rowohlt, S. 54–79

Wirsching, M./Stierlin, H. (1982): Krankheit und Familie. Stuttgart: Klett-Cotta

Wirth, L. (1928): The Ghetto. Chicago: University of Chicago Press

Witte, N. (2010): Ärztliches Handeln im Praxisalltag. Frankfurt a.M.: Campus

Witte, N./Rosenthal, G. (2007): Biographische Fallrekonstruktionen und Sequenzanalysen videographierter Interaktionen. Zur Verknüpfung von Daten und Methoden. In: Sozialer Sinn, 1, 3–24

Wodak, R. (1996): Disorders of Discourse. Harlow: Addison Wesley

Wodak, R. (2001): Freund- und Feindbilder: Diffamierung politischer Gegner oder berechtigte und notwendige Kritik. In: Möhring, R. (Hrsg.): Österreich allein zuhause. Politik, Medien und Justiz nach der Wende. Frankfurt a. M: IKO-Verlag, 124–144

Wodak, R./Nowak, P./Pelikan, J./Gruber, H./Cillia R. de/Mitten, R. (1990): „Wir sind alle unschuldige Täter". Diskurshistorische Studien zum Nachkriegsantisemitismus. Frankfurt a. M.: Suhrkamp

Wodak, R./Cillia, R. de/Reisigl, M./Liebhart, K. (1999) (Hrsg.): The discursive construction of national identity. Edinburgh: Edinburgh University Press

Wohlrab-Sahr, M. (1992): Biographische Unsicherheit. Formen weiblicher Identität in der „reflexiven Moderne": Das Beispiel der Zeitarbeiterinnen. Opladen: Leske + Budrich.

Wohlrab-Sahr, M. (1999): Biographieforschung jenseits des Konstruktivismus. In: Soziale Welt 50, 483–494

Wohlrab-Sahr, M. (Hrsg.) (1995): Biographie und Religion. Frankfurt a. M.: Campus

Wolff, St. (1986): Rapport und Report. Über einige Probleme bei der Erstellung plausibler ethnographischer Texte. In: Ohe, W. von der (Hrsg.): Kulturanthropologie. Beiträge zum Neubeginn einer Disziplin. Berlin: Duncker, 333–364

Wolff, St. (2000): Wege ins Feld und ihre Varianten. In: Flick u. a. (Hrsg.), 334–349

Wundrak, R. (2010): Die chinesische Community in Bukarest. Eine rekonstruktive, diskursanalytische Fallstudie über Immigration und Transnationalismus. Wiesbaden: VS-Verlag

Zorbaugh, H. W. (1929/1983): The Gold Coast and the Slum. Chicago/London: University of Chicago Press

Sachregister